GEORGES DUBY

EUROPA IM MITTELALTER

KLETT–COTTA

Vorderer Vorsatz linke Seite:
New Minster Charter: Edgar von England (957–975) überreicht Christus die Gründungsurkunde des Klosters New Minster – Winchester, 966, London, Britisches Museum, Cotton Vesp. A. VIII, Folio 2 Verso (Ausschnitt).
Vorderer Vorsatz rechte Seite:
Evangeliar Ottos III.: Christus weint über Jerusalem – Reichenau, 1010. München, Staatsbibliothek, CLM 4453, Folio 188 Verso (Ausschnitt).
Hinterer Vorsatz linke Seite:
Nicolas Bataille (zweite Hälfte des 14. Jahrhunderts) – Bildteppich der Apokalypse: Die große Hure – um 1373–1380. Museum von Angers (Ausschnitt).
Hinterer Vorsatz rechte Seite:
Meister Francke (nachweisbar erste Hälfte des 15. Jahrhunderts) – Das Martyrium der hl. Barbara, Detail des linken Flügels – 1420–1425. Helsinki, Finnisches Nationalmuseum.
Alle Abbildungen aus: Georges Duby, Die Kunst des Mittelalters, 3 Bde., Stuttgart: Klett-Cotta 1984, 1985.

INHALTSVERZEICHNIS

Das Jahr Tausend   7

Die Suche nach Gott   35

Gott ist Licht   59

Die Kathedrale, die Stadt, die Schule   85

Das Königreich   113

Der Widerstand der Nationen   139

Die Wende des XIV. Jahrhunderts   169

Das Glück   195

Der Tod   219

Bibliographie der Quellentexte   243

Editorische Notiz   247

Karte von Europa   250–251

DAS JAHR TAUSEND

„Die ausgedehnten Einöden, die man an den Grenzen der Mainegegend und der Bretagne findet, waren damals, wie ein zweites Ägypten, von einer Vielzahl von Einsiedlern bevölkert, die abgesondert in Zellen lebten – fromme Personen, gerühmt ob der Vortrefflichkeit ihrer Lebensführung. [...]

[Unter ihnen war einer mit Namen Petrus.]

Petrus war weder mit der Feld- noch mit der Gartenarbeit vertraut; die jungen Baumsprossen lieferten ihm, neben dem, was er für seine Drechslerarbeit erhielt, seine täglichen Mahlzeiten. Sein Haus, das alles andere war als groß, hatte er sich auch aus Baumrinden gefertigt in den Ruinen einer dem heiligen Medard geweihten Kirche, deren größter Teil die Stürme zerstört hatten. [...]"

> „Das Leben des heiligen Bernhard von Tiron"
> von Gaufried dem Starken.

*

Der Handel in der Lombardei im X. Jahrhundert.

„Bei ihrer Einreise ins Königreich zahlten die Händler an den Durchgangsstellen auf den dem König gehörenden Straßen den Zehnten von allen Waren... Jeder, der von jenseits der Berge in der Lombardei eintrifft, muß den Zehnten zahlen auf Pferde, männliche und weibliche Sklaven, Woll- und Leinentücher, Hanfstoffe, Zinn und Schwerter; und dort am Eingang muß ein jeder von jeglicher Ware dem Beamten des Schatzmeisters den Zehnten zahlen. [...]

Was die Angeln und die Sachsen betrifft, so kamen die Menschen jener Nation gewöhnlich mit ihrer Ware und ihren Vorräten. Wenn sie aber am Zoll sahen, wie man ihre Ballen und Taschen ausleerte, packte sie der Zorn; es kam zu Streitigkeiten mit den Zollbeamten; man beleidigte sich, stach sich mit Messern, und auf beiden Seiten gab es Verletzte."

> „Honoranciae Civitatis Papiae."

LASSEN WIR DOCH einmal unser Vorstellungsvermögen spielen! Dazu ist ja der Historiker ständig gezwungen. Seine Aufgabe ist es, Überreste zusammenzutragen, von den Menschen der Vergangenheit hinterlassene Spuren, sie sorgfältig zu untersuchen und eine entsprechende Erklärung zu finden. Doch diese Spuren sind kaum wahrnehmbar, zusammenhangslos, vor allem dann, wenn sie von den Armen oder aus dem Alltagsleben stammen. Dazu noch äußerst selten, wenn sie bis in sehr ferne Zeiten zurückreichen wie die, von denen hier die Rede ist. Sie mögen bestenfalls als Grundlage vager Vermutungen dienen. Zwischen diesen spärlichen Anhaltspunkten klafft weiterhin Ungewißheit. So bleibt die Vorstellung vom Europa des Jahres Tausend mehr oder weniger unserer Phantasie überlassen.

Die Zahl der damals lebenden Menschen ist verschwindend gering; zehn-, zwanzigmal niedriger als heute vielleicht – eine Bevölkerungsdichte, wie man sie gegenwärtig etwa in Mittelafrika verzeichnet. Die Wildnis herrscht hartnäckig vor. Sie verdichtet sich mit zunehmender Entfernung von den Mittelmeerküsten, nach Überquerung der Alpen, des Rheines, der Nordsee. Sie erstickt schließlich alles. Ab und zu finden sich Lichtungen, Bauernhütten und von Gärten umgebene Dörfer, die den Großteil der Nahrung liefern, Felder, deren Ertrag jedoch trotz langer Brache sehr dürftig ist, und gleich wieder ein endloses Gebiet, das der Jagd, dem Beeren- und Kräutersammeln oder als freies Weideland dient.

Hier und da liegt eine Stadt. Meist handelt es sich um die Reste einer Römersiedlung, mit notdürftig ausgebesserten antiken Bauten, die zu Kirchen, zu Festungen geworden sind. Ihre Bewohner sind Priester, Krieger und deren Bedienstete, die für Waffen, Münzen, Schmuck und guten Wein zu sorgen haben, für all diese unerläßlichen Symbole und Werkzeuge der Macht. Allenthalben herrscht reges Treiben: Pilger und Hausierer, Abenteurer, Wanderarbeiter, Landstreicher – die Beweglichkeit eines so mittellosen Volkes ist erstaunlich.

Es hat Hunger. Jedes ausgesäte Getreidekorn ergibt nicht mehr als drei, vier Körner, in einem wirklich guten Jahr. Dazu die quälende Angst: den Winter zu überstehen, bis zum Frühjahr durchzuhalten, bis zu dem Augenblick, in dem man die Sümpfe durchstreifen und sich seine Nahrung aus der freien Natur beschaffen

„Im Jahre der Fleischwerdung des Herrn 1067, unter der Herrschaft Philipps, König von Frankreich, zu Lebzeiten von Godefroid, Bischof von Paris, von Eude, Dekan, von Raoul, Vogt, von Herbert, Graf von Vermandois und von Vuacelin, Anwalt von Viry, revoltierten die Leibeigenen von Viry gegen den Vogt und gegen die Domherren von Sainte-Marie. Damit unterstrichen sie, daß sie nicht länger gewillt waren, den Verpflichtungen, denen ihre Vorfahren erwiesenermaßen nachgekommen waren, Folge zu leisten: Sie wollten nicht länger Nachtwachen halten und begehrten des weiteren, Frauen nach eigenem Belieben, ohne die Erlaubnis des Vogtes und der Domherren, zu heiraten. Aufgrund ihres Aufstands sahen wir uns genötigt, an einem Prozeß teilzunehmen. Dort legten sie dar, daß sie nicht länger die Erlaubnis des Vogts und der Domherren einzuholen hätten. Als sie aber dachten, kraft ihrer Argumente diese Tradition zunichte gemacht zu haben, geriet ihre Sprache dank der sehr heiligen Maria, Mutter Gottes, so sehr in Verwirrung, daß sich das Blatt wendete, ihnen eine überwältigende Niederlage bereitete und den unseren volle Befriedigung verschaffte. Auf diese Weise aus dem Konzept gebracht und nach dem Urteil der Schöffen dazu gezwungen, dem Gesetz Genüge zu tun, bestätigten sie unseren Anspruch auf die Nachtwache, indem sie dem Dekan Eude den linken Handschuh überreichten. Entsprechend dem Gesetz gaben sie ihre Forderung, fremde Frauen zu heiraten, auf. Seitdem heiraten sie nicht mehr ohne Erlaubnis des Vogts und der Domherren."

„Archivbücher der Kirche von Notre-Dame."

kann, Fallen stellen, Netze auswerfen, Beeren, Kräuter und Wurzeln sammeln, seinen Hunger betäuben. Diese Welt scheint menschenleer; in Wirklichkeit ist sie überbevölkert. Seit drei Jahrhunderten, seit die schweren Pestepidemien abgeflaut sind, die im frühen Mittelalter die westliche Welt heimgesucht hatten, ist die Bevölkerungszahl ständig gestiegen. Sie hat in dem Maße zugenommen, in dem die Sklaverei, die wahre Sklaverei der Antike, verschwand. Unfreie Menschen gibt es noch immer – Männer und Frauen, deren Körper anderen gehört, die man verkauft, verschenkt und die bedingungslos gehorchen müssen; aber man pfercht sie nicht mehr ein wie Sträflinge. Ihre Herren lassen zu, daß sie sich ein Stückchen Land anlegen – damit sie sich fortpflanzen. Sie leben in Familien zusammen. Um ihre Kinder zu ernähren, müssen sie das bisherige Land urbar machen, erweitern und inmitten der Einöde neues schaffen. Die Eroberung hat begonnen. Noch ist sie zaghaft: Die Geräte sind unzulänglich, und es bleibt eine Art Respekt vor der unberührten Natur, der an einem zu heftigen Vorgehen hindert. Die unerschöpfliche Energie der fließenden Gewässer, die unendliche Fruchtbarkeit der guten tiefen Erde – frei seit Jahrhunderten, seit dem Ende der landwirtschaftlichen Kolonisierung durch die Römer –, alles ist bereitet. Die Welt lädt ein zum Zugreifen.

Welche Welt? In der Vorstellung der Menschen jener Zeit, der hochkultivierten Menschen, die nachdachten und Bücher lasen, war die Erde flach – eine große, vom Ozean umgebene Scheibe, über der sich das Himmelsgewölbe spannt. An ihrem äußeren Rande: die Nacht; und merkwürdige, monströse Volksstämme, Einfüßige, Wolfsmenschen. Man erzählte, daß sie von Zeit zu Zeit auftauchten, in grauenerregenden Horden, Vorboten des Antichrist. Tatsächlich hatten Ungarn, Sarazenen und die Menschen aus dem Norden, die Normannen, die Christenheit heimgesucht. Es waren die letzten Invasionen, die Europa erdulden mußte. Im Jahr Tausend war Europa ihnen nicht völlig ausgeliefert, wurde nicht wieder von jener Welle der Angst überschwemmt, die früher durch solche Überfälle ausgelöst worden war. Vor den Heiden war man geflohen. Das Christentum und jene kostbaren, zerbrechlichen Formen, die man verehrte und in welchen es sich in spätrömischer Zeit manifestierte, außerdem die lateinische Sprache, die Musik, die Kenntnis der Zahlen, die

„Und als er zum Schloß Hoym an der Maas gekommen war, verteilte er daselbst auch das erwähnte Geld an die Armen und wanderte, nachdem er die Last der weltlichen Habe hinter sich gelassen, nur mit einem wollenen Rock bekleidet und einem Mantel angetan, barfuß mit seinen beiden Begleitern durch schreckliche Winterkälte nach St. Egidius. Dort fand er den Papst Gelasius, der dem Paschasius nach seinem Tode gefolgt war und ... erlangte von ihm die volle Freiheit zu predigen, die ihm der Herr Papst durch die Autorität seiner Briefe bestätigte ... [Norbert reist wieder ab, kommt über Valenciennes, wo er sich mit einem Kleriker namens Hugo zusammentut.] So durchzog nun Norbert mit seinem Gefährten die Burgen, Festungen und Dörfer, indem er predigte und Streitende versöhnte und alten Haß und Streit in Frieden beilegte; nichts verlangte er von Jemand, aber wenn ihm etwas dargereicht wurde, verschenkte er es an die Armen und Aussätzigen. Denn er war ohne Sorgen um die Gnade Gottes, daß er das zum Leben Notwendige erhalten werde. Denn indem er sich als einen Pilger und Fremdling auf der Erde betrachtete, hielt er jeden Tadel des Ehrgeizes von sich fern, da seine ganze Hoffnung auf dem Himmel beruhte. Denn es schien ihm kleinlich zu sein, daß er, der Christo zuliebe alles verachtet hatte, in irgendwelcher Absicht feilem und verwerflichem Lohne nachjagte. Und so sehr wuchs die Liebe und Bewunderung aller für ihn, daß überall, wohin er sich auf seinen Reisen mit seinem Begleiter wendete, die Hirten, wenn er sich den Dörfern und Burgen näherte, ihre Herden verließen, im Laufe ihm vorauseilten und seine Ankunft dem Volke verkündigten. Da nun die Leute in Haufen zu ihm strömten und in der heiligen Messe das Wort der Ermahnung von ihm hörten, von der Buße und der Hoffnung auf das ewige Leben, welches allen, die den Namen Gottes anrufen, versprochen ist, so erwuchs allen Freude aus seiner Gegenwart und glücklich schätzte sich derjenige, welcher ihn in seinem Hause zu beherbergen gewürdigt wurde. Staunen erregte seine neue Lebensweise, auf der Erde nämlich zu leben und nichts von der Erde zu verlangen. Denn nach der Vorschrift des Evangeliums trug er weder Ranzen noch Schuhe, noch zwei Röcke, sondern begnügte sich mit einigen Büchern und den Meßgewändern. Wasser war sein beständiges Getränk, außer wenn er etwa von gottesfürchtigen Leuten eingeladen bisweilen ihren Gewohnheiten sich fügte ...“

„Das Leben des heiligen Norbert, Erzbischof von Magdeburg.“

Fähigkeit, mit Stein zu bauen, all dies blieb erhalten, wie einge-graben, in den Krypten. Die Mönche, die die Krypta von Tournus erbaut hatten, waren von der normannischen Invasion immer weiter vertrieben worden, sie kamen vom Ozean her, von Noir-moutiers, und hatten erst mitten im Land, in Burgund, ihren Frie-den gefunden.

Mittelpunkt dieser flachen, kreisförmigen, schreckenumge-benen Welt ist Jerusalem. Die Hoffnung und alle Blicke rich-ten sich auf den Ort des Todes und der Himmelfahrt Christi. Aber im Jahre Tausend ist Jerusalem unfrei, in den Händen der Un-gläubigen. Ein Bruch hat den bis dahin bekannten Erdraum in drei Teile gespalten: hier der Islam – das Böse; dort das kleinere Übel – Byzanz, das heißt eine Christenheit, die jedoch Griechisch spricht, die fremd, ja, verdächtig anmutet und langsam dem Schisma zutreibt; und schließlich das Abendland. Die lateinische Christenheit träumt von einem Goldenen Zeitalter, der Kaiserzeit – von Frieden, Ordnung und Überfluß. Diese quälende Erinne-rung gilt zwei erhabenen Stätten: Rom – doch Rom ist zu jener Zeit unbedeutend und mehr als zur Hälfte Griechisch – und Aachen, dem neuen Rom.

Tatsächlich war zwei Jahrhunderte zuvor das römische Kaiser-reich der westlichen Welt neu erblüht – eine Renaissance. Doch deren Triebkräfte hatten ihren Ursprung nicht in den südlichen Provinzen, wo die lateinische Prägung am stärksten geblieben war. Sie gingen tief aus der Wildnis hervor, aus einer höchst unwirtlichen Gegend, einem Gebiet der Mission, einer Front der Eroberung: aus dem Land der Ostfranken, das am Knotenpunkt zwischen Gallien und Germanien lag. Hier war er geboren, hatte er gelebt, war er begraben, der neue Cäsar – Karl der Große. Ein bedeutendes Baudenkmal hält die Erinnerung an ihn wach: das Aachener Münster. Von Plünderern geschändet, restauriert, bleibt es doch ein unzerstörbares Zeugnis der ursprünglichen Erneuerung, eine Aufforderung, nicht nachzulassen in den Anstrengungen, den Zusammenhang zu wahren, die Arbeit stän-dig wiederaufzunehmen, neu zu beleben. Seine Erbauer hatten sowohl ein kaiserliches als auch ein römisches Gebäude im Sinn. Hier dienten ihnen zwei Vorbilder, das eine in Rom selbst – das Pantheon, ein zur Zeit des Augustus errichteter und heute der Mutter Gottes geweihter Tempel –, das andere in Jerusalem – die

13

„Wenn man über die Inseln der Dänen hinausfährt, so tut sich einem eine zweite Welt auf nach Schweden oder Nortmannien zu, welches die beiden ausgedehntesten Reiche des Nordens und unserer Welt beinahe noch ganz unbekannt sind. Von diesen hat mir der sehr kundige König der Dänen erzählt, daß Nortmannien kaum in einem Monate durchwandert werden könne, während Schweden in zwei Monaten nicht leicht zu durcheilen sei. „Dies habe ich", sagte der König, „selbst erfahren, da ich unlängst zwölf Jahre lang unter König Jacob in jenen Reichen Kriegsdienste getan habe; beide Länder sind von sehr hohen Bergen ringsum eingeschlossen, am meisten aber Nortmannien, welches mit seinen Alpen Schweden umgibt." Von Sueonien (Schweden) aber schweigen nicht die alten Schriftsteller Solin und Orosius. […] Schweden ist ein sehr fruchtbares Land, reich an Feldfrüchten und Honig, und außer daß es durch Viehzucht vor allen ausgezeichnet ist, findet sich daselbst überall die günstigste Lage der Flüsse und Wälder; von fremden Waren ist das ganze Land voll. So kann man sagen, daß die Schweden keines Gutes entbehren, ausgenommen der Hoffart, die wir so sehr schätzen oder vielmehr vergöttern. Denn jene Gegenstände eiteln Gepränges, als da sind Gold, Silber, königliche Rosse, Felle der Biber und Marder, welche alle uns vor Bewunderung fast um den Verstand bringen, achten jene für nichts.

Jetzt wollen wir von dem Aberglauben der Schweden einiges sagen. Dieses Volk hat einen sehr berühmten Tempel, der Ubsola heißt und nicht weit von der Stadt Sictona liegt. In diesem Tempel, der ganz mit Gold geschmückt ist, betet das Volk die Bildsäulen dreier Götter an, und zwar so, daß der mächtigste von ihnen, Thor, mitten im Gemache seinen Thron hat; rechts und links sitzen Wodan und Fricco. Die Deutungen derselben sind folgende: ,Thor, sagen sie, hat den Vorsitz in der Luft, er lenkt Donner und Blitz, gibt Winde und Regen, heiteres Wetter und Ernten. Der andere, Wodan, d. h. die Wut, führt Kriege und gewährt dem Menschen Tapferkeit gegen seine Feinde. Der dritte ist Fricco; er spendet den Sterblichen Frieden und Lust.' […] Sie verehren auch vergötterte Menschen, die sie wegen außergewöhnlicher Taten mit der Unsterblichkeit beschenken, wie sie das nach dem Leben des heiligen Ausgar mit dem Könige Herich gemacht haben."

Adam von Bremen, „Gesta Hammaburgensis ecclesiae pontificum".

zur Zeit Konstantins an dem Ort der Himmelfahrt Christi erbaute Kirche. Jerusalem, Rom, Aachen: diese allmähliche Verlagerung eines Schwerpunktes, des Mittelpunktes der Gottesstadt auf Erden, von Osten nach Westen führt so zu dieser neuen, abgerundeten Kirche. Durch die Aufteilung ihres Innenraumes stellt sie die Verbindung zwischen Sichtbarem und Unsichtbarem dar, den befreienden, aufstrebenden Übergang vom Fleischlichen zum Geistigen, vom Quadrat ausgehend – dem Zeichen der Erde –, über das Oktagon bis hin zum Kreis, dem Zeichen des Himmels. Ein angemessener Aufbau für die Stätte, die der Kaiser zur Verrichtung seiner Gebete erwählt hatte. Er war zum Vermittler, zum Fürsprecher zwischen Gott und seinem Volke berufen, zwischen der unwandelbaren Ordnung des himmlischen Universums und der Wirrsal, dem Elend, der Angst dieser niederen Welt. Das Aachener Münster ist zweistöckig. Das untere Stockwerk ist dem Hofe vorbehalten, denen, die dem Fürsten durch Gebet, Waffen oder Arbeit dienen. Es sind die Vertreter der gewaltigen Menschenmassen, über die der Herrscher regiert, die er schätzt, die er zum Guten hinzulenken hat, aufwärts, seiner Person zu. Er selbst thront im oberen Teil der Kirche. In den Lobeshymnen, die man in den großen Zeremonien zu seinem Ruhme singt, wird er als erhaben gepriesen, natürlich nicht so erhaben wie Gott, der Herr, aber wenigstens so wie die Erzengel. Seine Tribüne war nach außen zu dem großen Saal hin offen, wo Karl der Große Gericht hielt, den irdischen Dingen zugewandt. Zum abgeschiedenen Zwiegespräch jedoch zwischen dem Schöpfer und dem Menschen, den er zum Führer seines Volkes auserkoren hat, zeigt der kaiserliche Thron zum Allerheiligsten hin, auf jene architektonischen Formen, die zugleich von Sammlung und Himmelfahrt sprechen.

An der Schwelle des XI. Jahrhunderts gibt es noch immer einen Kaiser der westlichen Welt, einen Erben Karls des Großen, der wie jener ein zweiter Konstantin, ein zweiter David sein möchte. Er fühlt sich von Rom angezogen. Er möchte sich dort niederlassen. Doch der Eigensinn des römischen Adels, das subtile Flechtwerk einer überfeinerten Kultur und die Miasmen, von denen diese ungesunde Stadt erfüllt ist, halten ihn fern. So bleibt die kaiserliche Autorität in Germanien, in Lotharingen, verankert. Ihre Wurzel ist nach wie vor Aachen. Otto III., der Kaiser des Jahres

15

DIE UNGARN AUS DER SICHT DES SÄCHSISCHEN MÖNCHS WIDUKIND (UM 925 – UM 1004) AUS DER ABTEI CORVEY (WESTPHALEN).

„XVIII. Die Avaren waren, wie einige glauben, Reste der Hunnen; die Hunnen sind von den Goten ausgegangen, die Goten aber, wie Jordanis erzählt, von einer Insel namens Sulza; und von ihrem Herzoge namens Gota sind sie Goten genannt worden. Als vor diesem einige Weiber in seinem Heere der Giftmischerei beschuldigt waren, stellte man eine Untersuchung an und fand sie schuldig. Da ihrer aber sehr viele waren, verschonte er sie zwar mit der verdienten Strafe, wies sie aber alle aus dem Heere. Die verwiesenen zogen in den nächsten Wald, der aber keine Gelegenheit zum Weiterziehen bot, da er vom Meere und den mäotischen Sümpfen umschlossen wurde. Einige von ihnen, die schon schwanger waren, kamen hier nieder; von diesen wurden viele andere und abermals andere erzeugt, und so wurden sie ein mächtiges Volk, lebten nach Art der wilden Tiere, ungebildet und unbändig und wurden eifrige Jäger. Nach vielen Jahrhunderten aber, während die hier wohnenden nicht das geringste von einem andern Teile der Welt wußten, geschah es, daß sie eine Hirschkuh auf der Jagd trafen und verfolgten, bis sie, indem jene vorauslief, einen allen früher lebenden bisher unzugänglichen Weg durch die mäotischen Sümpfe durchzogen, und als sie hier Städte und Festungen und das bisher nie gesehene Menschengeschlecht erblickten, kehrten sie auf demselben Wege zurück und berichteten solches ihren Genossen. Diese brachen aus Neugier mit einem großen Haufen auf, die Erzählung zu prüfen. Allein die Bewohner der benachbarten Städte und Festungen flohen, als sie die unbekannte Schar und ihre Leiber furchtbar durch Tracht und Bau erblickt hatten, in der Meinung, es seien böse Geister. Jene aber, staunend über die neuen Erscheinungen, wunderten sich und enthielten sich anfangs des Mordes und Raubes; als aber niemand Widerstand leistete, wurden sie von der den Menschen eigenen Gier ergriffen, richteten ein furchtbares Blutbad an und schonten fortan nichts, und im Besitz einer reichen Beute kehrten sie zu ihren Wohnsitzen zurück. Da sie nun sahen, daß ihre Sache nach Wunsch ablief, kamen sie mit Weibern und Kindern und ihrem ganzen rohen Geräte wieder, verheerten rings umher die Nachbarstaaten und schlugen endlich ihren Wohnsitz in Pannonien auf. XIX. Allein von Karl dem Großen besiegt, über die Donau getrieben und mit einem ungeheuren Walle umschlossen, wurden sie abgehalten, wie bisher die Völker zu verheeren.“

„Widukindi Monachi Corbeiensis rerum saxonicarum libri tres.“

16

Tausend, hat nach der Grabstätte Karls des Großen suchen lassen. Man mußte den Kirchenfußboden aufreißen und so lange graben, bis man ihn fand. Nachdem der Sarkophag geöffnet war, hat er das goldene Kreuz vom Halse des Skeletts genommen und sich symbolisch damit geschmückt. Dann hat er den prächtigsten Teil seines Schatzes im Aachener Münster niedergelegt, so wie es seine Vorfahren getan hatten, wie es seine Nachkommen tun werden. Erlesene Stücke kommen solchermaßen zusammen, bereit für die Liturgien, in denen Profanes mit Heiligem verschmilzt. Die sie umgebenden Symbole sind Ausdruck des Bündnisses zwischen dem Kaiserreich und dem Göttlichen. Sie zeigen den Kaiser, nur mit seiner Gemahlin, zu Füßen von Christus, klein zwar, aber dennoch anwesend; ein neuer Adam, einzigartiger Repräsentant der ganzen Menschheit. Oder sie zeigen ihn, wie er die Weltkugel, Zeichen für die Macht in der Welt, in Händen hält, ähnlich wie Christus sie im Himmel hält.

Im Bamberger Dom wird heute der Mantel aufbewahrt, den Heinrich II. an hohen Feiertagen trug. Er ist bestickt mit Darstellungen der Sternbilder und der zwölf Tierkreiszeichen. Dieser Umhang stellt das Firmament dar, den geheimnisvollsten und bestgeordneten Teil des Universums, der sich in einer unabänderlichen Ordnung bewegt, überragend, grenzenlos. Von Sternen umhüllt zeigt sich der Kaiser den gebannten Blicken seiner Getreuen, um zu bekunden, daß er der höchste Herrscher ist über die Zeit, die Vergangenheit und die Zukunft, daß er Herr ist über das gute Wetter, was reiche Ernten bedeutet, Überwindung des Hungers; daß er Bürge der Ordnung ist, den Sieg über die Angst davonträgt. Befremden erfaßt uns ob der unermeßlich klaffenden Entfernung zwischen diesem Gepränge der Macht, in dem diese Anmaßungen in faszinierender Form Ausdruck fanden, und – ringsum, in unmittelbarer Nähe des Palastes – dem Wald, wilden Stämmen von Schweinezüchtern, einem Bauerntum, für das selbst das Brot, das schwärzeste Brot, noch ein Luxus war. Das Kaiserreich? Das war ein Traum.

Die Wirklichkeit im Europa des Jahres Tausend ist das, was wir Feudalherrschaft nennen; das heißt eine Art des Befehlens, die den wahren Bedingungen, dem tatsächlichen groben, ungeschliffenen Zustand der Zivilisation entspricht. Ich sagte bereits, daß überall in der damaligen Welt rege Bewegung herrschte.

„Als Beispiel führen wir einen Fall an, der, wäre derartiges bei den Barbaren oder den Scythen vorgekommen, von jenen Menschen, die keinerlei Gesetz kennen, als ausgesprochen ruchlos befunden worden wäre. Da sich samstags das Landvolk aus den verschiedenen Richtungen der ländlichen Gegend an diesen Ort begab, um dort zu handeln, gingen die Bürger auf dem Markte umher und trugen in einem Wasserglas, einem Napf oder einem anderen Gefäß getrocknetes Gemüse oder Getreide oder sonstige Arten von Früchten, so, als wollten sie diese verkaufen; und wenn sie diese einem Bauern angeboten hatten, der derartige Produkte suchte, so versprach jener, zum festgesetzten Preis zu kaufen. ‚Folge mir nach Hause‘, sagte dann der Verkäufer, ‚damit du dort die übrigen Früchte sehen kannst, die ich dir verkaufe, und sie erst nimmst, nachdem du sie gesehen hast.‘ Der andere folgte ihm, doch als sie vor der Truhe angekommen waren, hob der redliche Verkäufer den Deckel der Truhe hoch und hielt ihn auf: ‚Stecke den Kopf und die Arme in die Truhe‘, sagte er, ‚damit du siehst, daß sich diese Waren nicht von dem Muster unterscheidet, das ich dir auf dem Markt angeboten habe.‘ Wenn sich nun der Käufer, nur auf seinen Bauch gestützt, über die Truhe beugte und Kopf und Schultern in die Truhe tauchten, stieß der brave Verkäufer, der hinter seinem Rücken geblieben war, nachdem er die Füße des vertrauensseligen Mannes hochgehoben hatte, diesen plötzlich in die Truhe und klappte den Deckel über seinem Kopf herunter; dort hielt er ihn so lange versteckt, bis er sich loskaufte.

Dies, wie andere ähnliche Ereignisse, passierte in der Stadt. Die gestohlenen, oder besser geraubten Güter wurden öffentlich gehandelt von angesehenen Personen und deren Untergebenen. Es bestand keinerlei Sicherheit für denjenigen, der sich nachts außerhalb seiner vier Wände herauswagte, und ihm blieb nichts anderes übrig, als sich zu ergeben und sich berauben, gefangennehmen oder töten zu lassen.“

Gilbert von Nogent, „Die Lebensgeschichte 1053–1124“.

Aber wie konnte jemand ohne Straßen, mit nur spärlichen Geldmitteln und fern von seinem Aufenthaltsort das Ausführen seiner Befehle erreichen? Das Oberhaupt, dem man Gehorsam zollt, ist der, den man sieht und hört, mit dem man in Berührung steht, mit dem man gemeinsam ißt und schläft. Die heidnische Invasion droht weiterhin, und die von ihr eingeflößte Furcht überdauert das allmähliche Nachlassen der Gefahr. Das Oberhaupt, dem man gehorcht, ist der, dessen Schild bereitsteht, der beschirmt, über einen Zufluchtsort wacht, an dem die ganze Bevölkerung Schutz suchen, wohin sie sich zurückziehen kann, bis die Unruhen vorüber sind. Folglich bedeutet Feudalismus in erster Linie ein Schloß, zahllose, weithin verstreute Festungen – aus Erde, aus Holz, einige bereits aus Stein, vor allem im Süden. Noch stehen sie in den Anfängen: mit ihrem quadratischen Turm und ihrer Palisade sind sie ein Symbol der Sicherheit. Aber sie stellen auch eine Bedrohung dar. In jedem der Schlösser hält sich eine Schar von Rittern auf – berittene Männer, Fachleute des drastischen Krieges. Der Feudalismus spricht ihnen den Vorrang vor allen übrigen Menschen zu. Die Ritter – etwa dreißig bis vierzig –, die einer nach dem andern im Turm Wache halten, fordern mit dem Schwert in der Faust als Preis für den Schutz, den sie zusichern, daß sie von den waffenlosen Bewohnern des flachen Landes unterhalten, ernährt werden. Das Rittertum lebt auf Kosten des Europas der Bauern, der Hirten und der Jäger. Es lebt vom Volke, über das es roh seine Schreckensherrschaft ausübt – eine wahre Besatzungsarmee.

Dem Mantel Heinrichs II., dessen Sternbilder von einem Scheinfrieden reden, stelle ich deshalb eine andere Stickerei gegenüber: das „Bild der Eroberung", wie man sie seinerzeit nannte, der Wandteppich von Bayeux, wie wir sagen. In dem unter Normannenherrschaft stehenden England haben Frauen dieses lange, bebilderte Stoffband bestickt, dessen Darstellungen um 1080, etwa sechzig Jahre später als der Bamberger Mantel, den kaiserlichen Traum Lügen strafen. Es zeigt auf einem Thron, ähnlich dem zu Aachen, den englischen König, Eduard den Bekenner, der sich ebenfalls als Mittler ansieht, in Haltungen, die wiederum denen Karls des Großen gleichen. In Wirklichkeit hat der von Bischöfen umgebene König jegliche Macht eingebüßt. Sie ist an den Normannenherzog Wilhelm den Eroberer, einen Feudal-

„Das scharfe Durendal in seiner Hand
Zog der König aus der Scheide hervor und wischte die Schneide rein,
Dann gürtete er es seinem Neffen Roland um,
Und so gab der Papst ihm seinen Segen.
Sanft und mit einem Lächeln sprach der König:
‚Ich lege es dir an mit dem Wunsche,
Daß Gott Beherztheit und auch Mut dir gebe,
Und Kraft und Stärke und große Tapferkeit,
Und über die Ungläubigen einen großen Sieg.‘
Und Roland sprach aus freudigem Herzen:
‚Daß Gott mir dies auf sein Geheiß gewähre.‘
Der König hat die stählerne Schneide ihm umgelegt,
Und der Herzog Naime kniet nieder und legt die rechte Spore Roland an.
Die linke besorgt der gute Däne Ogier.“

„Das Lied von Aspremont.“

fürsten, übergegangen. Er ist umgeben von Kriegern – seinen Männern, die ihm ihre Huldigung erwiesen haben. Sie haben ein Bündnis geschlossen, nicht schriftlich, nach Römerart, sondern durch die Geste, das Wort, durch magische Riten des Mundes und der Hände. Diese Krieger, vor denen Bauern und Priester erzitterten, haben eines Tages baren Hauptes vor dem Herrn über die trutzigsten Schlösser des Landes das Knie gebeugt. Sie haben ihre bloßen Hände in die seinen gelegt. Er hat mit seinen Händen die ihren umschlossen. Er hat sie wiederaufgerichtet und ihnen so Ebenbürtigkeit und Ehre zurückgegeben; er hat sie als seine Kinder angenommen und ihren Mund geküßt. Dann haben diese Ritter mit der Hand auf den Reliquienschreinen geschworen, ihm zu dienen, zu helfen, nie nach seinem Leben zu trachten oder seinem Körper Schaden zuzufügen. Sie werden so zu seinen Vasallen (das Wort bedeutet eigentlich „kleine Kerle"), zu seinen „Jungen", die gezwungen sind, sich wie brave Söhne zu benehmen gegenüber diesem Herrn, den sie „Seigneur" nennen (das heißt der Bejahrte, der Alte, der Rangälteste), der seinerseits verpflichtet ist, ihnen Nahrung, Erheiterung und möglicherweise eine gute Heirat zu verschaffen. Und vor allem Waffen.

Das Wesentliche des Fortschritts, dessen erste Ansätze sich abzeichnen, zielt auf die Vervollkommnung der militärischen Rüstung ab, auf die Metallverarbeitung zur Fertigung von Waffen. Noch fehlt es an Eisen für die Pflüge. Die Schmiede machen daraus Helme und Kettenhemden, die dem Kämpfer Unverwundbarkeit verleihen. Die Geräte, auf deren Ausführung man zu jener Zeit die größte Sorgfalt verwendete, deren symbolischer Wert am schwersten wog, sind die Schwerter – Zeichen eines „Handwerks", eines als ehrenhaft angesehenen Amtes, Werkzeug der Unterdrückung, der Ausbeutung des Volkes. Durch sein Schwert mehr noch als durch sein Pferd unterscheidet sich der Ritter von den übrigen Menschen. Es ist Ausdruck seiner gesellschaftlichen Überlegenheit. Man glaubt, daß die Schwerter der Fürsten in legendärer Vergangenheit, lange vor der Verbreitung des Christentums, von Handwerkern gefertigt wurden, die halbe Götter waren. Die Schwerter sind behängt mit Talismanen, sie haben sogar Namen. Das Schwert des Jahres Tausend ist wie eine Person. Wie man weiß, galt Rolands größte Sorge in seiner Todesstunde Durendal.

„In der folgenden Epoche begann sich die Hungersnot auf der gesamten Erdoberfläche auszubreiten und man mußte befürchten, daß nahezu die ganze Menschheit vergehen würde. Tatsächlich widersprachen die Witterungsverhältnisse dermaßen dem normalen Ablauf der Jahreszeiten, daß das Wetter nie günstig für die Saat und vor allem, bedingt durch die Überschwemmungen, nie günstig für die Ernte war. Man hatte den Eindruck, als ob die Elemente unter sich einen Streit austrügen, doch stand es außer Zweifel, daß sie den Hochmut der Menschheit bestrafen wollten. Unablässige Regenfluten hatten den Boden so durchtränkt, daß sich in einem Zeitraume von drei Jahren keine Furche mehr fand, die man hätte einsäen können. Zur Erntezeit hatten Unkraut und andere wildwachsende Gräser die Felder völlig bedeckt. In den ertragreichen Gebieten erbrachte ein Scheffel Saatgut bei der Ernte einen Schoppen, was einer knappen Handvoll entspricht. Die rächerische Unfruchtbarkeit begann im Orient. Sie entvölkerte Griechenland, griff auf Italien über und von dort über Gallien, wo sie ebenfalls eindrang, auf alle englischen Nationen. So hielt die Hungersnot die ganze Bevölkerung in ihrer Umklammerung: Reiche und Wohlhabende starben Hungers genau wie die Armen. Die unredlichen Methoden der Mächtigen verschwanden im allgemeinen Elend. Fand man ein paar feilgebotene Lebensmittel, so stand es dem Verkäufer völlig frei, den Preis zu überhöhen oder sich damit zufriedenzugeben. Als man jedoch Vieh und Vögel verspeist hatte, zwang der schreckliche Hunger die Menschen, sich um Aas und andere abscheuliche Dinge zu streiten. Manche versuchten, sich mit Baumwurzeln oder Wasserpflanzen vor dem Tod zu retten; alles vergeblich. Gottes rächender Zorn ließ niemandem eine Zuflucht, außer bei ihm selbst. Voller Abscheu will ich jetzt erzählen, wie weit die Verderbtheit der Menschheit ging. O weh! Etwas einst Unglaubliches geschah: Die Entbehrungen machten die Menschen rasend und trieben sie dazu, auf Menschenfleisch zurückzugreifen."

Rodulf Glaber, „Geschichten".

Der Ritter erfreut sich seines Körpers. Seine Rolle erlaubt es ihm, seine Zeit mit Annehmlichkeiten zu verbringen, die gleichzeitig der Kräftigung, der Übung dienen – wie die Jagd, und daher ist in den Wäldern, den diesem aristokratischen Spiel vorbehaltenen Revieren, die Erschließung von Neuland untersagt; oder das Bankett, bei dem man Wildbretgerichte verschlingt, während das gewöhnliche Volk Hungers stirbt, wo man singt und feiert unter Kameraden, auf daß sich um jeden Herrn der Kreis seiner Vasallen enger schließe – diese streitlustige Bande, für deren Vergnügen man ständig sorgen muß. Und das höchste der Vergnügen ist der Kampf: mit den Brüdern, Vettern, Freunden zusammen, auf einem guten Pferd den Feind angreifen, stundenlang staub- und schweißgebadet Kriegsgeschrei ausstoßen, die ganze Kraft entfalten, die in den Armen steckt; sich mit den Helden der Epen identifizieren, mit den Ahnen, denen man an Heldentaten nicht nachstehen darf; den Gegner überwinden, ihn gefangennehmen, um ein Lösegeld zu erpressen, sich in seinem Ungestüm zuweilen dazu hinreißen lassen, ihn zu töten; die Trunkenheit des Gemetzels, die Freude am Blutvergießen, am Zerstören – und am Abend ein übersätes Schlachtfeld: Das ist der moderne Geist des XI. Jahrhunderts.

Zu Beginn eines nicht mehr aufzuhaltenden Wachstums zeigt sich der allmähliche Aufschwung der westlichen Zivilisation vor allem in dieser militärischen Heftigkeit; und mit den ersten Siegen über die widerspenstige Natur, die die Bauern unter dem drückenden Joch lehnsherrlicher Ansprüche davontragen – gezwungen, ihr Leben in Sumpfgebieten und im Dickicht zu riskieren, Sümpfe trockenzulegen und Neuland zu erschließen – rückte hauptsächlich die alles erdrückende Figur des Ritters in den Vordergrund. Er ist breit, stark, schwerfällig, nur der Körper zählt für ihn, und das Herz – nicht der Geist: Lesenlernen würde den Verderb seiner Seele bedeuten. Im Krieg oder im Turnier, das den Ersatz oder die Vorbereitung des Krieges darstellt, liegt für ihn der Kern aller Handlungen, der die Würze des Lebens ausmacht. Ein Spiel, bei dem man alles riskiert, seine Existenz und, was vielleicht noch kostbarer ist, seine Ehre. Ein Spiel, bei dem die Besten gewinnen. Reich und beutebeladen kehren sie zurück, und aus einer neuerworbenen Großzügigkeit heraus verbreiten sie leichten Herzens um sich her Vergnügen. Das XI. Jahrhundert

„Zu jener Zeit konnte sich niemand normal mit Speisen und Getränken ernähren; entgegen der Gewohnheiten aß man bei einer Mahlzeit das ganze Brot auf, das man gewöhnlich auf mehrere Tage verteilte. So stopfte man sich maßlos voll, und die Übermenge an Speisen und Getränken dehnte die natürlichen Kanäle der Organe aus, und die natürlichen Kräfte nahmen ab. Die rohe und unverdauliche Nahrung erschöpfte die ständig vom Hunger geplagten Menschen, bis sie ihren Geist aufgaben. Auch viele derjenigen, die von Nahrung und Getränken angeekelt waren, obwohl sie diese in Fülle hatten, waren völlig aufgedunsen.

Zur Zeit jener Hungersnot sah man mitten in der Fastenzeit Leute von hier, aus der Gegend von Gent und der Flüsse Lys und Escaut, Fleisch essen, weil sie überhaupt kein Brot hatten. Manche, die den Weg zu den Städten und den Schlössern angetreten hatten, um sich dort Brot zu beschaffen, hatten noch nicht den halben Weg zurückgelegt, als sie unter dem Druck des Hungers unterwegs starben; in der Nähe der Güter und Landsitze der Reichen sowie der Schlösser und Festungen starben die Almosen heischenden Armen nach einer beschwerlichen Reise als Bettler. Es klingt unglaublich: Niemand in unserer Gegend hatte seine normale Gesichtsfarbe beibehalten; alle waren sie von dieser eigenartigen Totenblässe. Die gleiche Schwäche ergriff Kranke und Gesunde; tatsächlich machte der Anblick der Leiden der Sterbenden diejenigen krank, deren Organismus gesund geblieben war."

Galbert von Brügge,
„Die Geschichte der Ermordung Karls des Guten".

in Europa wird von diesem System der Werte beherrscht, das sich ganz auf die Freude am Rauben und am Geben gründet, und auf den Angriff.

Angriff, Plünderung, Krieg – und dennoch bleiben manche Orte verschont. Die Feudalherrschaft hat in Italien, in der Provence und in Burgund die Autorität des Fürsten völlig aufgelöst. Sie bewirkt ihren Zerfall im Großteil des französischen Königreichs und in England. Im Jahre Tausend hat sie noch nicht auf die germanischen Provinzen übergegriffen. Diese bleiben karolingisch, das heißt kaiserlich. In Germanien ist es noch nicht der Lehnsherr, sondern weiterhin der Kaiser, der Frieden zu stiften hat, der die Wirren von den Bischofssitzen und Klöstern fernhält, wo er von Zeit zu Zeit Christus, seinem einzigen Herrn, seine Huldigung darbringt.

So setzt sich in diesem weniger fortgeschrittenen Teil der lateinischen Christenheit die Erneuerung fort. Stetige Anstrengungen dienen der Erhaltung und Belebung des vom antiken Rom Überlieferten. Dieses Erbe bereichert sich um alles, was über Venedig oder den slawischen Raum frisch aus Byzanz kommt. Die Kaiser jener Zeit haben byzantinische Prinzessinnen zur Gattin oder Mutter. Durch engere Verbindungen zu der sehr viel zivilisierteren orientalischen Christenheit kommt es zu einer Art zweitem Frühling, einer aufbrechenden Blüte auf der Reichenau, in Echternach und Lüttich, in Bamberg und Hildesheim.

Das sind keine Hauptstädte; die gibt es in diesem Reich nicht. Um seine Aufgabe als Wahrer der Ordnung zu erfüllen und allerorten das Abbild des Friedens zu zeigen, ist der König von Deutschland zu ständigem Reisen zwischen den verschiedenen Palästen gezwungen. Hin und wieder, an den hohen Feiertagen der Christenheit, die gleichzeitig Feste seiner Macht sind, läßt er sich in seinem ganzen Prunk für einen Augenblick im Kreise der Bischöfe und Äbte an den geweihten Stätten nieder. Dort, in unmittelbarer Nähe der Kathedralen, auf die sich seine halbgöttliche Macht stützt, in den großen Klöstern, wo man für seine Seele und die seiner Väter betet, liegen die Schulen, die Kunstwerkstätten. Dort versammeln sich die Männer, die sich in ihrer Weltanschauung völlig von den Rittern Frankreichs, Englands oder Spaniens unterscheiden, im Bewußtsein der Verrohung, die ringsum die Sitten erfaßt. Mit allen Kräften kämpfen sie gegen

„Der mächtige und ungestüme Baron Ebles von Roucy und sein Sohn Guichard vergeudeten das Vermögen der erhabenen Kirche von Reims und der ihr angeschlossenen Kirchen und unterwarfen sie ihrer verheerenden Tyrannei. Seine Tätigkeit auf dem Gebiete der Waffen (er war in seiner Prahlsucht so weit gegangen, daß er mit einer Armee nach Spanien aufbrach, die an Bedeutung nur den Königen anstand) deckte sich mit einer maßlosen Habgier, die ihn zum Plündern, zum Rauben und zu jeglicher Art von Bosheit antrieb.

Gegen einen derartigen Verbrecher waren dem König Philipp hundertmal bedauerliche Klagen vorgetragen worden; zwei- oder dreimal kamen sie seinem Sohne zu Ohren; da ruft dieser Sohn eine kleine Armee von etwa siebenhundert Rittern zusammen, die er unter den edelsten und kräftigsten Baronen Frankreichs auswählt; an ihrer Spitze zieht er nach Reims; mit einem durchgreifenden, fast zweimonatigen Feldzug bestraft er die Plünderer, die sich an die Kirchen gewagt hatten; er verwüstet das Land des vorgenannten Tyrannen und seiner Komplizen, vernichtet es durch das Feuer und setzt es der Plünderung aus. So geschieht es recht: da werden nun die Plünderer geplündert, und auch die Peiniger, oder aber, noch härter, gefoltert. Die Heftigkeit des Herrschers und seiner Armee war während des gesamten Aufenthaltes so groß, daß sie kaum abließen – ja, sie hörten nie auf, außer an Samstagen und Sonntagen –, entweder mit Schwert und Lanze in der Faust den Feind zu suchen oder aber die Felder zu verwüsten, um die hingenommenen Beleidigungen zu rächen.

Dieser Kampf galt nicht nur Ebles, sondern auch all den benachbarten Baronen, die gemeinsam mit den ihnen verwandten großen lothringischen Baronen außerordentlich gut gerüstet waren.“

Suger (1089–1151), „Das Leben Ludwigs des Starken“.

den Verfall einer Kultur an, der ihre ganze Verehrung gilt. Zum Vorbild dient ihnen die Hinterlassenschaft früherer Zeiten, die für sie jegliche Vollkommenheit in sich birgt. Sie alle – wie auch Karl der Große selbst, von dem erzählt wird, daß er in seinem Eifer nachts aufstand, um das Lesen der lateinischen Sprache zu erlernen –, all die Maler, Bildhauer, die Künstler, die Elfenbein feilen oder Bronze schmelzen, jene, die im kaiserlichen Auftrag das edelste Material bearbeiten – das einzige, das der Zelebrierung der Ehre ihres Herrn, der Ehre Gottes, würdig wäre –, verhalten sich wie aufmerksame, fleißige Schüler, deren ganzes Streben einer möglichst weitgehenden Annäherung an die klassische Antike gilt. Dank ihrer ehrfürchtigen, liebevollen Bemühungen überleben inmitten tiefster ländlicher Rohheit Formen, in denen die Verse der „Äneis" Widerhall finden: eine Kunst, die die Abstraktionen der barbarischen Schmuckstücke, ein Verzerren des äußeren Erscheinungsbildes der Dinge oder des menschlichen Körpers ablehnt, eine Ästhetik der bildlichen Darstellung, des ausgewogenen Volumens, der Harmonie, eine Ästhetik des Architekten, des Bildhauers – klassisch.

Vor allem durch das Buch konnte sich die Tradition der Antike erhalten. Für die Männer, von denen ich spreche, die Oberhäupter der kaiserlichen Kirchen, war das Buch zweifellos der kostbarste Gegenstand. Enthielt es nicht das Wort, die Worte der großen Schriftsteller des alten Rom natürlich, und vor allem die Worte Gottes, das Wort, durch das der Allmächtige seine Macht in dieser Welt kundtut? Ihnen stand es an, dieses Behältnis auszuschmücken, prächtiger als die Kirchenwände oder den Altar mit seinen geweihten Gefäßen, wobei sie jedoch immer dafür Sorge trugen, daß Bild und Schrift in innigstem Einklang standen. In den Schränken, wo man die liturgischen Bücher verwahrte, waren noch eine Menge Bibeln und Gebetsbücher erhalten, mit Illustrationen aus der Zeit Ludwigs des Frommen oder Karls des Kahlen. Ihre Seiten zierten Malereien, bei denen es sich fast durchweg um Nachahmungen römischer Vorbilder handelte. Die plastische Ausdruckskraft der Evangelistenfiguren, das sie umgebende architektonische Blendwerk, das Dekor der Initialen entsprachen den Lektionen des Humanismus der immer wieder aufs neue gelesenen Schriften eines Seneca, Boethius oder Ovid. Man kopierte diese Bücher im Jahre Tausend in den Kir-

„In der Absicht, sein Heer gegen Schottland zu verstärken, ließ der König über ganz England ausrufen, daß alle Männer, die aufgrund der väterlichen Erbfolge zu Rittern werden sollten, und die daher zum Kriegsdienst verpflichtet waren, sich zum Pfingstfest in Westminster einzufinden hatten, wo jeder aus der königlichen Garderobe seine gesamte Ausstattung erhalten würde, mit Ausnahme der Reitpferde. So kamen dreihundert junge Leute zusammen, die Söhne von Grafen, Baronen und Rittern. Sie erhielten Purpur und andere feine Stoffe, aus Gold gewebte Gewänder, die großzügig an jeden einzelnen seinem Stande gemäß verteilt wurden. Trotz seiner Ausmaße war der königliche Palast zu klein, um die Menge der Ankommenden zu fassen: Daher fällte man in der Nähe des neuen Tempels von London die Obstbäume, riß die Mauern ab und stellte Fahnen und Zelte auf, wo sich die zukünftigen Ritter mit ihrer goldenen Kleidung schmücken konnten. Soweit sie der Ort aufnehmen konnte, hielten sie dort die Nacht über Wache.

Doch der Prinz von Gallien verbrachte auf seines Vaters Geheiß hin die Nacht mit einigen auserwählten Kameraden in der Kirche von Westminster. Dort waren der Lärm der Jagdhörner und der Trompeten und die Freudenschreie der Anwesenden so laut, daß ein Chor die Choräle des anderen nicht hören konnte.

Am nächsten Tage übergab der König in seinem Palast seinem Sohne das Wehrgehänge und schenkte ihm das Herzogtum Aquitanien. Nachdem er zum Ritter geworden war, begab sich der Prinz in die Kirche von Westminster, um seinerseits seine Kameraden mit dem Ruhme des Rittertums zu schmücken. Da kam es zu einem solchen Gedränge vor dem Hauptaltar, daß dabei zwei Ritter zu Tode kamen und mehrere ohnmächtig wurden; es ist zu sagen, daß jeder zukünftige Ritter von mindestens drei Rittern geleitet und geschützt wurde.

Aufgrund dieses Gedränges verlieh der Prinz die Ritterwürde nicht am Fuße des Hauptaltars, sondern auf dem Hauptaltar, nachdem er mit Hilfe ungestümer Schlachtrösser die Menge zerteilt hatte.“

„Flores Historiarum“.

chen, wo der Kaiser seine Gebete verrichtete. Besseres, noch Prunkvolleres wollte man schaffen. Aus Byzanz importierte Stoffe, Elfenbein, Bücher, deren goldene Buchstaben sich vom purpurnen Grund abhoben, regten zu erhöhter Sorgfalt bei der Wiedergabe der menschlichen Figur an, zur Entfaltung einer größeren Pracht der Verzierungen. Auf dem Pergament der Perikopen, die man um 1020 für Kaiser Heinrich II. anfertigte, bildet das Gold, jenes Gold, das die Feudalfürsten damals bei Turnieren und Festgelagen vergeudeten, den Hintergrund einer sakralen Darstellung. Auf diesem schimmernden Untergrund, der sie der Wirklichkeit entrückt, spielt sich eine Folge von Episoden eines Schauspiels ab, ziehen die Darsteller vorüber – Christus, seine Jünger –, Personen, von erstaunlichem Leben erfüllt. Auf den Altarwänden des Aachener Münsters oder der Baseler Kathedrale sieht man sie in Gold wiederauftauchen, was ihnen noch mehr Geltung verleiht. Bücher, Altartafeln, Kreuze – die von dem Kaiser des Jahres Tausend angeregte Kunst stellt das Kreuz nicht mehr als Marterwerkzeug dar. Es ist das Sinnbild eines Triumphes, eines Sieges über die zerstörerischen Mächte des ganzen Universums, von Norden nach Süden, von Osten nach Westen, auf den beiden Geraden, deren notwendige Verbindung das Kreuz darstellt. Es trägt das Bild eines gekrönten, noch immer lebendigen Christus, dessen Abgesandter in dieser Welt der Kaiser ist, ein Statthalter des Himmels, ein Erzengel. Das Kreuz ist das Zeichen dieser Investitur. So wie das Schwert Sinnbild des Rittertums und aller angreiferischen Mächte ist, so veranschaulicht das Kreuz, das von Ordnung, Licht und Auferstehung redet, das Wesen der kaiserlichen Macht. Auf diese Kreuze, reichbesetzt mit den kostbarsten Juwelen des ruhmreichen römischen Erbes, auf diese Kreuze, die man wie Standarten schwang zur Abwehr des Bösen, das heißt des Aufruhrs, des Todes, war das ganze Unterfangen der Erneuerung ausgerichtet.

Zu den vortrefflichsten Künstlern dieses Unterfangens gehörte Bernward, der Bischof von Hildesheim; ein Bischof, geweiht, genau wie die Herrscher, infolge der Riten der Salbung durchdrungen von einer vom Himmel gesandten Weisheit, betraut mit der Aufgabe ihrer Verbreitung hier auf Erden, ihrer Darlegung. Folglich ein Erzieher: Er war der Hauslehrer der Kaiserskinder. In der Nähe seines Bischofssitzes ließ Bernward eine Nachbildung der

Szenen aus dem Wandteppich von Bayeux – um 1095. Bayeux,
Museum der Königin Mathilde.

Trajanischen Säule errichten, die er in Rom gesehen hatte; auch sie bebildert, von einem langen, bemalten Band umhüllt, ähnlich dem Wandteppich von Bayeux, aber nicht wie dieser bestickt, sondern nach Art der Antike in Bronze gegossen. Bernward ließ auch in Hildesheim die beiden Türflügel einer dem heiligen Michael, jenem anderen Erzengel, geweihten Kirche im Bronzeguß fertigen. Sie öffneten sich zum Innern des Gotteshauses, das heißt zur Wahrheit hin. An jedem der beiden Flügel waren Ringe angebracht, an die sich die flüchtigen Verbrecher klammerten, Halt suchend am Heiligen in der Hoffnung, unantastbar zu werden, wie die um Gnade Flehenden des klassischen Altertums; und die in ihrer Besessenheit vom rechten Wege abgedrängten Machthaber durchschlugen ihnen zuweilen die Hände mit dem Schwert, um sie zu fassen – ein Frevel.

Auch Bernward ahmte andere nach. Er folgte dem Beispiel Karls des Großen und der hohen Würdenträger der karolingischen Kirche. Doch vor seiner Zeit trugen die Bronzeportale noch keine Darstellungen. Die von Hildesheim sind ebenso reich bebildert wie die Seiten der Evangeliare. Dem Volke deutlich vor Augen, auf die verdorbene, in die Barbarei abgesunkene Welt gerichtet, waren diese Türen dazu bestimmt, das Gute, das Wahre, die Weisheit zu lehren. Sie stellten eine Ermahnung dar, die sich auf eine Folge von sechzehn aneinandergereihten Szenen gründete. Man muß bei ihrer Anordnung verweilen, denn sie gibt Aufschluß über die Weltanschauung der Menschen mit dem damals höchsten Kulturstand, über ihre Art zu denken, eine Botschaft zu übermitteln, zu deren Verbreitung sie sich verpflichtet fühlten gegenüber einer Gesellschaft, deren erste Entwicklungsphasen damals eine Veränderung der Strukturen bewirkten, die feudalistischen Charakter annahmen und unmerklich unter die Herrschaft der Krieger, das heißt der Gewalt, glitten. Zwei Türflügel: der rechte, der linke. Das Gute, das Böse. Verzweiflung, Hoffnung. Die Geschichte Adams, die Geschichte Jesu – und zwei entgegengesetzte Bewegungen. Man muß von oben nach unten lesen auf der linken Seite, wo von Verfall, Entartung und Untergang die Rede ist. Man liest von unten nach oben auf der rechten, der guten Seite; denn hier ist die Kunde von der möglichen Wiederaufrichtung, der Aufruf zu einem neuen Leben, die Schilderung des aufstrebenden Weges, dem man folgen soll. Sehr ge-

„Alle, die unrechte Freiheit führen, sind bloß auf der Suche nach ihrem eigenen Bild."

*

„Einer gerechten Beschäftigung ledig sein wollen ist die gefährlichste Freiheit, die man haben kann."

*

„Es gibt viel mehr vernünftige Menschen als einfältige."

Heinrich Suso (1295–1366).

schickt nutzt die visuelle Rhetorik ebenfalls die Analogien zwischen den einzelnen Episoden dieser beiden nebeneinander liegenden Geschichten. Sie betont den Einklang, in dem in Zweiergruppen die Szenen der rechten und der linken Seite stehen. Sie regt zu einer horizontalen Lektüre an, zeigt, wo das Gute und wo das Böse ist. Sie lenkt den Blick von Adam und Eva – aus dem Paradies vertrieben, zum Tode verurteilt – auf Jesus, der im Tempel eingeführt, aufgenommen, anerkannt wird; vom Baum des Todes zum Kreuz, dem Baum des Lebens; von der Ursünde zur Kreuzigung, die sie auslöscht; von der Schöpfung der Frau zu jener Art der Vorbereitung, deren Stätte das Grab der Auferstehung war. So lehrt Bernward. Nicht durch Worte oder abstrakte Zeichen, sondern durch eine Inszenierung, Vorbote der bedeutenden Mysterienspiele, die drei Jahrhunderte später lebende Schauspieler in den Kathedralen aufführen werden. Hier sieht man bereits Männer und Frauen in einer Handlung, die Gegenwart des Menschen. Um den Menschen, das Schicksal eines jeden Menschen, geht es. Um den gefallenen Menschen, der von dem Gewicht der Schuld nach unten, zur Erde hinabgerissen wird, gedemütigt, bis hinein in jene erbärmlichen Verhältnisse, in die der Feudalismus die unterworfenen Bauern drängt, herabgewürdigt, zu seiner Hände Arbeit gezwungen und schließlich, auf der letzten Stufe, zum Totschlag getrieben, zu jener Gewalttätigkeit, bis hin zu jener Zerstörungswut, die die Ritter der damaligen Zeit an den Tag legen, die, wie man weiß, täglich das Blut der Gerechten vergießen. Auf dem anderen Flügel dagegen verheißen die Lebensgeschichte einer Frau und die Lebensgeschichte eines Mannes – die Geschichte Marias, einer neuen Eva, und Jesu, eines neuen Adam – die Rettung der Menschheit.

Versagen und Erlösung – eine unveränderliche, unmittelbare, zeitnahe Geschichte. An der Schwelle des XI. Jahrhunderts strebt die Menschheit aus ihrer Erniedrigung empor. Unter kaiserlicher Führung hat sie den Weg angetreten. Das Kunstwerk weist ihr die Richtung. Es dient ihr als Anhaltspunkt und greift hierzu auf die klarste der Sprachen zurück, die Sprache des alten Roms. Doch verkündet wird die Botschaft fern von Rom, in unmittelbarer Nähe der Heiligtümer und Stätten, wo die skandinavischen Heiden ihre Menschenopfer darbringen – in den vordersten Reihen der Schlacht, die das Volk Gottes der Finsternis zu liefern hat.

DIE SUCHE NACH GOTT

„Nun hat der Mönch die Bischofswürde erhalten:
Bleich und abgezehrt durch langes Fasten,
Ist es ihm bald gelungen, mit geräuschvollem und unermüdlichem
　　Zahne,
Indem er in sechs Bissen sechs große Fische verschlang,
Und bei seinem Abendessen auch noch einen riesigen Hecht schaffte,
In weniger als zwei Jahren Gewicht und Speck anzusetzen,
Vor den Augen der hungernden Schweine.
Er, der im Kloster seinen Durst am Flusse stillte,
Läßt jetzt den Wein in so vollen Strömen fließen,
Daß man betrunken ihn an den Armen zu Bett bringen muß.
Jetzt kann man zu Tausenden
Seine Verwandten und Neffen kommen sehen.
‚Ich bin‘ – so sagen sie – ‚ein Verwandter des Bischofs, ich gehöre seiner
　　Familie an‘,
Und er macht den einen zum Domherrn, den anderen zum Schatz-
　　meister.
Die langjährigen Bediensteten verlieren Arbeit und Stelle.
Dieser erbärmliche Heuchler, den ihr gewählt habt,
Zeigt sich, nachdem er die unverdiente Ehre errungen hat,
Zu Beginn gut und sanft:
Vor allen beugt er das Haupt,
Bereit, alles zu geben, was man nur verlangt.
Doch nachdem die beiden ersten Jahre vorbei sind,
Zeigt er sich nunmehr seinen Untergebenen hart und niederträchtig.
Er verfolgt sie, peinigt sie mit Prozessen und Schikanen.
Er zieht sich in die Felder zurück, in verborgene Winkel,
Und dort ißt er heimlich, im Versteck, das von der Regel verbotene
　　Fleisch,
Nach dem es ihn in seiner wollüstigen Gier verlangt,
Und gleich darauf streichelt ihn ein junger Ritterssohn,
Den er für seine Verdienste dann zum Ritter schlagen lassen wird,
Mit seinen zärtlichen Fingern;
Und schlimmer als ein Widder treibt er es.
Da zeigt sich euer Irrsinn,
Wenn sich die Ausschweifungen des Kirchenfürsten
Gemeinsam mit seiner Überheblichkeit und seinem Geiz entfalten,

STRENG DER RÖMISCHEN Tradition getreu, zeigt die kaiserliche Kunst die Gesichter von Männern und Frauen. Meist sind ihre Augen auf ein anderes Schauspiel gerichtet, jenseits des Wahrnehmbaren. Und doch ähneln uns einige von ihnen. Gewöhnlich gehören sie zu den Darstellungen der Hölle. Aus einem sehr einfachen Grund: Nach Ansicht der Intellektuellen jener Zeit, der Männer der Kirche, die die lenkende Hand der Künstler bildeten, ist die Hölle die sichtbare, die fleischliche Welt: die unsere; verkommen, von der Sünde beherrscht, langsamer Fäulnis ausgesetzt, verdammt. Sie wird zu Ende gehen. Weil sie im Sterben liegt, und weil sie schlecht ist, muß man ihr den Rücken kehren – falls man dazu in der Lage ist. Manchen gelingt es: den Mönchen, jenen Helden. Das XI. Jahrhundert hat sie verehrt. Sein ganzes Hoffen auf Seelenheil liegt in den Klöstern. Es hat sie umhegt. Es hat diese Zufluchtsstätten mit Geschenken überhäuft. Wie die Schlösser, so stellen auch sie schützende Orte dar, Festungen wider den Ansturm des Bösen, oft hoch auf einem Berg gelegen, Symbol des Abstandes, des schrittweisen Aufstiegs zur Reinheit hin. Wie das Schloß, so zieht auch das Kloster die Reichtümer der umliegenden Gebiete an sich. Aber Ritter und Bauern geben gern, was sie besitzen, denn sie fürchten den Tod, das Jüngste Gericht; und die Mönche beschützen sie vor den schlimmsten der Gefahren: jenen, die man nicht sehen kann.

Im Süden der lateinischen Christenheit sah man kaum noch etwas von den Königen. Man ernannte sie noch, man erwähnte noch ihre Namen in den Liturgien, aber sie schienen ebenso weit entfernt wie die Götter. Das Königtum war nur noch ein Mythos, Inbegriff von Friede und Gerechtigkeit. Hier hatten sich die Monarchien völlig im Überschwang feudalistischen Auftriebs aufgelöst. So lagen im südlichen Europa die Kernpunkte künstlerischer Neuerung nicht, wie in Germanien, an den Ufern der Oise und der Seine, oder in Winchester, an den königlichen Höfen; sie waren in den bedeutenden Klöstern zu finden, vor allem in jenen, die in engerer Verbindung standen zu den Gebieten mit einer höheren Kulturstufe. Das galt für die spanischen Klöster. Hier gab es keine Grenze zwischen Christen und Mohammedanern; jedoch ständige militärische Auseinandersetzungen. Erfolge und Niederlagen wechseln sich ab. Bald stürmen die Schwadronen des Islam auf Barcelona zu und stoßen bis zu den

Und bei manchem noch der Irrsinn und die Dummheit.
Hüte sich Beauvais nunmehr vor derartigen Erfahrungen."

Hugo von Orléans oder Primat (geboren um 1095) zugeschrieben,
verfaßt um 1144–1145.

*

BRIEF DES ZISTERZIENSERABTES ÄLRED VON RIELVAUX AN EINEN ABT
AUS FOUNTAINS ABBEY; 1160.

„Eine Nonne des Ordens des Gilbert von Sempringham, aus dem Kloster
von Watton, hat mit einem Domherren gesündigt. Sie wird schwanger
und entdeckt, und in Ketten in den Kerker geworfen. Man hat ihren Mitschuldigen kommen lassen ... Einige der Nonnen, vom Eifer zu Gott,
doch keineswegs von Weisheit erfüllt, und die ihre beleidigte Jungfräu-
lichkeit rächen wollten, baten sogleich die Brüder, ihnen den jungen
Mann einen kurzen Augenblick zu überlassen, so, als ob sie von ihm ein
Geheimnis erfahren wollten. Sie packten ihn, warfen ihn zu Boden und
hielten ihn dort fest. Die Ursache all dieses Unheils (die Nonne) wurde
hereingeholt wie zu einem Schauspiel; man gab ihr ein Gerät in die
Hand und zwang sie, wider ihren Willen mit eigenen Händen die männ-
lichen Teile ihres Mitschuldigen abzuschneiden. Da riß eine von jenen,
die ihn festhielten, die abgeschnittenen Teile an sich und drückte sie,
blutüberströmt, wie sie waren, der Schuldigen in den Mund."

Pyrenäen vor, bald sind es die Krieger Christi, die bis nach Cordoba galoppieren und seine Tore mit Gewalt aufbrechen. Es ist ein stetiger Austausch. Das christliche Europa bemächtigt sich alles nur Erreichbaren – des Goldes, der Sklaven, der Erlesenheit der Sprache und der Gebärden und einer subtileren Geisteshaltung. Weil starke christliche Gemeinschaften unter der toleranten Herrschaft der Kalifen gediehen, blieben die Klöster von Kastilien, Aragon und Katalonien über Zaragoza und Toledo in Verbindung mit den sehr alten und sehr lebendigen Ursprüngen, den orientalischen Wiegen des Christentums. Diese Beziehungen begünstigten die architektonischen Neuerungen, zu denen es zu Beginn des XI. Jahrhunderts in den Kirchen der Pyrenäen kam.

Gemäß der benediktinischen Regel ist das Leben der Mönche vor allem Trennung, Absonderung. Aber im Schutze der Klausur, die vor der Verderbnis der Welt bewahrt, ist sie auch Gemeinschaft. Die Abgeschiedenheit lebt man in der Gruppe. Etwa zehn, zuweilen hundert aus dem Adel stammende Männer bilden eine Bruderschaft. Ein Vater leitet sie: der Abt. Von jenen großen Gemeinschaftshäusern, die damals die Abteien darstellten, ist heute kaum etwas geblieben. Außer zuweilen dem Innenhof mit seinen umliegenden Gemeinschaftsräumen – dem Schlafsaal, dem Refektorium, dem Versammlungssaal, in dem man die gemeinsamen Angelegenheiten besprach. Das eigentliche Sinnbild der Zurückgezogenheit und der inneren Einkehr ist jener in sich geschlossene, arkadenumgebene Raum – der Kreuzgang. Er ist zum Umherwandeln bestimmt; hier soll jeder der Brüder im Gehen über die gelesenen Worte nachsinnen, und deshalb enthüllt der Kreuzgang die durch Gehorsam und Demut zu ihrer ursprünglichen Ordnung zurückgeführte Schöpfung, die vier der Unruhe entrissenen Elemente der sichtbaren Natur – Luft und Feuer, Erde und Wasser: das Gelobte Land. An einem der Seitenflügel liegt die Kirche. Tausend Jahre später steht oft nur noch sie allein.

Sie ist das bezeichnendste Werk dieser neuen Kunst, die sich an der Schwelle des zweiten Jahrtausends christlicher Zeitrechnung in der Lombardei, in Burgund, in Katalonien entwickelt hat. Alle erfinderischen Anstrengungen und alles künstlerische Trachten laufen in dem Bauwerk zusammen, das den Opferaltar

VON JENEN, DIE MIT ZWEI SCHWESTERN SCHLAFEN.

„Betrachten wir nun die vorgeschriebenen Regeln, die jene angehen, die mit zwei Schwestern schlafen oder mit zwei Brüdern. Wer mit zwei Schwestern geschlafen hat, soll, wenn er mit einer von beiden verheiratet ist, keine der beiden haben; und die Ehebrecher dürfen nie miteinander die Ehe eingehen (Beschluß des Konzils von Orléans). Außerdem ist es nicht mehr erlaubt, gegenüber der eigenen Ehefrau den ehelichen Pflichten nachzukommen: Durch die Vertrautheit mit ihrer Schwester ist sie nunmehr unberührbar geworden. Der Tod der Ehefrau gibt dem Schuldigen oder der Ehebrecherin nicht das Recht zur Wiederheirat. Den gleichen Standpunkt vertritt der Papst Zacharias: Du hast mit der Schwester deiner Frau geschlafen; hast du es getan, so sollst du keine von beiden haben; deine Frau soll, wenn jene Schandtat ohne ihr Wissen geschah und sie nicht keusch bleiben will, vor Gott den heiraten, den sie will. Du und die Ehebrecherin aber, hoffet nie mehr auf Heirat und verbringet den Rest eures Lebens in der Reue.

Wenn es heißt ‚sie mag heiraten, wen sie will', so ist damit gemeint ‚nach dem Tode ihres Mannes'. Und Gregor sagt: Wer seine Frau beim Ehebruch überrascht, soll keine andere Frau nehmen, und die Frau keinen anderen Ehemann, solange sie leben. Stirbt die Ehebrecherin, so kann er (der Ehemann) wieder heiraten, wenn er es will. Die Ehebrecherin hingegen nie, selbst nicht nach dem Tode ihres Mannes; sie soll ihr Leben lang voller Reue seufzen. Es ist hier die Rede von einem Ehebruch, der mit einem Verwandten des Ehemannes oder einer Verwandten der Ehefrau begangen wurde."

Petrus Lombardus (Ende des XI. Jahrhunderts–1160),
„Das Buch der Richtersprüche".

birgt; auf daß es aus einem gleichmäßigen Gefüge schöner Qua-
dern sei, ein Fels, ein Stein, gegen den Satan nicht ankommen
kann; auf daß es von erlesener Schönheit sei, denn der Gottesdienst muß, um Gott zu gefallen, in einem prächtigen Rahmen
stattfinden. Und vor allem, auf daß die unsichtbare Ordnung in
ihm ihren Ausdruck finde. Wie die Buchmalerei, mehr noch als
diese, ist die Architektur der Kirche Enthüllung, Offenbarung des
Geheimnisses.

Bereits durch ihre räumliche Lage vermittelt die Kirche eine
Ahnung der von dem Schleier der äußeren Erscheinung verhüll-
ten Wahrheit. Diese Lage entspricht immer den Himmelsrichtungen. Die Apsis, der Punkt, auf den die Augen der Gemeinde beim
Gebet gerichtet sind, liegt nach Osten, zur Morgenröte hin, zu
dem jeden Morgen neu aufgehenden Licht, das die Angst zer-
streut, den sicheren Sieg des Guten über das Böse verkündet, den
Sieg Gottes über das Teuflische, den Sieg der Ewigkeit über den
Tod. Auch die Struktur des Bauwerks birgt eine Lehre. Wenn
seine Erbauer alle Anstrengungen unternahmen, um das Gebälk
durch das Gewölbe zu ersetzen, so deshalb, weil sie durch die
Verwendung eines einzigen Materials, des Steines, von Homoge-
nität, von einem untrennbaren Zusammenhang sprechen und
eine sichtbare Gleichwertigkeit liefern wollten für die Einheit des
Menschengeschlechts, verbunden im selben Glauben, in der Einheit der drei göttlichen Personen, der wesensgleichen Einheit
des Schöpfers und seiner Kreaturen. Die ersten Experimente fanden im unterirdischen Teil der Kirche statt, in dieser Totenstadt,
auf der die meisten Klöster errichtet waren, inmitten der Gräber
der Heiligen, der Wohltäter: Gehörte es doch zu den Aufgaben
des Klosters, für die Toten zu sorgen, die Verbindung zwischen
der Welt der Lebenden und der der Toten zu fördern. Man übertrug also die in den Krypten entwickelten Bauverfahren in den
oberen Teil der Kirche: Der Pfeiler ersetzte die Säule, die Gewölbe
erstreckten sich auf Seitenschiffe und Mittelschiff, in der Absicht,
eine Ähnlichkeit zwischen der Krypta und ihren Sarkophagen,
zwischen dem Chor und seinen Altären herzustellen.

Im oberen Teil der Kirche übt die klösterliche Gemeinschaft ihr
spezifisches Amt, ihre Funktion aus. Die Mönche sind Beamte.
Das „opus Dei", der Gottesdienst, gehört zu ihren Obliegenheiten.
Es besteht darin, im Namen aller übrigen Menschen, im Namen

XI, 27. Wer eine Nonne vergewaltigt.

Jeder, der eine Nonne vergewaltigt, wird aus der Höhe hinabgeworfen, wenn man ihn fassen kann; andernfalls zahlt er fünfhundert Geldstücke aus seinem Vermögen.

*

XI, 29. Wer eine Frau beleidigt, die nicht aus der Stadt stammt.

Jeder, der eine Frau beleidigt, die nicht aus der Stadt stammt, und sie Hure, Schmuserin oder Aussätzige nennt, zahlt zwei Maravedis und schwört außerdem, daß er nicht weiß, ob die betreffende Bezeichnung auf die Beleidigte zutrifft; will er nicht schwören, so wird er zum Feinde erklärt. Vergewaltigt oder beleidigt jedoch jemand eine öffentliche Hure, so hat er nichts zu zahlen.

*

XI, 32. Wer einer nackten Frau die Kleider stiehlt.

Jeder, der einer nackten Frau die Kleider stiehlt, während sie badet, oder aber eine Frau ihrer Kleider beraubt, zahlt dreihundert Geldstücke; leugnet er, und hat die Klägerin keine Beweise, so muß er gleichzeitig mit zwölf Nachbarn schwören, und man wird ihm glauben; ausgenommen ist die öffentliche Hure, die, wie bereits gesagt, keinerlei Anrecht auf Entschädigung hat.

*

XI, 33. Wer einer Frau die Brüste abschneidet.

Jeder, der einer Frau die Brüste abschneidet, zahlt zweihundert Maravedis und wird zum Feinde erklärt; leugnet er, so hat die Klägerin die Wahl zwischen dem Schwur von zwölf Nachbarn oder einer Forderung vor Gericht.

*

des ganzen Volkes, Gebete zu sprechen, unablässig, Tag für Tag, Stunde für Stunde, von der tiefsten Nacht an, wenn sie aus dem Schlafsaal hinabsteigen, um inmitten der Finsternis und der Stille das erste Flehen ertönen zu lassen, bis zur Komplet, dem Augenblick der Erfüllung, in dem man erschaudert beim Anblick der erneut in der Nacht versinkenden Welt. Beten heißt Singen. Das romanische Zeitalter kennt das stumme Gebet nicht. Es glaubt, daß seinem Gott das gemeinsame Gebet angenehmer sei, das Gebet aus einem Munde, doch zu den Rhythmen der Musik; denn dieses Lob muß mit den Hymnen harmonieren, mit denen der Chor der Seraphim im höchsten Himmel den Thron des Allmächtigen umgibt. So singen die Mönche acht Stunden am Tag aus voller Brust. Wir haben vergessen, daß der gregorianische Gesang männlich war, heftig, daß er ein Kriegsruf war, den die Mönche, diese Kämpfer, wider die Armeen Satans ausstießen, um sie in die Flucht zu schlagen, indem sie ihnen wie Speere die sicherste der Angriffswaffen entgegenschleuderten: die Worte des Gebets.

Gesang, Tanz: die Liturgie entfaltet sich wie ein sehr langsamer, majestätischer Reigen durch das Mittelschiff, die Wandelgänge, um den Opferstein herum, zwischen den Steinen der Mauern, unter den Steinen des Gewölbes.

Wir lieben diese Steine schmucklos. Jenen, die sie zusammengefügt haben, war an ihrer Verzierung gelegen. Vor den Altären errichtete man das Bildnis des Herrn; allein, in sitzender Haltung, umgeben von einem Hofstaat von Engeln und Seligen, hat er den Vorsitz bei den Prunkzeremonien inne. An den Wänden brachte man Reliefs an, Wandbehänge, die die Schöpfung erläuterten, Geschichten erzählten, vor allem die des gekreuzigten Jesus. Doch er ist nicht tot: Seine Augen sind geöffnet. Er ist nicht nackt: In königlicher Kleidung umarmt er mit der Geste seiner ausgebreiteten Arme das Universum. Auf den Fresken der Apsis erscheint er triumphierend wieder in all seiner Herrlichkeit, so, wie man ihn bei seiner Wiederkunft sehen wird, wenn der Schleier zerreißt, wenn sich die Tore des Himmels öffnen und die ganze Menschheit am Ende ihres Weges der Zeit entrückt. Darin liegt der ganze Sinn des Amtes der Mönche und des zu seiner Ausübung hergerichteten Bauwerks: in der Darlegung der Wechselbeziehung zwischen Erde und Himmel, zwischen Zeit und

XI, 34. Wer einer Frau die Röcke abschneidet.

Jeder, der einer Frau den Rock abschneidet, zahlt, ohne den Befehl des Richters oder des Alkalden, zweihundert Maravedis und wird zum Feinde erklärt…

*

XI, 36. Der Bigamist, der gleichzeitig zwei Ehefrauen hat.

Jeder Mann, der an einem anderen Ort eine legitime Ehefrau hat und in Cuenca heiratet, während die erste Frau noch lebt, wird aus der Höhe hinabgeworfen. Hat eine Frau einen Ehemann an einem anderen Ort und heiratet einen anderen in Cuenca, so wird sie bei lebendigem Leibe verbrannt: Ist sie reumütig, so wird sie auf allen öffentlichen Plätzen und allen Straßen Cuencas ausgepeitscht und der Stadt verwiesen.

*

XI, 37. Der verheiratete Mann, der öffentlich eine Konkubine unterhält.

Wer eine legitime Ehefrau hat, ob in Cuenca oder anderswo, und öffentlich eine Konkubine unterhält: Beide werden aneinandergebunden und öffentlich ausgepeitscht.

*

XI, 39. Die Frau, die aus freien Stücken abtreibt.

Die Frau, die aus freien Stücken abtreibt, wird bei lebendigem Leibe verbrannt, wenn sie es zugibt; anderenfalls wird sie durch die Feuerprobe freigesprochen.

*

XI, 42. Diejenigen, die Kräuter und Zaubermittel kennen.

Die Frau, die Kräuter und Zaubermittel kennt, wird bei lebendigem Leibe verbrannt oder aber durch die Feuerprobe freigesprochen.

*

Ewigkeit. Das von den Mönchen jeden Morgen aufs neue gegebene Schauspiel, dessen Rahmen die Kirche bildet, endet am Ostertag mit einer Inszenierung der Auferstehung. Im Verlaufe des Jahres stellt die Prozession der Mönche innerhalb des architektonischen Raumes das Vorrücken des Menschengeschlechts zum Ende der Welt hin dar. Zur Hälfte bereits dem Fleischlichen enthoben, mit einem Fuß bereits in der anderen Welt, so leitet die klösterliche Gemeinschaft diesen Vormarsch. Sie spornt ihn an. Die Gesellschaft jener Zeit glaubte fest an die Solidarität, an die gemeinsame Verantwortung, im Guten wie im Bösen. Verübte ein Dorfbewohner ein Verbrechen, so fühlten sich alle seine Nachbarn beschmutzt. Und alle waren überzeugt, daß ihnen die Reinheit, die Abstinenz einiger Abgesandter Rettung bringen werde. Das waren die Mönche. Ein paar Männer, deren Aufgabe es war, durch Gesten und Formeln den Zorn des Himmels abzuwenden, die göttliche Verzeihung zu erringen und um sich her diesen wohltuenden Tau auszugießen.

Die Mönche haben ihre Kirche nicht mit eigenen Händen erbaut. Sie beschäftigen Arbeiter, Lohnempfänger. Doch die Schöpfer, die das Bauwerk entworfen und es ausgestaltet haben, waren Gelehrte, Eingeweihte. Für sie alle lagen die Schlüssel zur vollkommenen Erkenntnis in den Ziffern und ihren Kombinationen. Daher hielt man die Mathematik für die höchste der Geisteswissenschaften, die der göttlichen Natur am nächsten kam. Sie war weder von der Astronomie – der Beobachtung des klarsten Widerscheins göttlicher Vernunft im Sternenhimmel – getrennt noch von der Musik – dem Gebet selbst. Mit dem Lauf der Sterne, mit der Harmonie des Cantus planus verband die Wissenschaft der Zahlen untrennbar die Archtitektur.

Eine romanische Kirche stellt sowohl eine Gleichung als auch eine Fuge und eine Übertragung der kosmischen Ordnung dar. Von dem Mann, der die Proportionen der großen Basilika von Cluny errechnete, vielleicht der vollkommensten der ganzen Christenheit, sagt ein Biograph vor allem, daß er seine Eingebung von den Heiligen erhielt, von Petrus und Paulus, den Schutzpatronen dieses Klosters. Er fügt hinzu, daß er ein „bewundernswerter Psalmendichter" war, ein Komponist mit Geschick für das Arrangement des Psalmengesangs. Tatsächlich entstand das Bauwerk auf einem komplexen Unterbau arithmetischer Kombi-

XI, 44. Die Kupplerinnen.

Jede als Kupplerin bekannte Frau wird bei lebendigem Leibe verbrannt; handelt es sich lediglich um ein Gerücht und sie leugnet es, so wird sie durch die Feuerprobe freigesprochen.

*

XI, 45. Die Eisenprobe.

Das Eisen, das der Rechtsprechung dient, ist etwa vier Fuß lang, so daß die Person, die ihre Unschuld zu beweisen hat, ihre Hand darauflegen kann; es ist eine Hand breit und zwei Finger dick. Die Person, die das Eisen nehmen soll, geht dabei folgendermaßen vor: Sie geht neun Schritte und hält dabei das Eisen; dann legt sie es vorsichtig zu Boden; doch zuvor muß die besagte Person von einem Priester gesegnet werden.

*

XI, 46. Die Erhitzung des Eisens.

Der Richter und der Priester erhitzen das Eisen, und während dies geschieht, nähert sich niemand dem Feuer aus Furcht vor einer Behexung. Derjenige, der das Eisen zu nehmen hat, wird als erstes sorgfältig untersucht, um sicherzugehen, daß er keinerlei Zaubermittel bei sich trägt; danach wäscht er sich die Hände in Anwesenheit der Zeugen, und er nimmt das Eisen mit trockenen Händen. Sobald er das Eisen abgelegt hat, bedeckt der Richter die Hand, die das Eisen gehalten hat, mit Wachs und umwickelt sie mit Werg oder Leinen, das er mit Stoff umgibt. Ist dies geschehen, so geleitet der Richter die Person nach Hause zurück, und nach drei Tagen untersucht er die Hand; trägt sie die Spuren von Verbrennungen, so wird derjenige, der sich der Probe zu unterwerfen hatte, bei lebendigem Leibe verbrannt, oder aber er bekommt eine entsprechend zu bestimmende Strafe auferlegt. Das Eisen haben nur die Frauen zu nehmen, die bewiesenermaßen Kupplerinnen sind oder mit fünf Männern Unzucht getrieben haben; die Frau, die im Verdacht steht, Totschlag oder Brandstiftung begangen oder anderen vorsätzlich Verletzungen zugefügt zu haben, schwört oder bringt einen Kämpfer herbei, so wie es in dem Forum festgelegt ist.

*

nationen. Dieses Netz verschlungener numerischer Verhältnisse ist eine Art Falle, die den Geist des Menschen erfassen und ihn zum Unergründlichen hin lenken soll. Jede dieser miteinander verbundenen Ziffern birgt eine geheime Bedeutung in sich: Die Ziffer Eins erweckt bei dem, der zu verstehen weiß, den Gedanken an den einzigen Gott; die Ziffer Zwei Christus, in dem die göttliche und die menschliche Natur verschmelzen; Drei – die Dreieinigkeit. Die Ziffer Vier ist sehr inhaltsreich: Sie lenkt die Betrachtung einerseits auf die Welt in ihrem Ganzen, die vier Himmelsrichtungen, die Winde, die Flüsse des Paradieses, die Elemente der Materie (daher die quadratische Form des Kreuzganges, Symbol der wiedergeordneten Natur), andererseits auf eine geistige, eine moralische Wirklichkeit, auf die vier Evangelisten, die vier Haupttugenden, die vier Endpunkte des Kreuzes; auch sie spricht von der Übereinstimmung zwischen dem Sichtbaren und dem Unsichtbaren. Die Botschaft, die das Bauwerk allein durch seine Proportionen übermittelt, ist leichter verständlich in den ländlichen Prioreikirchen, in Chapaize oder in Cordona; sie entfaltet indessen ihre unermeßliche Harmonie in den bedeutenden Abteikirchen, in Tournus oder Conques. Doch die Lehre bleibt im wesentlichen gleich. So findet man überall, an allen Vierungen, das Zeichen des Übergangs, der Entrückung, deren Beschleunigung Aufgabe des Gebetes der Mönche ist. An diesem Punkt, wie auch im Innern des kaiserlichen Oratoriums zu Aachen, im Innern des Baptisteriums von Aix-en-Provence, wird der Blick gebannt, gezwungen, sich zu erheben, von dem Quadrat, der ebenen Erde, hin zum Kreis, zu der Halbkugel der Kuppel, auf daß die Seele den Weg der Sublimierung, der wahren Verklärung nehme. Das Quadrat, der Kreis – das verlorene Paradies, das erwartete, das erhoffte Paradies; Weg zur Offenbarung und Opfergabe zugleich, so hat die von uns als romanisch bezeichnete Architektur sowohl magische als auch ästhetische Bedeutung. Sie hat Gestalt angenommen in den Gedanken einiger reiner Männer, die unter Aufbietung aller Kräfte das Geheimnis ergründen und in unbekannte Gebiete eindringen wollten, die sie jenseits des für die Sinne, für die menschliche Vernunft Faßbaren wähnten – begehrenswert, beunruhigend. Ihr Geist lief Gefahr, sich in dem Labyrinth der Phantasie zu verirren. Sie erwarteten von dem Kunstwerk, daß es ihnen als Leitfaden diene.

XI, 48. Die Frau, die in Gesellschaft eines Ungläubigen überrascht wird.

Die Frau, die in Gesellschaft eines Mauren oder eines Juden überrascht wird: Beide werden bei lebendigem Leibe verbrannt.

*

XII, 8. Wer einem anderen ein Auge aussticht.

Wer einem anderen ein Auge aussticht, zahlt hundert Maravedis. Leugnet er, so wird er freigesprochen durch den Eid von zwölf Nachbarn, oder aber er stellt sich im Zweikampf einem Manne seines Standes.

*

XII, 11. Wer einem anderen einen Daumen abschneidet.

Wer einem anderen einen Daumen abschneidet, zahlt fünfzig Maravedis. Leugnet er, so wird er freigesprochen durch den Eid von zwölf Nachbarn, oder aber er stellt sich im Zweikampf einem Manne seines Standes.

*

XII, 12. Wer einem anderen einen Arm abschlägt.

Wer einem anderen einen Arm bricht, zahlt fünfzig Maravedis. Schlägt er ihm den Arm ab, so zahlt er hundert Maravedis. Leugnet er, so wird er freigesprochen durch den Eid von zwölf Nachbarn, oder aber er stellt sich im Zweikampf einem Manne seines Standes.

*

XII, 13. Wer einem anderen ein Bein zertrümmert.

Wer einem anderen ein Bein bricht, zahlt fünfzig Maravedis. Wer einen Fuß abschlägt, zahlt hundert Maravedis. Leugnet er, so wird er freigesprochen durch den Eid von zwölf Nachbarn, oder aber er stellt sich im Zweikampf einem Manne seines Standes.

*

Die Tapisserie von Gerona stellt die Schöpfung so dar, wie sie hätte bleiben sollen, so wie sie war, als sie aus den Händen Gottes kam, mit all ihren dargebotenen Herrlichkeiten, den Fischen, den Blumen, den Vögeln und Adam, der mit der Verschönerung des Gartens betraut war, der im Verlauf der Monate die Natur zu sanftmütigen Gesten anregte. Über diese ungespaltene, heile Welt herrscht im Mittelpunkt aller Kreise ein junger, bartloser Christus – der Fürst des Friedens.

In Wirklichkeit ist die Welt rissig geworden und aus den Fugen geraten. Sie ist verdorben, verfault. Und eine drängende Frage erhebt sich, auf die Kunstwerk und Gebet gemeinsam eine Antwort suchen: Warum das Böse?

Warum die giftigen Pflanzen, die blutrünstigen Tiere, die rasenden, grausamen, verkommenen Menschen? Warum die räuberischen Ritter, warum die vom Elend gebeugten Bauern? Die klösterliche Kunst will zeigen, daß auch die Heiligen Gottes eine Beute des Bösen waren. Man hat sie gefoltert, man hat ihnen die Augen ausgestochen, man hat sie gesotten, zersägt, zerstückelt – überall in der Welt. Aber heute, der Welt entrückt, wie wir alle morgen, leben sie in Ehren. Sie haben ihre Belohnung – einen Platz im Himmel. Sie sind Vasallen eines Herrn, den man als Rächer aller Ungerechtigkeit kennt, der niederschmettert, Härte walten läßt, der die Hochmütigen erniedrigt, die Niedrigsten erhöht. Der Palast dieses mächtigen Herrschers ist das Kloster. Es muß von auserlesener Schönheit sein, auf daß es die Gnade des Meisters erringe; ständig muß man es schmücken.

Es bildet den Vorraum zum Paradies. Dort wartet man darauf, daß sich die Tür öffne. Man klopft, man ruft, auf daß sie sich schneller auftue, Übel und Elend ein Ende nehmen und das Licht schließlich hervorbreche. Damit die schrecklichen Tage kommen, von denen in der Offenbarung die Rede ist. Hören wir das Wort des Johannes: „Und ich sah, daß das Lamm eines der sieben Siegel auftat. Und ich sah ein weißes Pferd. Und der darauf saß, hatte einen Bogen, und ihm ward gegeben eine Krone, und er zog aus, sieghaft und daß er siegte.

Und da es das zweite Siegel auftat, ging heraus ein anderes Pferd, das war feuerrot. Und dem, der darauf saß, ward gegeben, den Frieden zu nehmen von der Erde, und daß sie sich untereinander erwürgten, und ihm ward ein großes Schwert gegeben.

XII, 16. Wer einen Mann kastriert.

Wer einen Mann kastriert, zahlt zweihundert Maravedis und wird zum Feinde erklärt. Leugnet er, so wird er freigesprochen durch den Eid von zwölf Nachbarn; oder aber er stellt sich zum Zweikampf. Handelt es sich indessen um einen Mann, den er mit seiner Frau oder seiner Tochter überrascht hat, so zahlt er nichts.

*

XII, 28. Wer bei der Päderastie überrascht wird.

Wer beim Treiben der Päderastie überrascht wird, wird bei lebendigem Leibe verbrannt. Sagt einer zum anderen: „Ich habe in deinem Hintern Lust empfunden", und man kann dies beweisen, so werden beide bei lebendigem Leibe verbrannt; anderenfalls wird nur der bei lebendigem Leibe verbrannt, der einen derartigen Schimpf verbreitet hat.

*

Und da es das dritte Siegel auftat, sah ich ein schwarzes Pferd. Und der darauf saß, hatte eine Waage in seiner Hand.

Und da es das vierte Siegel auftat, sah ich ein fahles Pferd. Und der darauf saß, des Name hieß Tod ... Und so sah ich im Gesicht: die Rosse und die darauf saßen, daß sie hatten feurige und blaue und schwefelgelbe Panzer; und die Häupter der Rosse waren wie die Häupter der Löwen, und aus ihren Mäulern ging Feuer und Rauch und Schwefel. Von diesen drei Plagen wird getötet der dritte Teil der Menschen, von dem Feuer und Rauch und Schwefel, der aus ihren Mäulern ging. Denn die Macht der Rosse war in ihrem Maul und in ihren Schwänzen; und ihre Schwänze waren den Schlangen gleich und hatten Häupter, und mit denselben taten sie Schaden ... Und die Heuschrecken sind gleich den Rossen, die zum Kriege gerüstet sind, und auf ihrem Haupt ist's wie Kronen, dem Golde gleich, und ihr Antlitz gleicht der Menschen Antlitz; und hatten Haare wie Weiberhaare, und ihre Zähne waren wie die der Löwen, und hatten Panzer wie eiserne Panzer, und das Rasseln ihrer Flügel war wie das Rasseln der Wagen vieler Rosse, die in den Krieg laufen, und hatten Schwänze gleich den Skorpionen und Stacheln ... Und es erschien ein anderes Zeichen am Himmel, und siehe, ein großer, roter Drache, und sein Schwanz fegte den dritten Teil der Sterne des Himmels hinweg und warf sie auf die Erde ... Und es erhob sich ein Streit im Himmel: Michael und seine Engel stritten wider den Drachen. Und der Drache stritt und seine Engel und siegten nicht ...

Und der Engel griff den Drachen und band ihn tausend Jahre. Darnach sah ich eine große Schar, welche niemand zählen konnte. Und alle Engel standen um den Stuhl und um die Ältesten und um die vier Tiere und fielen vor dem Stuhl auf ihr Angesicht und beteten Gott an und sprachen: Amen, Lob und Ehre und Weisheit und Dank und Preis und Kraft und Stärke sei unserm Gott von Ewigkeit zu Ewigkeit! Amen.“

Für die Menschen, die nicht im Kloster Zuflucht gesucht und mit allem gebrochen hatten, gab es ein Mittel, um ihre Sünden zu tilgen und Gottes Wohlgefallen zu erringen: die Wallfahrt. Man verließ sein Heim, seine Familie, und wagte sich hinaus aus dem Netz schützender Solidarität; monatelang, jahrelang wanderte man umher. Wallfahrt bedeutete Buße, Prüfung, ein Mittel zur Läuterung, eine Vorbereitung auf den Tag des Jüngsten Gerichts.

„Zu jener Zeit sangen die kleinen Kinder abends, wenn sie Wein oder Senf holen gingen:

Ihr Loch hat den Husten, Gevatterin!

Ihr Loch hat den Husten, den Husten!

Tatsächlich gefiel es Gott, daß sich eine üble faule Luft über die Welt verbreitete, wodurch in Paris mehr als hunderttausend Menschen den Geschmack am Trinken, am Essen und am Schlafen verloren. Zwei- bis dreimal täglich trat starkes Fieber auf, vor allem beim Essen; jegliche Nahrung schien bitter, schlecht und von üblem Geruch; man zitterte, wo immer man auch war, und schließlich, was noch schlimmer war, verlor der Körper sämtliche Kräfte. Die Krankheit hielt ohne Unterlaß drei Wochen und länger an, und sie begann ernstlich Anfang März: Man nannte sie den ‚Schlag‘. Und diejenigen, die nicht von ihr befallen oder aber bereits geheilt waren, machten sich über die andern lustig und sagten: ‚Was, auch du hast diese Krankheit? Bei meiner Seele, du hast gesungen: Ihr Loch hat den Husten, Gevatterin!‘ Denn außer all den bereits erwähnten Beschwerden war diese Krankheit mit einem so starken Husten, einer so qualvollen Erkältung und einer solchen Heiserkeit verbunden, daß man in Paris kein Hochamt mehr sang und daß gar manchem durch den starken Husten die Geschlechtsteile für den Rest seines Lebens rissen. Schwangere Frauen, die noch lange vor der Niederkunft standen, bekamen durch den starken Husten ohne jegliche Hilfe Frühgeburten, was zum Tode von Mutter und Kind führte. Stand die Genesung bevor, so warfen die Kranken viel Blut aus durch Mund, Nase und die unteren Körperteile, worüber man sich sehr wunderte; und doch starb niemand daran. Aber es war schwer, zu genesen; denn nach der Genesung mußte man gut sechs Wochen rechnen, bis man seinen Appetit wiedererlangte; und kein Arzt konnte sagen, um welche Krankheit es sich handelte.“

„Aus dem Tagebuch eines Pariser Bürgers
zur Zeit des Hundertjährigen Krieges.“

Die Wallfahrt war auch Symbol – der Zug nach Kanaan, bereits gelockerte Bande –, Vorbote des irdischen Todes, des Eintritts in ein anderes Leben. Die Wallfahrt brachte auch Angenehmes. In Scharen, unter Kameraden, kam man herum – eine Abwechslung in dieser grauen Welt. Und wenn die pilgernden Ritter nach Santiago de Compostela oder Jerusalem aufbrachen, nahmen sie ihre Waffen mit, in der Hoffnung, bei Gelegenheit ein wenig die Ungläubigen zu jagen: Der Gedanke des heiligen Krieges, des Kreuzzuges, kam während dieser Reisen auf. Sie unterschieden sich keineswegs von jenen Reisen, die die Vasallen regelmäßig zu ihren Herren unternahmen, um bei Hofe zu dienen. Diesen Dienst erwiesen die Pilger anderen Herren, den Heiligen, deren Überreste hier und dort in den Krypten der Klöster ruhten. Die Pilger wanderten von einem zum anderen, wo man sie aufnahm, sie ernährte und lehrte.

Die Predigt der Mönche zielte auf die Furcht vor dem Jüngsten Gericht ab. Ihr Kern ist in die bedeutende Bildkunst eingegangen, die man zu Beginn des XII. Jahrhunderts an den Vorhallen der vermögendsten Abteien in Stein meißelte. Man sieht dort hauptsächlich den Ewigen in seinem Amt als Weltenrichter bei der Auslese, mit großer Geste, so wie man ihn am Tympanon von Conques darstellt, in unerbittlicher Diagonale, die rechte Hand zu den Auserwählten hin erhoben, die linke strafend gesenkt, während er Spreu und Weizen trennt, die in dieser Welt noch ein wirres Gemisch bilden. Zur Rechten Christi finden wir Abrahams Schoß, die Bleibe, den Frieden, die ausgewogenen Rhythmen der Architektur; auf der anderen Seite alles Lasterhafte, Kummervolle, Gestikulation und Unordnung – eine Auslese. Ein Sieb, das dem Reinen Durchlaß gewährt und den Schmutz und alles menschliche Elend draußen, in der Finsternis zurückhält: Genau das will das Kloster sein, und so wollen die klösterliche Kunst und die klösterliche Architektur es zeigen. Sobald der Pilger durch die Tür getreten ist – ein Übertritt, der gleichzeitig das Hinscheiden und das Ende der Welt vorwegnimmt –, gelangt er in den anderen, den guten Teil des Universums. Häßlichkeit und Leid hat er hinter sich gelassen. Weniger abrupt, weniger grob als die Skulpturen des Portals ruft die Raumaufteilung des Kircheninnern dazu auf, sich selbst zu entsagen, nach und nach den alten Menschen abzulegen mit der schrittweisen Annäherung an jenes ver-

„Zur selben Zeit wurde eine alberne Heerfahrt unternommen von Kindern und Unbesonnenen, welche ohne einige Überlegung das Kreuz nahmen, mehr aus Neugierde als ihres Heiles wegen. Es zogen Kinder beiderlei Geschlechts, Knaben und Mädchen, nicht nur Kleinere, sondern auch Erwachsene, Verheiratete und Jungfrauen mit leerem Geldsack nicht nur durch ganz Deutschland, sondern auch durch Teile von Gallien und Burgund. Und von Eltern und Freunden ließen sie sich in keiner Weise abhalten, mit allem Eifer diese Heerfahrt zu machen, so zwar, daß sie hier und da in Dörfern und auf dem Felde mit Zurücklassung ihres Arbeitsgeräts und dessen, was sie gerade unter Händen hatten, den Vorüberziehenden sich anschlossen. Und wie wir so Ungewöhnlichem oft gerne unser Zutrauen schenken, so meinten viele, dies geschähe nicht aus Leichtsinn, sondern auf göttliche Eingebung und aus einer gewissen Frömmigkeit, weshalb sie ihnen auch auf eigene Kosten Lebensmittel und was sie nötig hatten, darreichten. Den Geistlichen aber und anderen vernünftigeren Sinnes, welche widersprachen und diesen Zug für eitel und unnütz erklärten, leisteten die Laien heftigen Widerstand, indem sie behaupteten, die Geistlichen wären ungläubig und widersetzten sich diesem Unternehmen mehr aus Neid und Geiz als um der Wahrheit und Gerechtigkeit willen. Da aber kein Unternehmen, welches unvernünftiger und unüberlegter Weise begonnen wird, einen guten Ausgang hat, so verbreitete und zerstreute sich diese törichte Menge, in Italien angekommen, in größere und kleinere Städte und wurden viele derselben von den Bewohnern des Landes als Sklaven zurückbehalten. Andere sollen an's Meer gekommen sein, wo sie von den Schiffern und Seeleuten getäuscht und nach entlegenen Weltgegenden übergefahren wurden. Die übrigen gelangten nach Rom, und als sie sahen, daß sie keinen Erfolg hätten, weil sie ohne alle Vollmacht waren, erkannten sie endlich ihre Bemühungen als albern und vergeblich, wurden aber vom Kreuzgelübde durchaus nicht losgesprochen mit Ausnahme der Knaben, welche die Jahre der Einsicht noch nicht erreicht, und jener, welche das Alter niederbeugte. So traten sie also getäuscht und beschämt den Rückweg an und diejenigen, welche vorher geschart und in Streithaufen unter Absingung des Celeuma das Land zu durchziehen pflegten, kehrten jetzt einzeln und im stillen, barfuß und hungernd zurück und wurden allen zum Gelächter; zudem war mehr als eine Jungfrau geraubt worden und hatte die Blüte ihrer Jungfrauschaft verloren.

borgene Wunder, den Reliquienschrein. Dort befindet sich das, was auf Erden von dem Heiligen geblieben ist, von diesem Freund des hohen Richters, seinem Besitzer, dem tüchtigen Anwalt, dessen Huld es zu erringen galt. Deshalb ist man gekommen, unter all den Anstrengungen, um den Heiligen zu ehren und einen Augenblick mit ihm in seiner Wohnstätte zu verbringen. Deshalb sucht man dort zu übernachten – um unter den Gewölben die Wiederkehr des Lichtes abzupassen, die Erlösung, ein Morgenrot, vielleicht das des Jüngsten Tages, des großen Auszugs im Schall der Trompeten.

Die gelehrtesten Männer der Kirche waren zu Beginn des XI. Jahrhunderts zuweilen schockiert, wenn sie auf ihrer Pilgerreise in den Klöstern des Südens Reliquien vorfanden, die die Form eines Körpers, eines Gesichts hatten, und beim Anblick der von diesem Bild faszinierten Massen. Bedeutete das nicht einen Rückfall in den Götzendienst? Sie beruhigten sich. Die Heiligen liebten es, daß man sie darstellte, ihre Statuen schmückte, wie die der heiligen Fides in Conques. Die Almosen der Reichen und der Armen bedeckten ihren ganzen Körper mit allem, was es nur an Funkelndem gab, mit alten Schmuckstücken, die sich Generationen von Kriegern vererbt hatten, und vor allem mit jenem Gold, das das angriffsfreudige, eroberungssüchtige, siegreiche Abendland jetzt mit vollen Händen, durch den Erfolg der Waffen oder durch friedfertigen Handel, dem noch ungläubigen Spanien raubte.

All das entstand im Laufe des XI. Jahrhunderts inmitten der Lichtungen. Im XI. Jahrhundert haben sich diese Lichtungen ständig ausgebreitet. Die Flächen wäldlicher Einsamkeit sind zurückgewichen, durchbrochen, sie verschwinden, und allmählich dringt die Betriebsamkeit des Lebens tief in sie ein. Die Bauern sind zu immer härterer Arbeit gezwungen, und ihre Herren nehmen ihnen fast alles. Und doch können sie jetzt ihre Kinder eher ernähren; früher starben unter sechs, sieben Lebendgeborenen vier oder fünf vor dem Erreichen des jugendlichen Alters; jetzt sterben nur noch drei, und das genügt, um jeglichen Fortschritt anzuregen. Die Kunst, die bedeutende Kunst, von der ich spreche, entstand aus der lehnsherrlichen Unterdrückung heraus und aus dem Fußfall des Volkes vor den dunklen Mächten,

Im selben Jahre wurde auch von dem Herzog von Österreich und einigen Baronen seines Landes und anderen Leuten verschiedenen Standes eine Kreuzfahrt unternommen zur Unterstützung des Grafen von Munforrat im Kampfe gegen die Albigenser ... Ketzer vom Lande des heiligen Egidius, und zwar auf Befehl und Betreiben des Papstes Innozenz, welcher diesen Zug zur Vergebung der Sünden auferlegen ließ."

»Annales Marbaccenses.«

die Hungersnot, Seuche, feindliche Einbrüche verbreiten und die man gewinnen muß, durch Gaben, durch die dauernde Bereicherung der besten Diener des gütigen Gottes – der Mönche. Aber auch die Mönche fühlen sich zum Geben verpflichtet. Was sollen sie geben? Das Kunstwerk. Die klösterliche Kunst ist Opfergabe. Sie ist ein freiwilliges Geschenk an den Herrn, von dem man eine Gegengabe, die Wechselseitigkeit erwartet. Die klösterliche Kunst ist ein von tausend Abteien ausgehender Aufruf zum Frieden. 920 und 1130 haben die Christen des Abendlandes ihre Demut vor einem in ihrer Vorstellung schrecklichen Gott noch nicht überwunden. Aber sie lösen sich von dem Rohen. Sie vergrößern ihre Produktion. Sie opfern ein Großteil dieser neuen Reichtümer, um sie darzubringen. So konnte ihr Traum Gestalt annehmen in Werken, die wir heute noch sehen, die uns schwer verständlich sind. In dieser kurzen Zeitspanne entstand die bedeutendste und vielleicht einzige sakrale Kunst in Europa.

GOTT IST LICHT

„Zur Zeit des Königs Philipp-August, dessen Nachfolger heute herrscht, lebte ein sehr reicher Wucherer namens Thibaud in Paris. Er hatte viel Besitz und eine durch Wucher angesammelte unendliche Menge Geld. Durch Gottes Gnaden von Gewissensbissen gepeinigt, begab er sich zu Meister Maurice, dem Bischof der Stadt, um seinen Rat einzuholen. Dieser, ganz begeistert von dem Bau der Notre Dame geweihten Kathedrale, riet jenem, sein ganzes Geld diesem Unternehmen zu vermachen. Da dem Wucherer dieser Rat ein wenig suspekt vorkam, suchte er den Kantor Meister Peter auf und berichtete ihm von des Bischofs Worten. Meister Peter antwortete ihm: ‚Diesmal hat er Dir keinen guten Rat gegeben. Aber geh' und laß den Herold überall in der Stadt ausrufen, daß Du entschlossen bist, alles zurückzuerstatten, was Du für den Preis eines Pagen erhalten hast.' Was dieser tat.

Alsdann kam Thibaud zurück zum Meister und sagte: ‚Allen, die zu mir kamen, habe ich, nach bestem Gewissen, alles zurückgegeben, was ich ihnen genommen hatte, und mir bleibt immer noch genug.' – ‚Jetzt wirst Du unter sicheren Umständen Deinen Almosen geben können.'

Der Abt Daniel von Schönau berichtete ihm, wie er sich gemäß dem Rat des Kantors nackt in seinen Hosen hinaustraute auf die Plätze der Stadt, gepeitscht von einem Leibeigenen, der ausrief: ‚Seht den Mann, den der Staat wegen seines Geldes verehrt und der die Söhne der Honoratioren als Geißel bei sich behält.'"

Caesar von Heisterbach, „Dialogus miraculorum".

PLÖTZLICH BESCHLEUNIGT sich die Entwicklung im XII. Jahrhundert. Ein Zeichen dieses Wachstums ist der Kreuzzug, der Ansturm der Ritter Christi auf die Reichtümer des Orients, das phantastische Abenteuer. Ein weiteres, weniger augenfälliges, doch sicheres Zeichen finden wir im Landschaftsbild: Es erhält ein Gepräge, das ihm noch heute eigen ist. Neue Dörfer entstehen, blühende Felder, Weinberge, und eine neue Figur tritt auf, die sehr bald die Hauptrolle übernehmen wird – das Geld. Immer ist es zu knapp, denn überall braucht man es durch die Belebung des Handels in zunehmendem Maße. Es gärt: ein umwälzender Fortschritt, wie der unserer Zeit, dessen Abflauen wir uns schwer vorstellen können. Die Rückwirkungen dieses Aufschwungs haben sich auf sämtlichen Stufen des kulturellen Aufbaus niedergeschlagen. Das religiöse Gefühl nahm einen anderen Ton an, und die Überzeugung setzte sich durch, daß das Verhältnis zu Gott eine persönliche Angelegenheit sei, daß man das Heil durch eine bestimmte Lebensweise erringe. Von der Offenbarung glitt der Blick unmerklich hin zur Apostelgeschichte, zum Evangelium, um in diesem Teil der Heiligen Schrift Verhaltensmodelle zu suchen. Eine derartige Verlagerung wirkte sich direkt auf das Kunstwerk aus.

Gleichzeitig wurden die zwischenmenschlichen Beziehungen leichter. Dies begünstigte Umschichtungen, Zusammenlegungen, Verbindungen. Die ersten Phasen des Wachstums waren um das Jahr Tausend durch eine Zersplitterung der Macht zutage getreten – durch das Aufkommen der Feudalherrschaft. Hundert Jahre später beginnen Staaten, Fürstentümer, Königreiche mit ihrem Wiederaufbau. Die Abteien hatten sich bereits in Kongregationen zusammengetan, was die gemeinsame Weiterführung der ästhetischen Suche mit sich brachte, die gesondert in Tournus, in Saint-Bénigne in Dijon, und in Saint-Hilaire in Poitiers begonnen hatte. 1100 war die mächtigste dieser Kongregationen der Orden von Cluny und das großartigste Bauwerk die neue Abteikirche von Cluny, die in wenigen Jahren dank des spanischen Goldes und des englischen Silbers erbaut wurde. Das Geld: bereits jetzt in einer Machtposition. Und wieder Fürsten, die man aufgrund der Geschenke, die sie gemacht hatten, und zwar in barem Geld, für die eigentlichen Erbauer hielt.

Was bleibt von jenem Baudenkmal? Trostlose Ruinen. Zu Be-

61

„Ein Bauer lag im Sterben, und der Teufel stand neben ihm und drohte, ihm einen feurigen Pfahl in den Mund zu bohren. Jener, der sich seiner Schuld wohl bewußt war, hatte, wohin er sich auch wandte, stets den Teufel mit dem Pfahl vor Augen. Denn einen Pfahl von solcher Größe und Gestalt hatte er von seinem Acker auf den eines angesehenen Ritters aus demselben Dorf verpflanzt, um sich zuzulegen, was er jenem entzogen. Durch die Not gezwungen, schickte er jetzt die Seinen zu ihm und bat um Verzeihung. Der Ritter erwiderte: ‚Ich verzeihe ihm nicht. Mag der Elende recht gequält werden.‘ Wieder wird er geschreckt wie zuvor, wieder schickt er Boten, erlangt aber keine Vergebung. Zum drittenmal kommen sie mit Tränen und sagen: ‚Wir bitten Euch, Herr, um Gottes willen, das Eure zurückzunehmen und dem Unglücklichen zu vergeben, denn er kann nicht sterben und darf nicht leben.‘ Da sagte er: ‚Jetzt bin ich genügend gerächt, jetzt verzeihe ich.‘ Von Stund an schwand der teuflische Schrecken."

Caesar von Heisterbach, „Dialogus miraculorum".

ginn des XIX. Jahrhunderts hat dieses herrliche Werk als Steinbruch gedient. Doch die wenigen Überreste zeigen das eigentliche Projekt: Man wollte in vollem Maße wiederherstellen, was die Feudalherrschaft erstickt hatte – den kaiserlichen Palast. Er sollte noch prächtiger sein als der Palast Karls des Großen, da er ja der Palast Gottes war, den Feierlichkeiten ihm zu Ehren angemessen. Der von diesen Mauern umgebene Raum ist streng abgeschieden, getrennt von der Zwietracht der Welt; nur ein kaum merklicher Lichtschimmer ist erlaubt. Doch die Pfeiler streben bereits aufwärts, um die Gewölbe zu erheben, soweit das Auge reicht, „in excelsis". Sie werden mitgerissen von jenem Elan, den die große Skulptur des Portals vermittelt, von der nur noch einige unbedeutende Reste geblieben sind und die die Himmelfahrt darstellte. Anhand einer Nachbildung können wir uns eine Vorstellung von dem machen, was das eigentliche, bedeutende Cluny war: Paray-Le-Monial. Das schlichte Äußere läßt die Vielzahl der abgestuften Kapellen nur ahnen. An der Westfassade öffnen sich die Türen, wie ein Aufruf, hineinzustürzen, alles zu verlassen, um schließlich in die Ordnung einzugehen. Der ganze Innenraum ist auf den Chor ausgerichtet, den Ort des Opfers, der Erhebung, den die Äbte von Cluny als „Wandelgang der Engel" ansahen. Ein Palast, gleichsam der Kopf eines Reiches, vollkommener als jedes andere auf der Welt. Bei seinem Bau verwandte man natürlich wieder kannelierte Säulen, Spitzgiebel, Formen, die man der romanischen Klassik entlieh, welche die Herrscher des Jahres Tausend zu erhalten gesucht hatten. In diesem Palast herrschen Feier und aller Prunk der Welt, denn die Mönche von Cluny betrachteten sich guten Gewissens als Fürsten, die den Hofstaat des Allmächtigen bildeten, als Höflinge einer Art geistigen, geweihten Versailles. Ihr Hang zum Luxus wird besonders deutlich in der kleinen Kapelle von Berzé-la-Ville, einer privaten Gebetsstätte, die der Abt Hugo auf einem seiner großen Landgüter ausgestalten ließ. Ausschmückungen überdecken das Mauerwerk, und die ganze Schönheit des Farben- und Linienspiels entfaltet sich. In den Schlössern Judäas gewöhnten sich die Frankenfürsten damals an ein Leben in ähnlicher Erlesenheit. Aber die Kreuzritter und die Priester, die sie begleiteten, entdeckten im Heiligen Land auch das wahre Leben Jesu. Ihnen wurde bewußt, daß derselbe Gott, so unendlich fern, wenn in der Offen-

„Ich will euch eine recht ungewöhnliche Geschichte erzählen, die wahrhaftig zu meiner Zeit in Toledo geschehen ist. Viele Schüler aus verschiedenen Ländern kamen, um dort die Geisterbeschwörung zu erlernen. Einige junge Bayern und Schwaben, die ihren Lehrer erstaunliche und unglaubliche Dinge sagen hörten, wollten diesen nachgehen und baten ihn: ‚Meister, wir möchten, daß du uns dies lehrst und zeigst.' ... Zur angemessenen Stunde führte er sie auf ein Feld. Mit einem Schwerte zeichnete er einen Kreis um sie herum und befahl ihnen – unter Androhung des Todes –, diesen Kreis nicht zu verlassen. Er empfahl ihnen auch, nichts von dem zu geben, worum man sie bitten könnte, und nichts von dem anzunehmen, was man ihnen anbieten würde. Er entfernte sich ein wenig und rief die Dämonen mit seinen Zaubersprüchen an.

Sogleich sind sie da, unter dem Anschein bewaffneter Ritter, und sie treiben ihre ritterlichen Spiele um die jungen Leute herum. Bald gaben sie vor, zu fallen, bald streckten sie ihnen ihre Lanze oder ihr Schwert entgegen und bemühten sich auf tausenderlei Weisen, sie aus dem Kreise zu locken. Als ihnen dies nicht gelang, verwandelten sie sich in sehr schöne junge Mädchen und bildeten einen Reigen um die jungen Männer herum und lockten sie durch alle Arten von Blendwerk. Das verführerischste der Mädchen erwählte einen der Schüler. Jedesmal, wenn es sich ihm beim Tanzen näherte, bot es ihm einen goldenen Ring dar und verwirrte ihn im tiefsten Innern und entflammte durch die Bewegungen seines Körpers seine Liebe zu ihm. Mehrmals wiederholte es sein Gaukelspiel. Schließlich war der junge Mann besiegt und streckte seinen Finger aus dem Kreise heraus nach dem Ring. Sogleich riß sie ihn mit. Er verschwand. Der Trupp der bösen Geister nahm seine Beute mit und löste sich in einem Wirbelwind auf.

Unter den Schülern kam Geschrei und Tumult auf. Der Meister eilte herbei. Sie klagten über die Entführung ihres Kameraden. ‚Das ist nicht meine Schuld' – antwortete er – ‚ihr habt mich dazu gezwungen. Ich hatte euch gewarnt. Ihr werdet ihn nie wiedersehen.'"

Caesar von Heisterbach, „Dialogus miraculorum".

barung von ihm die Rede ist, einst wie jeder von uns gelebt hatte, wie Lazarus, wie Magdalena, wie seine Freunde, daß der oberste, in den Apsiden thronende Herrscher, bevor er den Tod überwunden hatte, jener verhöhnte Meister war, von einem Jünger verraten, ausgeliefert. Bereits auf den Fresken, die die Priorei von Vie schmücken, drängt, durch einen einfachen Austausch von Blikken, die Menschlichkeit das Göttliche in den Hintergrund.

Zweifellos mündete alles, was der klösterlichen Tradition entstammte und in der kluniazensischen Ästhetik seinen Höhepunkt findet, immer in der Bereitung der Wohnung des Herrn für seine triumphale Rückkehr, in seiner Begrüßung, seinem Empfang als König. Eine derartige Absicht rechtfertigte eine vermessene, umwälzende Neuerung: die Errichtung von hohen, in Stein gemeißelten Figuren, wie man sie einst im heidnischen Rom auf den Triumphbögen fand – im Freien, vor den Basiliken, den Blikken des Volkes ausgesetzt. Aber wenn man das Bildnis der Propheten in Stein wiedergab, so bedeutete dies natürlich, daß man menschliche Körper und Gesichter mit einer gewissen Wahrheitstreue darstellte, daß man das Sichtbare dem Wesenlosen entriß. So hat sich der Bildhauer in Moissac möglichst nah an den Text des Johannes gehalten. Mitten im weit geöffneten Himmel wollte er den unerreichbaren Ewigen Gott zeigen. Doch dieser ist unwiderstehlich von der Erde angezogen, und wie gebannt. Wovon? Von der Musik, der zweifellos bedeutendsten Kunst jener Zeit, wirksamstes Werkzeug der Erkenntnis, deren Klänge der heilige Hugo auf den Kapitellen des Chores von Cluny darstellen ließ, im Herzen des ikonographischen Programms, dem Sammelpunkt aller liturgischen Handlungen. Die Musiker des Tympanon von Moissac sind Könige. Sie tragen die Insignien der irdischen Könige. Der Christus, dessen Lob sie singen, herrscht über sie, wie auch der oberste Abt über die irdischen Fürsten herrscht, denen das wirtschaftliche Wachstum damals sehr schnell zur Rückerlangung ihrer Macht verhilft.

Es bewirkt vor allem – nach der karolingischen Erneuerung im XI. Jahrhundert und der ottonischen im Jahre Tausend – eine abermalige Erneuerung. Es führt zu einer Wiederbelebung dessen, was von dem römischen Erbe, dem Humanismus geblieben ist. In Lüttich wird dies besonders deutlich: an einem Taufbecken – Gegenstand eines Rituals der Erneuerung eines Sakraments,

„In der Diözese von Köln bestand ein tödlicher Haß zwischen zwei Bauernfamilien. Jede von ihnen hatte zum Oberhaupt einen hochmütigen und stolzen Bauern, der immer neue Konflikte schürte, Streit weckte und jedes Einvernehmen zunichte machte. Der Himmel wollte es, daß beide am gleichen Tage starben. Und da sie der gleichen Kirchengemeinde angehörten, wurden die beiden Leichname ins gleiche Grab gelegt, dem Willen Gottes gemäß, der so zeigen wollte, wie schlimm die Zwietracht ist. – Etwas Wundersames und Unerhörtes geschah: Alle Anwesenden sahen, wie sich die beiden Körper den Rücken zuwandten und, ungezähmten Pferden gleich, heftig ihre Köpfe, Füße und Rücken aneinanderschlugen. Man nahm einen von ihnen fort und legte ihn in ein anderes Grab. Durch den Streit der beiden Toten kehrte der Friede unter die Lebenden zurück."

Caesar von Heisterbach, „Dialogus miraculorum".

das nicht einigen Auserwählten vorbehalten ist wie die kluniazensischen Liturgien, sondern dazu bestimmt, sich über die ganze Menschheit auszubreiten – tauchen in Bronze Personen in ausgesprochen lebensnahen Haltungen auf. All die Schranken sind gefallen, die hundert Jahre zuvor in jenen Provinzen die im Dienste der Kaiser stehenden Künstler davon abhielten, sich allzusehr von den klassischen Modellen zu entfernen und sich ganz ihrer persönlichen Wesensart gemäß auszudrücken. Die wiederauflebende Kunst des XII. Jahrhunderts ist von ungebundener Kühnheit. Und unter den Neugetauften hat die Philosophie ihren Platz: Die romanische Christenheit ist in ihrem Elan jetzt so weit, sich alles Wissen der Heiden anzueignen.

Überall finden wir Bildnisse des Menschen, allmählich von Leben beseelt. Sie werden vor allem in den Kreuzgängen der Benediktiner aufgestellt, damit die Mönche durch die Darstellungen immer wieder von neuem zur Meditation inspiriert werden. Hinzu kommen Darstellungen von Pflanzen und Tieren. Die Bildhauerkunst zeigt die Geschöpfe zurückgeführt auf eine sehr einfache, geordnete, rationale Ebene, die Gott im Sinn hatte, als er sie schuf. Auch die menschliche Gesellschaft erscheint in ihren idealen Strukturen, im Einklang mit dem göttlichen Willen: Sie teilt sich in drei Kategorien auf – die Bauern, die Krieger, die Priester. Sie alle sind den Mönchen untergeordnet, die aus ihrer Vollkommenheit erhaben auf die Menschheit herabblicken, von der sie Abstand gewonnen haben. Wenn sie in den Gängen des Klosters ihren Träumen bildlichen Ausdruck verleihen, so zeichnen sich zwei Tendenzen ab, wobei der Gegensatz zwischen den Werten der Vergangenheit und denen der Zukunft eine mit der Beschleunigung des Fortschritts zunehmend stärker werdende Spannung zutage treten läßt. Einerseits findet die Botschaft des Evangeliums Widerhall, die durch Darstellungen des Lebens Jesu dazu aufruft, den fleischlichen Teil nicht zu verdrängen, der jedem Menschen und so auch Christus innewohnt. Andererseits bleibt ein Beigeschmack des früheren Pessimismus, die Verdammung all dessen, was nicht rein geistigen Charakters ist, die Hartnäckigkeit, mit der man überall das Unheilvolle sieht, es anprangert in allem, was nur an das Körperliche rührt, durch eine Vielfalt von Zeichen, die Alptraum und Frustration heißen. Die kluniazensischen Mönche waren Edelleute, und sie waren stolz darauf.

„Es war ein Ritter in Sachsen namens Ludolf, seinem Wandel nach ein Tyrann. Als der einst mit neuen Scharlachgewändern bekleidet auf der Straße ritt, begegnete ihm ein Bauer mit seinem Wagen. Und da seine Gewänder durch die Räder mit Schmutz bespritzt wurden, ergrimmte der stolze Ritter sehr, zog sein Schwert und hieb dem Mann einen Fuß ab."

*

„Es war ein Bauer mit Namen Heinrich, dessen Ende herannahte: Er sah über sich einen großen brennenden Stein in der Luft schweben. Krank und von der Glut dieses Steines versengt, schrie er mit schrecklicher Stimme: ‚Das Feuer dieses Steines über meinem Haupte verzehrt mich.' Man rief einen Priester herbei, der seine Beichte abnahm, doch vergebens, und der zu ihm sagte: ‚Erinnere dich, ob du nicht jemandem mit diesem Steine Unrecht getan hast.' Der Bauer ging in sich und sagte: ‚Ich erinnere mich: Um meine Felder zu vergrößern, habe ich diesen Stein über die Grenzen hinaus versetzt.'"

Caesar von Heisterbach, „Dialogus miraculorum".

Ihre Kunst ist eine Kunst der Grandseigneurs. Durch den Platz, den sie der Sünde einräumt – etwa den Monstern und Ungeheuern, wie wir ihnen am Pfeiler von Souillac begegnen –, gibt sie Zeugnis von der Gewalttätigkeit einer Zivilisation, die damals ungestüm in ihrem Entstehen begriffen war.

„Was sollen in euren Klöstern, wo sich die Mönche der heiligen Lektüre hingeben, jene grotesken Ungeheuer, jene außergewöhnlichen unförmigen Schönheiten und jene schönen Unförmigkeiten? Was bedeuten hier widerliche Affen, wilde Löwen, wunderliche Zentauren, die nur zur Hälfte Menschen sind? Warum diese ins Horn blasenden Jäger? Warum diese kämpfenden Krieger? Hier sieht man bald mehrere Körper mit einem einzigen Kopf, bald mehrere Köpfe auf einem einzigen Körper. Hier schleppt ein Vierfüßer einen Reptilienschwanz hinter sich her, dort hat ein Fisch den Körper eines Vierfüßers. Hier kommt ein Tier zu Pferde. Nun, die Mannigfaltigkeit dieser Formen ist so groß und so wunderbar, daß man den Marmor entziffert, anstatt in den Manuskripten zu lesen, daß man den Tag mit dem Betrachten dieser Raritäten verbringt, anstatt über das Gesetz Gottes nachzusinnen. Mein Gott, wenn man ob dieser Absurditäten nicht rot wird, so sei es einem zumindest leid um das, was sie gekostet haben."

Diese Stimme, die sich erhebt, um Cluny zu verdammen, um hinauszuschreien, daß Cluny den Geist des Mönchtums verrät, ist die Stimme St. Bernhards – eine Kontestation. Auf diesem gehobenen Niveau, in den feinen Schichten der obersten Kulturstufe, bringt sie die Widersprüche zum Ausdruck, von denen jene Epoche ebenso erfüllt war wie die heutige Zeit. Die Spaltung war kraß. Bernhard von Clairvaux kämpfte gegen alles. Gegen die Mönche der früheren Observanz; gegen die habsüchtigen Kardinäle; gegen die Philosophen, die Humanisten; gegen die blutschänderischen Könige; gegen die allzu große Vorliebe der Ritter für Liebe und Krieg. Er war ein unermüdlicher Kämpfer, halsstarrig, unerträglich, der sich noch als Kranker überall in der christlichen Welt umherschleppte, um Moral zu predigen. Kein Bild zeigt seine Gesichtszüge. Nur seine donnernden Worte sind uns geblieben und eine Vielzahl von Streitschriften, Predigten, deren Text die Kopisten allerorten zu verbreiten hatten. Eine Generation lang war Bernhard das unerbittliche Gewissen der Christen-

„5. Hat jemand einen tödlichen Haß auf einen anderen, so sei es ihm untersagt, ihn zu verfolgen, wenn er die Stadt verläßt, oder aber ihm einen Hinterhalt zu legen, wenn er sich dorthin begibt. Tötet er ihn, während er sich dorthin begibt oder sich von dort entfernt, oder schlägt er ihm irgendein Glied ab und man erhebt Klage wider ihn, weil er den anderen verfolgt oder ihm einen Hinterhalt gelegt hat, so rechtfertige er sich angesichts dieser Beschuldigungen durch das Gottesurteil. Hat er den andern geschlagen oder verletzt außerhalb der Grenzen des Friedens, so ist es ihm – wenn man durch das rechtmäßige Zeugnis der Männer des Friedens beweisen konnte, daß eine Verfolgung oder ein Hinterhalt vorlag – erlaubt, sich angesichts dieser Anschuldigungen durch den Eid zu rechtfertigen. Hat es sich herausgestellt, daß er schuldig ist, so hat er Kopf für Kopf und Glied für Glied zurückzugeben, oder aber er muß sich, gemäß dem Beschluß des Bürgermeisters und der Geschworenen, auf angemessene Weise freikaufen für Kopf oder Glied, je nach der Art desselben."

„Die Erlasse der Könige von Frankreich."

heit. Er kannte die Welt; dort hatte er zwanzig Jahre seines Lebens als Ritterssohn verbracht, bevor er sich bekehrte und mit einer Gruppe Kameraden in Cîteaux, das strengste der Klöster, eintrat. Er hatte Zeit gehabt, jene neue Art der Zersetzung zu erfassen, deren Urheber das Geld ist. Daher rief er zu immer größerer Entsagung auf. Er kritisierte gerade die Mönche von Cluny ob ihrer übertriebenen Vorliebe für Luxus und Bequemlichkeit und zeigte einen anderen Stil des Klosterlebens und der Klosterkunst – den zisterziensischen.

Es ist eine Rückkehr. Der Vorsatz der Zisterzienser ist reaktionär, rückständig: Man will den Versuchungen des Fortschritts widerstehen und sucht daher zunächst möglichst weit zu fliehen. Die Rückkehr zu den Ursprüngen des benediktinischen Mönchtums war damit verbunden, die Gemeinschaft von der Welt fernzuhalten – darin lag der Erfolg des Ordens. Die Gesellschaft des XII. Jahrhunderts gelangte zu Wohlstand. Noch wurde sie von Moralvorstellungen beherrscht, die sie glauben machte, daß ein Mensch durch das von anderen Menschen an seiner Statt gebrachte Opfer Rettung finden könne. Noch immer brauchte sie die Mönche. Aber ärmere Mönche, denn durch ihren Reichtum fühlte sie sich beschmutzt. Sie bewunderte an den Zisterziensern, daß sie sich nicht von der Hast mitreißen ließen, die damals die Entwicklung beschleunigte, daß sie zurückkehrten zu dem ruhigen Ablauf der Jahreszeiten und der Tage, zu einfacher Kost, schmuckloser Kleidung, zu strengen Liturgien, auf daß die Mittellosigkeit, die Entsagung dieser kleinen Elite die Begehrlichkeit der übrigen Sünder ausgleiche und für sie Vergebung erringe.

Cîteaux kehrte also zu der Schlichtheit der architektonischen Formen zurück, die von allem Überflüssigen befreit sind. Die Abtei wird wieder zum Felsen. Den Stein, aus dem sie erbaut wurde, hat man in seiner reinen Form belassen. Dort bewahrt man die von der menschlichen Mühe hinterlassenen Spuren. Jeder Block ist mit dem Zeichen, dem Stempel des Handwerkers versehen, der ihn unter großen Anstrengungen behauen hat. Das Zisterzienserkloster ist kahl, so wie es einer Werkstätte ansteht, wo man wirksame Arbeit leistet: Hier will man Gott durch seine Worte finden. Es gibt keine Bilder mehr: nur noch gerade oder gekrümmte Linien, einige einfache Ziffern, auf daß die Aufmerksamkeit nicht abgelenkt sondern von der Schrift

»An sechster Stelle sind die schändlichen Arten des Aberglaubens zu erwähnen, von denen gar manche eine Beleidigung Gottes darstellen, andere eine Beleidigung des Nächsten. Eine Beleidigung Gottes sind jene Arten des Aberglaubens, die die göttliche Ehre den Dämonen oder anderen Kreaturen zusprechen: Dies ist der Fall bei der Abgötterei und bei jenen erbärmlichen Frauen, die Hexerei betreiben und das Heil suchen, indem sie den Holunderstrauch anbeten oder ihm Opfergaben bringen; sie verachten die Kirche und die Reliquien der Heiligen und bringen diesen Holundersträuchen oder Ameisenhaufen oder anderen Gegenständen ihre Kinder dar, um so Heilung zu erlangen.

Und dies geschah kürzlich in der Diözese von Lyon, wo mir, als ich wider die Zauberei predigte und die Beichten anhörte, zahlreiche Frauen gestanden, daß sie dem heiligen Guinefort ihre Kinder gebracht hätten. Und da ich glaubte, es handele sich um einen Heiligen, ging ich der Sache nach und erfuhr schließlich, daß es sich um einen Windhund handelte, den man folgendermaßen getötet hatte.

In der Diözese von Lyon, in der Nähe des Dorfes der Nonnen mit Namen Neuville, auf den Ländereien des Herrn von Villars, gab es ein Schloß, dessen Besitzer von seiner Gattin ein kleiner Junge geschenkt wurde. Eines Tages, als der Schloßherr mit seiner Gattin die Wohnstätte verlassen und die Amme es ihnen nachgetan hatte, drang eine riesige Schlange in das Schloß ein und kroch auf die Wiege des Kindes zu. Als der Windhund, der daheimgeblieben war, dies sah, verfolgte er die Schlange und warf, während er die Schlange unter der Wiege angriff, die Wiege um und bedeckte die Schlange mit seinen Bissen; diese verteidigte sich und biß den Hund. Schließlich gelang es dem Hund, sie zu töten, und er schleuderte sie weit von der Wiege weg. Zurück blieb die Wiege; der Fußboden, seine Schnauze und sein Kopf waren vom Blute der Schlange überströmt. Die Schlange hatte ihn übel zugerichtet, doch er blieb neben der Wiege sitzen. Als die Amme in das Zimmer trat, glaubte sie, der Hund habe das Kind verschlungen, und sie stieß einen lauten Schmerzensschrei aus. Die Mutter des Kindes hörte dies und lief erschrocken herbei, sah und glaubte das gleiche und stieß einen ähnlichen Schrei aus. Auch der ebenfalls herbeieilende Ritter glaubte dasselbe, und er zog sein Schwert und tötete den Hund. Als sie sich dem Kinde näherten, fanden sie es gesund und wohlbehalten sanft schlafend. Sie suchten eine Erklärung und fanden die Schlange, die die Bisse des Hundes zerrissen und

gefesselt werde, um ihren Sinn zu ergründen, wobei die körperliche Arbeit mit der geistigen abwechselt; denn so schreibt es die Regel des heiligen Benedikt vor. In anderen Werkstätten gelten die Anstrengungen der Ordensbrüder der rohen Materie; man fördert Metall und veredelt es. Die Absicht ist die gleiche: Man muß die Mittel nutzen, die uns Gott der Schöpfer in verschwenderischer Fülle sowohl in den Worten als auch in den Dingen zugänglich macht. Aus beiden hat der Mensch die Substanz zu gewinnen, geduldig, demütig, mit der Kraft seiner Arme, seiner Vernunft, seiner Seele. Darum sind die von den Zisterziensern errichteten Schmieden und Scheunen ebenso majestätisch wie ihre Kirchen: Scheune, Schmiede, Kloster und Kirche sind die verschiedenartigen Werkzeuge ein und derselben Funktion, ein und desselben Amtes.

Wie die Nuß im Innern der Schale, wie der Geist im Innern des Fleisches, so entsteht das Kloster inmitten einer Lichtung, wo die pflanzliche Natur mühsam gebändigt und ihrer Wirrnis, ihrer Benommenheit entrissen wird. Hat nicht der Herr alle Geschöpfe dem Menschen untertan gemacht? Erwartet er nicht, daß der Mensch von seiner Intelligenz Gebrauch macht und mit ihm gemeinsam arbeitet an diesem stetigen, ununterbrochenen Werk der Schöpfung? Die Mönche von Cîteaux, die nicht länger als Herren leben und von den Mühen anderer zehren wollten wie die von Cluny, begaben sich also an die manuelle Arbeit. Allein durch diese Tatsache, und trotz ihrer Entschlossenheit, dem Fortschritt den Rücken zu kehren, wurden sie zu Vorkämpfern sämtlicher technischer Neuerungen, zur Front der Bahnbrecher dieses Jahrhunderts der Eroberungen. In Überfülle haben sie produziert, was Städte und Schlösser bei diesem allgemeinen Wachstum brauchten: Holz zum Feuern und Zimmern, Eisen, Glas und gute Wolle. Die Mönche hatten die Enthaltsamkeit erwählt. Sie verbrauchten fast nichts von diesen Erzeugnissen und brachten sie zum Markt. Sie erzielten Geld dafür. Was tun damit? Almosen geben? Das war schwierig: Die Zisterzienserabteien hielten sich fern von allem. Dieses Geld diente zum Bauen: Dreihundert Klöster entstanden im Laufe von dreißig Jahren über ganz Europa verstreut. Wie könnte man abschätzen, welche Investitionen – wie wir heute sagen würden – zur Schöpfung dieses Kunstwerks nötig waren. Es ist gewaltig, vielfältig und doch eine geschlos-

getötet hatten. Da erkannten sie die Wahrheit und bedauerten, daß sie einen so nützlichen Hund auf so ungerechte Weise getötet hatten; und sie warfen ihn in einen Brunnen vor dem Schloßtor, warfen einen großen Haufen Steine auf ihn und umpflanzten ihn mit Bäumen zum Gedenken an das Geschehene. Nun, das Schloß wurde durch den göttlichen Willen zerstört und die verwüstete Erde von ihren Bewohnern verlassen. Doch die Bauern hörten von dem edlen Verhalten des Hundes und von der Art, in der er zu Tode gekommen war, trotz seiner Unschuld und einer Tat wegen, für die er nur Gutes hätte erwarten sollen, und sie suchten die Stätte auf und verehrten ihn als Märtyrer; sie beteten zu ihm in Krankheit und Not, und mancher wurde dort ein Opfer der Verführungen und der Sinnestäuschungen des Teufels, der die Menschen auf diese Weise irreführte. Vor allem aber die Frauen, die schwache und kranke Kinder hatten, brachten diese an jenen Ort. In einem eine Meile von der besagten Stätte entfernten befestigten Marktflecken suchten sie eine alte Frau auf, die sie lehrte, wie man die Riten betrieb, den Dämonen Opfergaben darbrachte, sie anrief, und die sie an diesen Ort führte. Nachdem sie dort angekommen waren, brachten sie Salz und andere Dinge dar; ringsum an den Büschen hingen sie die Windeln des Kindes auf; sie schlugen einen Nagel in die Bäume, die an dieser Stätte gewachsen waren; sie reichten das nackte Kind zwischen den Stämmen zweier Bäume hindurch; auf einer Seite hielt die Mutter das Kind und warf es neunmal der alten Frau auf der anderen Seite zu. Sie riefen die Dämonen an und beschworen die Faunen im Walde von Rimite, dieses kranke und schwache Kind an sich zu nehmen – welches, so sagten sie, ihnen gehörte –, und ihnen dann ihr richtiges Kind, das sie mitgenommen hatten, kräftig und groß, gesund und wohlbehalten zurückzugeben. Dann nahmen diese kindesmörderischen Mütter ihr Kind wieder und legten es nackt am Fuße des Baumes auf dem Stroh einer Wiege nieder, und mit dem mitgebrachten Feuer zündeten sie zu beiden seiten des Kopfes zwei zollbreite Kerzen an und befestigten diese oberhalb im Stamme. Dann zogen sie sich zurück bis die Kerzen verbrannt waren, um das Wimmern des Kindes nicht zu hören und es nicht zu sehen. So brannten die Kerzen ganz nieder und töteten mehrere Kinder, wie wir von verschiedenen Leuten erfuhren. Auch berichtete mir eine Frau, daß sie die Faunen angerufen und sich zurückgezogen hatte, als sie einen Wolf aus dem Walde kommen und sich dem Kinde nähern sah. Wäre sie nicht, durch ihre Mutterliebe vom Mitleid erfaßt, zurückgekehrt, so hätte der Wolf – oder der Teufel in Gestalt des Wolfes, wie sie sagte – das Kind verschlungen.

sene Einheit – denn die Formen all dieser Kirchen entstanden aus dem gleichen Streben nach Schlichtheit und besinnlicher Festigkeit heraus.

Jede einzelne dieser Abteien bot inmitten der Einsamkeit das Bild einer vollkommenen Gottesstadt, eines irdischen Paradieses, keineswegs getrennt von der Erde sondern, im Gegenteil, im Materiellen verwurzelt, vermenschlicht. Und durch diesen Willen zum Fleischwerden, durch Betrachtungen, unterstützt durch die heftige Strömung, die die Edelsten zur Kirche hin trieb, um über das Geheimnis des menschgewordenen Gottes nachzusinnen – eine Strömung, die durch die Kreuzzüge noch verstärkt wurde –, durch die Überzeugung St. Bernhards, daß die Mönche keine Engel sind, daß es ihnen verderblich wäre, wollten sie ihnen, wie die Kluniazenser, allzusehr ähneln, daß sie das Fleisch, aus dem sie sind, beherrschen müssen, um die Welt zu beherrschen, ja, weil sie es ablehnten, sich ins Unwirkliche zu flüchten, weil sie sich verpflichtet fühlten, ebenso wie Christus, ihr Meister, voll das menschliche Schicksal zu tragen, deshalb schlossen sich die Zisterzienser der allgemeinen Strömung an. Gegen ihren Willen wurden sie mitgerissen, ohne sich dessen bewußt zu werden. In der zweiten Hälfte des XII. Jahrhunderts zeichnete sich der Widerspruch ab zwischen ihrer Entschlossenheit zur Härte und dem Erfolg der zisterziensischen Wirtschaft. Nach dem Tode St. Bernhards verdienten diese nach äußerster Armut strebenden Mönche immer mehr Geld, und man nahm die Arroganz wahr, die in der Erhabenheit ihrer Scheunen lag. Die weltliche Gesellschaft wandte sich langsam von Cîteaux ab: Sie erwartete jetzt, daß sich die Männer der Kirche nicht mehr in der Tiefe der Wälder versteckten, sondern sich mit ihr befaßten. Die klösterliche Institution gehörte bereits der Vergangenheit an, der ländlichen Vergangenheit, so wie jede Tradition, die das Irdische verurteilte. Die Zisterzienserkunst war eine letzte Frucht – eine wunderbare Frucht. Sie kam im Herbst des Mönchtums zur Reife. Der Frühling war bereits anderswo.

Er war in dem Elan eines Optimismus der Eroberung, der dazu führte, daß man in Pisa mit der den Ungläubigen geraubten Beute und dem Gewinn aus dem Handel eine nach römischer Art erbaute Kathedrale reicher ausstattete und in Palermo die Paläste der Fürsten nach byzantinischer und islamischer Art aus-

Kehrten die Mütter zu ihrem Kinde zurück und fanden es lebend vor, so trugen sie es in die reißenden Gewässer eines nahen Flusses, den man Chalaronne nannte, und tauchten es neunmal unter: Überstand es dies und starb nicht auf der Stelle, so war es wirklich sehr widerstandsfähig.

Wir haben uns an diesen Ort begeben, wir haben die Bewohner dieses Gebiets herbeigerufen und wir haben gepredigt wider alles, was gesagt wurde. Wir haben den toten Hund ausgegraben und den heiligen Wald abgeschlagen und ihn gemeinsam mit den Gebeinen des Hundes verbrennen lassen. Ich habe von den Herren dieses Gebiets eine Verordnung herausgeben lassen, die die Beschlagnahme der Güter derjenigen vorsieht, die von nun an diesen Ort aus einem derartigen Grunde aufsuchen."

Stephan von Bourbon (um 1180–1261).

schmückte. Der Frühling war mehr noch in diesem tiefgreifenden Umschwung, der allmählich zum Bewußtsein brachte, daß die Sünde in jedem Menschen wohnt, daß es an ihm selbst ist, sich von ihr zu befreien, daß er dies nicht anderen überlassen kann und deshalb dem Evangelium lauschen muß. St. Bernhard hatte – und darin lag sein wahrer Sieg – die Ungeheuer vertrieben, die Wahnvorstellungen abgewehrt. Die Darstellung des Bösen am Portal der Kathedrale von Autun ist keine Sirene, kein Trugbild mehr, sondern eine sehr schöne Frau, verführerisch und schuldig zugleich, und sie weiß es. In Vézelay hatte St. Bernhard den zweiten Kreuzzug gepredigt. Er hatte vor einem außergewöhnlichen Werk der Bildhauerkunst gesprochen, klösterlich noch, von Cluny angeregt, das jedoch den neuen Geist des Christentums deutlich machte. Im Tympanon der Basilika Sainte-Madeleine, wo man die Reliquien einer Frau verehrte, einer Sünderin, doch von Jesus geliebt, thront Christus in all seiner Herrlichkeit. Er ist eine Quelle des Lichts. Belebend entströmt es seinen Händen. Nicht mehr unter dem Scheffel, eingesperrt, wie in den Krypten des Jahres Tausend oder noch in dem abgeschiedenen Prunk von Cluny, auch nicht fern der Menge, wie in den Zisterzienserabteien, wo es nur einigen Vollkommenen seinen Schein spendete. Es ergießt sich, verbreitet sich nach allen Seiten, auf daß das Universum in seine beiden Dimensionen gezwungen werde – Zeit und Raum – bis hin zu den äußersten Punkten der Erde und bis ans Ende der Welt. Die Ausbreitung dieses Leuchtens wird nicht auf eine ferne ungewisse Zukunft verschoben, in die es die Offenbarung verdrängt.

Es ist da, jetzt, in diesem Augenblick. Das Reich kann von dieser Welt sein. Männer errichten es: die Apostel. Männer, die keine Mönche waren, sondern Priester, Hefe im Teig, die keineswegs in der Abgeschiedenheit lebten, sondern barfuß auf den Landstraßen wanderten und zum Volke sprachen. Abgesandte des Meisters, berufen, sein Wort zu verkünden.

Man muß im Tympanon von Vézelay das Sinnbild eines Augenblicks europäischer Geschichte sehen, das Symbol des großen Aufbruchs und Zeichen eines echten Einschnitts, der keine Rückkehr in die Vergangenheit bedeutet wie all die kaiserlichen Erneuerungsbemühungen oder noch die Reaktion der Zisterzienser, sondern ein entschlossener Vorstoß ist in neue Zei-

Apokalypse von Saint-Sever: die Sintflut – Mitte des 11. Jahrhunderts.
Paris, Bibliothèque Nationale, Lat. 8878, Folio 85.

ten – unter der Führung eines Gottes, von dem man hier verkündet, daß er das Licht ist.

Das Licht, das ständige Strahlen des Lichtgottes, das sich über die Geschöpfe ergießt, in dem Materie und Geist unmerklich verschmelzen – dieser Gedanke steht im Mittelpunkt der Ästhetik von Saint-Denis. Er hat Suger, den Abt von Saint-Denis, dazu angeregt, im Gotteshaus den von der Mauer eingenommenen Raum weitgehend einzuschränken und ihn lichtdurchlässig, durchscheinend zu gestalten. Hierzu nutzte er ganz den gekreuzten Spitzbogen, diesen Kunstgriff der Baumeister, der für die Zisterzienser nur ein Mittel zur Festigung des Bauwerks darstellte. So fluten nun die Lichtstrahlen voll herein, und Suger will sie triumphal, geschmückt mit dem Funkeln aller Edelsteine, zum Ruhme der Fenstermalerei.

Dergestalt feierte das Bauwerk den Ruhm des himmlischen Königs und den des Königs von Frankreich zugleich. Suger war ein Mönch; doch stellte er das Mönchtum in den Dienst des monarchischen Staates, der damals voll in seiner frühen Blüte stand, wobei er die edelsten der ästhetischen Neuerungen vereinte, die jede der einzelnen Provinzen hervorbrachte. Er machte von der monumentalen Bildhauerkunst der Basiliken des Südens ebenso Gebrauch wie von der Emaille- und Bronzearbeit aus der karolingischen Tradition, soweit man sie im Norden fortführen konnte. Er führte Cluny zur Vollendung, was ihn in heftigen Widerspruch zu St. Bernhard brachte. Dies alles spielte zur Zeit der kluniazensischen Entfaltung und des zisterziensischen Aufbruchs. Das muß man sich vor Augen halten: die erwachende Blüte, das Gären, das Ungestüm der Suche – es sind alles zeitgenössische Werke. Der chronologische Abstand zwischen Cluny, das man um 1130 mühsam fertigstellt, Fontenay, nach 1135 in wenigen Jahren gebaut, Vézelay, dessen Bildhauerarbeiten aus der gleichen Zeit stammen, Saint-Denis, wo man damals gerade mit dem Wiederaufbau von Vorhalle und Apsis beginnt, zwischen der Reife dessen, was wir romanische Kunst nennen, und der ersten Blüte der Kunst, die wir als gotisch bezeichnen, ist nicht größer als der zwischen Picasso, Matisse und Bonnard oder Marcel Duchamp. Gleichzeitigkeit, Unvereinbarkeit, Konflikt – doch überall derselbe Wunsch nach innerer Reinheit und äußerer Würde; Körper und Seele: Inkarnation. In diesem Sinne

„Hans von Gottes Gnaden, König von Frankreich, etc.

1. Da sich mehrere Personen, sowohl Männer als auch Frauen untätig in der Stadt Paris und in anderen Städten der besagten Gebiete des Vogts und des Vicomte aufhalten und ihren Körper keinerlei Beschäftigung aussetzen wollen – die einen sind Betrüger, die anderen treiben sich in Schenken und Bordellen herum –, wird angeordnet, daß auf jeden Fall derartige Müßiggänger, Würfelspieler, Betrüger oder Bettler, aus welchem Stande und welchen Verhältnissen sie auch immer stammen mögen, ob mit oder ohne Beruf, ob Männer oder Frauen, die gesund sind an Leib und Gliedern, entweder einer Arbeit nachgehen, mit der sie ihren Lebensunterhalt verdienen können, oder aber daß sie innerhalb von drei Tagen nach dieser Bekanntmachung die Stadt Paris und die übrigen Städte besagter Propsteien und Grafschaften verlassen. Werden sie nach Ablauf besagter drei Tage dort noch immer untätig vorgefunden, oder aber beim Würfelspielen oder Betteln, so wird man sie vier Tage lang bei Wasser und Brot in den Kerker werfen; und wenn sie besagtes Gefängnis verlassen haben und noch immer müßig vorgefunden werden oder keinen Besitz haben, aus dem sie ihren Lebensunterhalt bestreiten könnten, oder wenn sich keine Person ohne Tadel findet, die bezeugt, daß sie ihnen Arbeit gibt oder der sie dienen, so werden sie an den Pranger gestellt. Und beim dritten Male werden sie mit einem glühenden Eisen an der Stirn gezeichnet und von den besagten Orten verbannt.

2. Item wird man gemeinsam mit dem Bischof oder dem Offizial, sowie mit den Jakobiner-, Franziskaner-, Augustiner-, Karmeliter- und anderen Mönchen beharrlich dafür sorgen, daß sie die Brüder ihres Ordens auffordern, wenn sie in ihren Gemeinden oder anderswo predigen, auch in ihren Predigten darauf hinzuweisen, daß jene, die Almosen geben möchten, diese niemanden geben, der gesund ist an Leib und Gliedern, noch Leuten, die in der Lage sind, eine Arbeit zu verrichten, von der sie leben können, sondern daß sie ihre Spenden Blinden und anderen notleidenden Personen zugute kommen lassen.

3. Item weise man jene, die Krankenhäuser und Armenhäuser beaufsichtigen und leiten, an, daß sie solche Betrüger oder Müßiggänger, wenn es sich nicht um kranke oder arme Durchreisende handelt, nur eine Nacht beherbergen.

übernahm Suger das intellektuelle Schema der Übereinstimmungen zwischen dem Alten und dem Neuen Testament, auf die sich bereits die Ikonographie der Portale von Hildesheim gestützt hatte. Doch der Tonfall hat sich verändert: In der Zwischenzeit war durch die Kreuzzüge der fleischliche Teil des Lebens Christi deutlich geworden. An einem der Fenster des Chores von Saint-Denis zeigt der Baum Jesse den Körper Jesu als Krönung eines Menschengeschlechts, eines hohen Stammes, der dem Bauch eines Menschen entsprießt und dessen Saft von Generation zu Generation, von Blüte zu Blüte steigt: Diese Kettenglieder sind Könige, die Könige Judas. Wer aber das Bild sah, erkannte in diesen Gesichtern die Züge des Königs von Frankreich. Er sah in dem strahlenden Antlitz Christi, der an der Spitze treibender Lebenskraft die sieben Gaben des Heiligen Geistes nach allen Enden des Weltraumes hin ausströmen läßt, das Symbol aller Entfaltung.

Im Laufe des letzten Drittels des XII. Jahrhunderts wird das in Fontenay, in Vézelay und Saint-Denis eingeleitete Unterfangen in den Kathedralen weitergeführt. In Laon fließen die beiden bedeutendsten und zugleich feinsten Strömungen künstlerischer Suche zusammen: ein aus Cîteaux kommendes Streben nach Strenge und Nüchternheit und der auf Saint-Denis zurückgehende Wunsch nach dem Strahlenden. Aus dieser Verbindung erwächst das Prinzip dessen, was man damals „französische Kunst" genannt hat. Gott ist das Licht – das wiederholen die neuen Theologen. Sie betrachten die Schöpfung als ein aus einer einzigen Quelle hervorbrechendes Glühen; von Stufe zu Stufe ruft das Licht die Geschöpfe zum Dasein auf, und während sein Abglanz sprunghaft von einem Glied dieser hierarchischen Kette zum anderen gleitet, kehrt es von den düsteren Grenzen des Kosmos zu seinem göttlichen Ursprung zurück. Was ist diese zweifache Strömung anderes als ein schlichter Austausch der Liebe? Der Liebe Gottes zu dem von ihm Erschaffenen, der Liebe der Menschen zu ihrem Schöpfer – Gegenseitigkeit. „Die Seele sucht das Licht, indem sie dem Licht folgt", hatte St. Bernhard gesagt. Abaelard, der nicht im Kloster meditiert, sondern an den Kathedralen lehrt, wiederholt es: „Wir nähern uns Gott genau in dem Maße, in dem er sich uns nähert und uns das Licht und die Wärme seiner Liebe gibt." Durch das Feuer der Liebe, den wahren

4. Item sollen Prälaten, Barone, Ritter, Bürger und andere ihren Geistlichen sagen, daß sie solchen Betrügern, die gesund an Leib und Seele sind, keinerlei Almosen geben."

"Die Erlasse der Könige von Frankreich."

Geist Gottes, entrinnt die Seele der Finsternis und lodert hell empor im Mittagslicht. Deshalb wollte man die Kathedrale, das Gotteshaus, durchscheinend und führte seine Architektur allmählich auf das Kreuzgratgewölbe zurück, während große bemalte Fenster die Wand ersetzten. Und deshalb weicht die Vierung, die lichtundurchlässige Kuppel, der Laterne. Man vermeidet alles, was die Einheit des Innenraumes stören könnte. Er wird zu einem geschlossenen Ganzen, gleichmäßig durchflutet von jenen Strahlen, die Erkenntnis und Barmherzigkeit zugleich sind. In diesem Bauwerk findet die sehr langsame Aufwärtsströmung ihre Vollendung. Im Jahre Tausend war sie in den Krypten zum Leben erwacht. Sie hatte die Erde verlassen – ein Aufstieg, eine Entfaltung. Sie mündete in jenem Gebinde vertikalen Zweigwerks, von dem das Himmlische umschlossen ist. Von nun an bildet das Fenster eine Zierde, um die sich alles gliedert. Es nimmt zwei Aspekte an: den einer Rose, die allmählich an Schwerelosigkeit gewinnt und sich zu drehen beginnt, um so gerade jene Bewegung der Ausbreitung und der Rückkehr deutlich zu machen, die das Geschaffene in eine unermeßliche Vielfalt aufteilt und es gleichzeitig zur Einheit zurückführt, und den Aspekt eines abgeschossenen, zunehmend ätherischen Pfeiles.

DIE KATHEDRALE, DIE STADT, DIE SCHULE

GAUFRIED VON VILLEHARDOUIN (UM 1150–UM 1213),
„DIE EROBERUNG KONSTANTINOPELS".

„Alsdann sahen die Griechen, die so mit den Franken in Streit lagen, daß
kein Friede mehr möglich war, und sie berieten sich heimlich, wie sie
[den Kaiser] wohl verraten könnten. Es gab einen Griechen, der bei ihm
in höherem Ansehen stand als alle anderen, und der mehr als jeder
andere dazu beigetragen hatte, den Streit mit den Franken anzuzetteln.
Dieser Grieche hieß Morchufel [Alexis Ducas].

Sie einigten sich, und eines Abends, tief in der Nacht, als der Kaiser in
seinem Gemach schlief, packten ihn jene, die ihn zu bewachen hatten,
Morchufel persönlich und die anderen, die bei ihm waren, in seinem Bett
und warfen ihn ins Gefängnis. Und Morchufel zog die karminroten Stie-
fel an, mit Hilfe und Zustimmung der übrigen Griechen, und er machte
sich zum Kaiser. Dann krönte man ihn in der Hagia Sophia. Man höre
nur, ob je von einem Menschen ein so schrecklicher Verrat begangen
wurde [...].

Als der König Sursac erfuhr, daß sein Sohn im Gefängnis und jener
andere gekrönt worden war, erfaßte ihn große Angst, und er erkrankte;
es dauerte nicht lange, und er starb. Und jener Kaiser Morchufel ließ
zwei- oder dreimal dem Sohne, den er gefangenhielt, Gift verabreichen;
und es gefiel Gott nicht, ihn sterben zu lassen. Daraufhin erdrosselte er
ihn, und als er ihn erdrosselt hatte, ließ er überall verbreiten, daß er eines
natürlichen Todes gestorben sei; und er ließ ihn in allen Ehren als Kaiser
begraben; und er tat so, als ginge ihm dies sehr nahe." [...]

„Da hättet ihr nur sehen sollen, wie man die Griechen niedermetzelte
und Pferde und Paraderösser, Maultiere und Eselinnen und sonstige
Beute an sich nahm. Es gab dort so viele Tote und Verwundete, daß ihre
Zahl kein Ende nahm und ihr Maß nicht zu schätzen war. Ein Großteil
der erhabenen Männer Griechenlands kehrte um zum Tor von Blaquerne. Es war bereits spät am Abend, und die Heeresleute waren des
Kämpfens und des Gemetzels müde. Und sie versammelten sich auf
einem großen Platz innerhalb Konstantinopels; und sie beschlossen, daß
sie in der Nähe der eingenommenen Mauern und Türme ihr Lager auf-
schlagen würden, denn sie glaubten nicht, daß sie in einem Monat die
Stadt mit ihren mächtigen Kirchen und Palästen und der dort lebenden
Bevölkerung würden einnehmen können. Wie man es beschlossen hatte,
so geschah es.

ZWANGSLÄUFIG IST die Kathedrale die Kirche des Bischofs. Seit den Anfängen der Verbreitung des Christentums hat jede Stadt ihren Bischof. Die Kathedrale ist also eine städtische Kirche. Die Kunst der Kathedralen bedeutet in Europa vor allem ein Erwachen der Städte. Unter den Fenstermalereien findet man viele, die von Zünften gestiftet wurden; augenfällig wollten sie so die ersten Früchte ihres jungen Wohlstandes darbringen. Diese Spender waren keine Bauern. Es waren Leute aus dem Fach; Männer, die in den Städten und deren in ständiger Ausdehnung begriffenen Vororten Wolle, Leder, Metall verarbeiteten, die schöne Tuchwaren und Schmuckstücke verkauften und in Gruppen von einem Jahrmarkt zum anderen zogen. Diese Handwerker, diese Kaufleute wollten auf den vom Lichte Gottes verklärten Fenstern der Hauptkirche ihrer Stadt Gesten und Werkzeuge ihrer Arbeit darstellen, auf daß ihr Amt, ihre produktive Tätigkeit gerühmt werde an diesem Bauwerk, in dem an hohen Feiertagen alle zusammenkamen, das weiträumig genug war, um die ganze Bevölkerung der Stadt aufzunehmen. Und die Bürger fanden sich hier nicht nur zum Gebet ein. Ihre Zünfte trafen sich dort, und die gesamte Gemeinde hielt hier ihre Versammlungen ab. Die Kathedrale war das Haus des Volkes – des städtischen Volkes.

Sie beherrscht das Stadtbild. Sie ragt aus dieser Sammelstätte der Fruchtbarkeit hervor. Sie wacht über alles, was erzeugt und getauscht wird innerhalb einer Ortschaft, die außer ihr nur ein Gewirr von engen Gassen, Kloaken und Schweineställen aufzuweisen hat, dichtgedrängt, zusammengeballt; eine kleine Stadt in unseren Augen. Wie viele Menschen lebten im XII. Jahrhundert in Laon zusammen, als die Kathedrale erbaut wurde? Einige Tausend, nicht mehr; aber viele von ihnen waren von einem neuen, durch das Geld bedingten Wohlstand. Es stimmt, daß die städtische Vitalität aus der ländlichen Vitalität hervorging, daß die Stadt aus dem sie umgebenden Agrargebiet, der großzügigen Mutter Erde und von den zugewanderten Arbeitskräften ihre Nahrung und das von all ihren Werkstätten verarbeitete Rohmaterial bezog. Die Quelle des bürgerlichen Wohlstandes lag dort in den Feldern. Und betrachtete man nicht die Rinder, die man zum Schutze an der Spitze der Türme von Laon anbrachte, als Huldigung der bäuerlichen Arbeit? Eines ist jedenfalls gewiß: Das Geld, die zahllosen Geldstücke, die zur Errichtung

So schlugen sie vor den Toren und den Türmen neben ihren Vasallen ihr Lager auf. Der Graf Balduin von Flandern und Hainaut richtete sich in den karminroten Zelten des Kaisers Morchufel ein, die jener hatte stehenlassen, und sein Bruder Heinrich vor dem Palast von Blaquerne; Bonifaz, der Marquis von Montferrat, mit seinen Leuten in der Nähe des Stadtkerns. Das Heer hatte sich also niedergelassen, so wie ihr es soeben vernommen habt, und das blühende Konstantinopel wurde am Ostermontag eingenommen. Und der Graf Ludwig von Blois und Chartres war den ganzen Winter über an einem Fieber dahingesiecht, und er konnte nicht zu den Waffen greifen. Wisset, daß dies dem Heere sehr zum Schaden war, denn er war ein sehr guter Ritter, und nun lag er darnieder.

So ruhten also in jener Nacht die von einer großen Müdigkeit überfallenen Leute der Armee aus. Der Kaiser Morchufel aber ruhte nicht: Er versammelte all seine Leute und erklärte ihnen, er wolle die Franzosen angreifen. Doch tat er nicht, was er sagte: Er ritt in Richtung anderer Straßen, so weit wie nur möglich entfernt von jenen des Heeres, und er gelangte an ein Tor, das man das Goldene Tor nennt. Und durch dieses Tor entkam er und verließ die Stadt, und von seinem Gefolge flüchtete, wer nur flüchten konnte. Und von all dem wußten die Männer des Heeres nichts.

In jener Nacht legten, ich weiß nicht, welche Leute, die einen Angriff der Griechen fürchteten, neben dem Lager des Marquis von Montferrat, Bonifaz, Feuer zwischen ihren Bereich und den der Griechen. Und in der Stadt brach ein sehr heftiger Brand aus, und sie brannte die ganze Nacht, und am nächsten Tage bis zum Abend. Und dies war der dritte Brand, den Konstantinopel seit dem Eindringen der Franken in das Land zu verzeichnen hatte. Und es gab mehr abgebrannte Häuser als man in den drei größten Städten des französischen Königreichs finden kann." [...]
„Da wurde von dem Marquis Montferrat, dem Heerführer, und von seinen Baronen und dem Herzog von Venedig im ganzen Heere bekanntgegeben, daß alles Hab und Gut herbeigebracht und gesammelt werden sollte, so wie man es abgesprochen und bei Strafe der Exkommunikation geschworen hatte. Und man bestimmte die entsprechenden Orte in drei verschiedenen Kirchen, und man stellte französische und venetianische Wachen auf, die treuesten, die man nur finden konnte. Und alsdann begann ein jeder, seine Beute herbeizubringen und anzuhäufen.

Der eine brachte eine angemessene Beute, der andere eine mangel-

der Kathedrale von Hand zu Hand gingen, waren zuvor durch Mühsal und Anstrengung der Bauern erworben worden.

Doch die Städte wollen Abstand halten vom flachen Land. Der Bürger verachtet die Bauern. Und er fürchtet sie. Er verschanzt sich vor ihnen. Jede Stadt ist umschlossen von Toren, die man abends sorgfältig absperrt, Mauern, die man modernisiert, durch diese schnell aufkommenden Verbesserungen, die sowohl die militärische als auch die Architektur der Kirchen begünstigen. Sie ist ein Schloß, trutziger als die übrigen (und was waren ursprünglich diese Händler, diese Handwerker anderes als spezialisierte Bedienstete der Turmherren, des Bischofs, der Domherren, des Festungsobersten und seiner Garnison von Rittern?). Die Stadt ist eine Festung; denn ihre Reichtümer sind verlockend, leicht zu nehmen; denn diejenigen, bei denen in diesen Mauern die Macht liegt, wissen sehr wohl, daß dies der Ort der einträglichsten Erhebungen von Abgaben ist und daß man diese Einnahmequelle schützen muß: Die erste Sorge des Königs Philipp-August galt der Befestigung von Paris, denn von dort bezog er den größten Teil seiner Einkünfte. Und als sein Enkel, Ludwig der Heilige, an der Mittelmeerküste seines Gebietes Aigues-Mortes gründete, um die Einschiffung zum Heiligen Land zu erleichtern, ließ er als erstes eine Mauer errichten um diesen Stützpunkt, an dem sich die Versorgungsmittel anhäuften.

Wenn auch ebenso eifersüchtig gehütet wie alle übrigen, so unterscheiden sich doch diese städtischen Festungen dadurch, daß sie dem Verkehr offenstehen. Sie leben von ihm. Krieger und Priester wohnen hier; aber es sind die Geschäftsleute, die ihren Wohlstand fördern und sie zuweilen alleine verwalten. An den Stadttoren fließen alle Verkehrswege zusammen, Land- und Wasserstraßen. Doch die Verkehrsverbindungen dienen der Verteidigung: Die Brücke ist gleichzeitig eine Mauer. Deutlich zeigen dies die Miniaturen des XIII. Jahrhunderts, die das Leben des heiligen Dionysius darstellen. Die Brücken von Paris, die dreihundert Jahre zuvor die Stadt vor den normannischen Plünderern gerettet hatten, sind, flankiert von ihren Schlössern, noch immer Teil eines geschlossenen Blockes von Befestigungen. Mühlen versperren die Brückenjoche: Man muß die Energie des fließenden Wassers nutzen. Schiffe können nicht hindurch: An der „Grève" (eine Sperre) muß der aus Auxerre kommende und für die

hafte: Denn die Begehrlichkeit, die die Wurzel allen Übels ist, schläft nicht; aber die Habgierigen begannen jetzt, gar manches zurückzubehalten, und unser Herr begann sie weniger zu lieben. Ach Gott! wie ehrlich waren sie bis dahin gewesen! Und Gott der Herr hatte ihnen sehr wohl gezeigt, daß er sie in allen Dingen mehr als alle anderen versorgt und emporgebracht hatte; und oft leiden die Guten Schaden durch die Schuld der Bösen.

Geld und Beute wurden angehäuft; und wisset, daß nicht alles abgegeben wurde, denn es gab viele von jenen, die trotz der Drohung päpstlicher Exkommunikation etwas zurückbehielten. Was man in die Kirchen brachte, wurde gesammelt und je zur Hälfte unter die Franken und die Venetier verteilt, so wie sie es bei ihrer Abmachung geschworen hatten. Und wisset, daß, als sie geteilt hatten, [die Pilger] von ihrem Teil fünfzigtausend Silbermark an die Venetier zahlten; und sie verteilten etwa hunderttausend unter ihre eigenen Leute. Und wisset, wie: zwei Sergeanten zu Fuß für einen Sergeanten zu Pferde, und zwei Sergeanten zu Pferde für einen Ritter. Und wisset, daß keiner mehr erhielt aufgrund seines Ranges oder seiner Verdienste als das, was man beschlossen und festgelegt hatte; es sei denn, es war gestohlen.

Und was den Diebstahl angeht, so wisset, daß, wenn man diesen beweisen konnte, sehr wohl ein gerechtes Urteil gefällt wurde; und es gab viele Gehängte. Der Graf von Saint-Pol ließ einen seiner Ritter, der etwas zurückbehalten hatte, mit dem Wappen am Halse gefangennehmen. Und es gab viele, die etwas für sich behielten, bedeutende und unbedeutende Leute; doch es kam nicht heraus. Ihr könnt euch wohl vorstellen, wie groß das Vermögen war: denn, ohne das Gestohlene und ohne den Anteil der Venetier kamen etwa vierhunderttausend Silbermark zusammen, und etwa zehntausend Reitpferde, sowohl von der einen als auch von der anderen Gattung. Die Beute von Konstantinopel wurde so aufgeteilt, wie ihr es gehört habt." […]

„Als der Kaiser Morchufel hörte, daß sie also kamen, wagte er nicht, auf sie zu warten, sondern er floh jeweils zwei bis drei Tagesstrecken voraus; und so gelangte er bis Messinopel, wo der Kaiser Alexis lebte. Und er schickte ihm seine Boten und ließ ihm sagen, daß er ihm helfen und ihm ganz zu Willen sein würde. Und der Kaiser Alexis antwortete, daß er ihm wie ein Sohn willkommen sei: denn er wollte, daß er seine Tochter zur Frau nehme, und er würde ihn zu seinem Sohne machen. So ließ sich der Kaiser Morchufel vor Messinopel nieder; und er stellte seine Zelte

Normandie und England bestimmte Wein aus- und jenseits des Grand-Pont umgeladen werden. Auf dieser mit Häusern bedeckten Brücke – wie heute noch der Ponte Vecchio, weil man sie für den sichersten Ort der Stadt hält – spielt sich der Großteil des regen städtischen Lebens ab, an diesem Punkt, an dem sich Land- und Wasserwege treffen, wo sich all das sammelt, was man fertigt, was man durch Forschung und Kunstgriffe entdeckt, was man tauscht, was man herbeischafft aus den Dörfern der unmittelbaren Umgebung, den reichsten der damals bekannten Welt. Die Stadt – ein Ort des Überflusses, des Trubels – ist für die Moralisten der Kathedrale eine Stätte der Verdammnis. Sie ist verdorben von Habsucht, Gefräßigkeit und Unzucht. Tatsächlich ist sie ein Ort des Vergnügens, und der Traum aller Ritter ist es, dort ihren Aufenthalt zu verlängern. Die Lebensfreude streift hier bitterste Armut: Innerhalb der Mauern drängt sich die Masse derer, die am Wachstum nicht teilhaben, Krüppel, Zugewanderte, Arme, die auf alles lauern, was man verteilt, wegwirft, was man stehlen kann, nach kleinen Gewinnen aus den Zwischenräumen der ehrbaren Tätigkeiten. Im städtischen Raum, innerhalb einer Gesellschaft, die voll der krassesten Gegensätze, der Unsicherheit ist und nur schwer in ihren noch sehr nachgiebigen Rahmen paßt, entdeckt man ein erschütterndes Elend.

Durch das Solidaritätsgefühl findet es in der ländlichen Welt Linderung und geht zurück. In der Stadt breitet es sich zusehends aus – zur Belastung des Gewissens der allzu Reichen, der Bankiers, der Geldverleiher und -wechsler, die in Paris auf dem Grand-Pont ihr Geschäft haben, sowie all der Professoren, der Lehrmeister, deren Arbeitsräume auf dem Petit-Pont liegen und die ebenfalls durch ihren Beruf zu Reichtum gelangen. In der Stadt des XII. Jahrhunderts hat sich das Gefühl verstärkt, daß es, um Christ zu sein, nicht genügt, bestimmte Gesten auszuführen, bestimmte Gebete zu sprechen; man muß daran denken, daß ein Reicher schwerlich ins Himmelreich kommen wird: Jesus hat es gesagt, er, der selbst mit Dirnen und Leprakranken zusammenlebte und sie liebte. Besorgnis kommt auf. Sie regt dazu an zu geben, was man besitzt; es zu geben zum Bau der Kathedrale. Diese ist – das darf man nicht vergessen – unter ihrem prächtigen Äußeren ein Denkmal der Demut, Symbol der Entsagung. Wie die Zisterzienserkirche, ist auch sie aus dem freiwilligen

und seine Fahnen auf; und der andere wohnte in der Stadt. Und sie sprachen miteinander und [Alexis] gab ihm seine Tochter, und sie verbündeten sich und sagten, daß sie nunmehr eine einzige Person wären.

So verbrachten sie, ich weiß nicht wie viele Tage, der eine im Lager, der andere in der Stadt. Und darauf lud der Kaiser Alexis den Kaiser Morchufel zu sich zum Essen ein und sagte ihm, sie würden sich nun gemeinsam zu den Bädern begeben. Es geschah wie abgesprochen. Der Kaiser Morchufel kam, wie ihn der andere geheißen hatte, einfach und mit wenig Leuten; und als er in seinem Hause war, ließ ihn der Kaiser Alexis in ein Zimmer kommen, und er ließ ihn zu Boden werfen und ihm die Augen aus dem Kopfe reißen, des Verrates wegen, von dem ihr gehört habt. So hört nun, ob solche Leute, die derart grausam zueinander sind, ein Land beherrschen oder verlieren dürften. Und als die Leute des Kaisers Morchufel das erfahren, sprengen sie auseinander und flüchten, die einen nach hier, die anderen nach dort; und es gab Leute, die den Kaiser Alexis aufsuchten und ihm als ihrem Herrn Treue gelobten und bei ihm blieben.“ [...]

„Zu jener Zeit geschah es, daß der Kaiser Morchufel, dem man die Augen ausgerissen hatte – jener, der seinen Herrn, den Kaiser Alexis, getötet hatte (den Sohn des Kaisers Sursac, den die Pilger mit ins Land gebracht hatten) –, heimlich mit wenigen Leuten jenseits des Meerarmes flüchtete. Und Thierry de Los, dem man dies verraten hatte, erfuhr davon, und er nahm ihn gefangen und brachte ihn zu dem Kaiser Balduin in Konstantinopel. Und der Kaiser Balduin war darüber hocherfreut, und er beriet sich mit seinen Leuten darüber, was er wohl mit einem Manne tun sollte, der einen derartigen Mord an seinem Herrn begangen hatte.

Die Beratung erbrachte folgendes: In Konstantinopel, in der Stadtmitte etwa, gab es eine Säule, eine der höchsten und am schönsten skulptierten Marmorsäulen, die je ein Menschenauge gesehen hatte. Dorthin würde man ihn bringen und vor den Augen des ganzen Volkes in die Tiefe springen lassen, denn eine so hohe Gerechtigkeit mußten alle sehen. Und so wurde der Kaiser Morchufel zu der Säule gebracht; und er wurde nach oben gebracht, und die ganze Bevölkerung der Stadt strömte herbei, um das ungewöhnliche Ereignis zu sehen. Sodann wurde er in die Tiefe gestoßen, und er fiel aus einer solchen Höhe, daß er, als er am Boden ankam, völlig zermalmt war.“

Opfer allzu rasch erzielter Gewinne entstanden. Wenn man sie derart weiträumig und oft in so kurzer Zeit erbauen konnte, so deshalb, weil die von der städtischen Entwicklung Begünstigten das Geld mit vollen Händen gaben, um ihre Seele zu retten, die sie mehr als alles andere bedroht wußten. Die Kathedrale ragt über das Fieberhafte und die Sünden der städtischen Welt hinaus. Sie ist ihr Stolz, ihr Schutz, ihr Alibi.

Das Kloster war in sich selbst zurückgezogen. Die Kathedrale öffnet sich weit. Sie ist ein öffentlicher Aufruf, eine stumme Ansprache an das ganze gläubige Volk und vor allem ein Beweis der Autorität. Durch ihre Fassaden, die wie eine Festung anmuten, ihre Türme, die uneinnehmbar ihre Fortsetzung darstellen, spricht sie von Erhabenheit, vom Christuskönig, während ihre Wände die Galerien der Könige und Bischöfe schmücken. Denn die Kathedrale bekundet, daß man das Heil erringt in Ordnung und Disziplin, unter der Kontrolle einer Macht, oder besser zweier miteinander verbundener Mächte – der bischöflichen und der fürstlichen. Die Kirche des Bischofs – in der Stadt gegründet, um sie zu regieren und sie an der Quelle flüssigsten Reichtums auszubeuten – zeugt von dem Einklang, der zwischen Kirche und Monarchie besteht, beide reformiert, restauriert.

Aber die Kirche herrscht nicht durch Waffen; sie herrscht durch das Wort. Sie lehrt Dogmen, den geraden Weg, von dem nichts abweichen darf, sie lehrt Regeln, eine Ethik, die jeder anwenden muß, ohne Zögern oder Murren. Um besser zu überzeugen, greift sie auf das Bild zurück. Eine pädagogische Bildersammlung breitet sich so um die Eingänge der bischöflichen Kirche aus, an drei Seiten des Bauwerks: im Norden, im Süden, an den äußersten Enden des Querschiffs, das keine Funktion mehr hat, das aufgegangen ist in der neuen Einheitlichkeit des Innenraumes, das nur noch da ist, weil so zwei sichtbare Predigten hinzukommen zu jener, die sich traditionsgemäß an der Westseite dartut, zur untergehenden Sonne hin, das heißt dem Teil des Universums, den man mit aller Kraft vom Bösen erlösen muß. Hier sieht man ein regloses Theater auftauchen, wie in St. Michael in Hildesheim, aber sehr viel weiträumiger. Die Bühne ist nicht auf die zwei Flügel beschränkt; zu beiden Seiten öffnet sie sich großzügig über die Wände hin. Das ganze Werk wird dort gezeigt, umgruppiert, die Mißklänge entfernt, zum Guten hingeführt mittels

„Geirrid, die Hausherrin von Màvahlid, ließ Bolstad ausrichten, sie sei sicher, daß es Odd, Katlas Sohn gewesen war, der Aud die Hand abgeschlagen hatte. Sie erklärte, sie habe es aus Auds eigenem Munde gehört; auch habe sich Odd vor seinen Freunden damit gebrüstet. Als Thorarin und Arnkell dies hörten, verließen sie mit zehn Männern das Haus und zogen bis nach Màvahlid, wo sie übernachteten. Am nächsten Morgen zogen sie nach Holt, wo man ihr Unterfangen schon von weitem bemerkte. Außer Odd waren keine Männer dort. Katla saß auf dem Podest und spann; sie hieß Odd sich neben sie setzen: ‚Schweig und verhalte dich ruhig.‘ Sie hieß die Frauen sich an ihre Plätze setzen. ‚Verhaltet euch ganz still‘ – sagte sie – ‚ich werde sprechen.‘ Als Arnkell und die Seinen kamen, traten sie sogleich ins Haus, und als sie in der Stube waren, begrüßte Katla Arnkell und fragte ihn, was es denn Neues gebe; Arnkell sagte, er wisse nichts Neues und fragte nach Odd. Katla sagte, er sei im Süden, in Breidavik, ‚und wenn er zu Hause wäre, so würde er dir nicht ausweichen, denn wir haben volles Vertrauen in deinen Großmut.‘ ‚Das mag sein‘ – sagte Arnkell – ‚aber wir wollen doch einmal das Haus durchsuchen.‘ ‚Wie ihr wünscht‘, sagte Katla, und sie hieß den Verwalter ihnen mit einem Licht vorausgehen und den Vorratsraum öffnen – ‚das ist der einzige Ort auf dem Hof, der abgeschlossen wird‘. Sie sahen sehr wohl, daß sie ein Spindel hielt. Sie durchsuchten also das Haus, fanden Odd nicht und gingen dann wieder.

Als sie nicht weit von dem Grundstück entfernt waren, blieb Arnkell stehen und sagte: ‚Hat Katla nicht vielleicht unsere Blicke getäuscht? Ihr Sohn Odd war da, und wir meinten eine Spindel zu sehen.‘ ‚Das ist ihr zuzutrauen‘, sagte Thorarin; ‚machen wir kehrt.‘ Das taten sie. Als man sie von Holt aus zurückkommen sah, sagte Katla zu den Frauen: ‚Setzt euch wieder auf eure Plätze; Odd und ich werden ihnen entgegengehen.‘ Als sie und Odd am Eingang ankamen, trat sie in den vor den Außentüren liegenden Vorraum, kämmte dort ihren Sohn Odd und schnitt ihm die Haare. Arnkell und die Seinen liefen zu den Eingangspforten hin und sahen, wo Katla war: Sie war damit beschäftigt, einem Ziegenbock Fell und Bart zu schneiden und ihn zu kämmen. Arnkell und die anderen traten in den Raum und sahen Odd nirgends; Katlas Spindel lag auf der Bank; da sagten sie sich, daß Odd wohl nicht dort war; sie verließen dann den Raum und gingen wieder.

Doch als sie in der Nähe der Stelle angelangt waren, wo sie zuvor

94

einer Sogwirkung ähnlich derjenigen, die die Rosetten zum Drehen bringt. Die Kathedrale ist tatsächlich eine Einladung. Sie lockt mit Zeichen des wahren Glaubens, womit sie allerdings die lebendigen Kräfte fangen und unterjochen will, die diese Epoche der vollen Entwicklung antreiben. Die Kathedrale gibt vor, diese Kraft zu bändigen, sie wacht darüber, daß sie sich zuwendet, mit Vorbedacht, an der rechten Stelle. Die Maßregeln, die diese Formen und ihre Ausstattung vorschreiben, sind stabil und rigide.

Die Bildhauer, die kaum in Saint-Denis die ihnen von Suger übertragene Aufgabe beendet hatten, begannen Mitte des XII. Jahrhunderts mit den Arbeiten am Königsportal zu Chartres, an der Westfassade einer Kathedrale, die einige Jahrzehnte später vom Feuer zerstört wurde. Hier erkennt man das, was ganz frisch der romanischen Zeit entstammt; das Hauptthema vor allem: die Vision der Offenbarung – Gott in seinem Sieg über die Finsternis, in der Herrlichkeit des Jüngsten Gerichts. Doch das Schauspiel hat sich bereits eindeutig vom Unwirklichen gelöst. Dem Herrn wird jene Menschlichkeit wiedergegeben, die er für einen Augenblick in der Geschichte angenommen hatte. Darunter erscheinen die Zeugen seiner Fleischwerdung, die Figuren der Könige und Königinnen des Alten Testaments. Diese Statuen muten noch immer wie Säulen an, eingefügt, Gefangene des Gemäuers; in den schmalen Körpern, kanneliert von den steifen Falten des sie umschließenden Gewandes, zeichnet sich keinerlei Bewegung ab. Doch die Gesichter sind bereits von Leben beseelt, bar jener exakten Symmetrie, die sie früher ins Abstrakte rückte. Schließlich sieht man auf dem rechten Tympanon zum ersten Mal derart offenkundig die Darstellung der Kindheit Christi. Eine Geschichte, ihre Personen, ihr banaler Rahmen: das Bett einer Wöchnerin, Hirten, die denen der Ebene von Beauce ähneln – das Leben.

Von überfließendem Leben erfüllt sind in Chartres die nördlichen und südlichen Vorhallen, die ein halbes Jahrhundert später errichtet wurden. Starke Betonung liegt jetzt auf den Merkmalen, die Ausdruck der Brüderlichkeit sind zwischen Gott und den Propheten, die das Kommen des Messias angekündigt haben, den Aposteln, die alles aufgegeben haben, um ihrem Meister zu folgen, den Märtyrern, die für den wahren Glauben gelitten, und den Bekennern, die hiervon Kunde gegeben haben. Seit

kehrgemacht hatten, sagte Arnkell: ‚Meint ihr nicht, daß Odd die Gestalt eines Ziegenbocks angenommen haben könnte?‘ – ‚Das kann man nicht wissen‘, sagte Thorarin; ‚aber wenn wir jetzt zurückgehen, dann fassen wir Katla.‘ ‚Wir wollen es noch einmal versuchen‘, sagte Arnkell, ‚und sehen, was geschieht.‘ Und sie kehrten noch einmal um. Als man sie kommen sah, hieß Katla Odd mit ihr gehen; als sie draußen waren, ging sie zu einem Haufen Asche und befahl Odd, sich daneben zu setzen – ‚und bleibe dort, ganz gleich, was geschieht‘. Sobald Arnkell und die Seinen auf dem Hofe ankamen, liefen sie ins Haus und traten in den Raum. Katla saß auf dem Podest und spann. Sie begrüßte sie und meinte, sie machten häufige Besuche. Das gab Arnkell zu. Seine Begleiter nahmen die Spindel und zerbrachen sie. Da sagte Katla: ‚Wenn ihr heute Abend nach Hause kommt, könnt ihr nicht sagen, daß ihr umsonst hier nach Holt gekommen seid; denn ihr habt meine Spindel zerbrochen.‘ Dann machten sich Arnkell und die anderen daran, Odd im Haus und draußen zu suchen, und sie sahen weiter kein lebendes Wesen, außer einem Eber, der Katla gehörte und neben dem Haufen Asche lag. Daraufhin gingen sie wieder.

Auf halbem Wege in Richtung Màvahlid kam ihnen Geirrid mit einem ihrer Arbeiter entgegen und fragte, wie es gegangen war. Thorarin erzählte. Sie sagte, sie hätten nicht gründlich genug nach Odd gesucht: ‚Und ich will, daß ihr noch einmal umkehrt, und ich komme mit euch; man darf die Dinge nicht auf die leichte Schulter nehmen, wenn es um Katla geht‘. Dann kehrten sie um. Geirrid trug einen blauen Mantel. Als man sie in Holt von weitem kommen sah, sagte man Katla, daß es jetzt im ganzen vierzehn Personen waren, von denen eine farbige Kleidung trug. Da sagte Katla: ‚Dann ist es Geirrid, die Zauberin, und Sinnestäuschungen allein genügen nicht mehr.‘ Sie erhob sich von dem Podest und zog ein Kissen unter ihrem Körper weg; darunter war eine Falltür und eine Öffnung unter dem Podest; sie ließ Odd hinein und setzte sich wieder darauf, wie zuvor, und sagte, sie fühle sich nicht sehr wohl. Als Arnkell und die anderen eintraten, gab es keine Begrüßungen. Geirrid legte ihren Mantel ab und ging zu Katla hin; sie nahm einen Sack aus Seehundfell, den sie mitgebracht hatte, und stülpte ihn Katla über den Kopf; dann banden ihre Begleiter den Sack unten zu. Daraufhin befahl Geirrid, das Podest aufzubrechen; man fand Odd und fesselte ihn. Dann wurden Katla und Odd ins Landesinnere gebracht, bis zu dem Vorgebirge von Buland, und dort wurde Odd gehängt. Als man ihn hängte, sprach Arnkell zu ihm: ‚Unheil ist dir von deiner Mutter gekom-

langem schon bediente man sich aller Kunstgriffe der Bühnen-kunst, um durch Gebärdenspiel und Dialog den Geschichten der Heiligen Schrift größere Überzeugungskraft zu verleihen. Vor Weihnachten übernahmen Deklamatoren der Reihe nach die Rolle Jesajas, Davids, Johannes des Täufers, des alten Simeon, der Elisabeth und der Helden der Biblischen Geschichte, Adam, Abel, Noah. Sie promenierten an den Gläubigen vorbei. Jetzt sind diese Darstellungen bleibend, im Stein verankert, ohne daß sie deshalb an Überzeugungskraft verloren hätten. Die Statuen haben sich von der Mauer befreit; sie bewegen sich; sie rücken vor an der Vorderseite der Estrade. Jede der Personen hat ihre Eigenart. Sie unterscheiden sich nicht allein durch ihre jeweiligen herkömmlichen Merkmale, wie Petrus mit seinen Schlüsseln, der heilge Andreas mit seinem Kreuz, Paulus mit seinem Schwert. Man erkennt sie an ihrem Gesichtsausdruck. Es sind Charaktere, Personen, die atmen, deren Blick nicht mehr ins Innere der Seele gerichtet ist, deren Lippen nicht mehr geschlossen sind; Leiden-schaften erschüttern sie, ohne ihnen den angemessenen Ernst zu nehmen, diese Erhabenheit, mit der sie Abstand halten von der aufgeregten Menge der Lebenden. Hinter dieser ihm voraus-gehenden Heerschar tritt an der Schwelle zu Reims oder zu Amiens der Mensch gewordene Gott auf. „Ich bin die Tür", spricht Christus, „und wer durch mich eintritt, der wird gerettet werden." Durch ein endlich verstandenes Wort: auf daß die Tauben hören, die Blinden sehen. Jesus zeigt sich in der Haltung des Meisters, des Doktors, des Wissenden, des Lehrenden. Seine Person rühmt Weisheit und Redekunst. Die einst von ihm gesprochenen Worte, die er noch immer spricht, spenden Leben, das Leben, zu dem die Menschen nach dem Tode erwachen werden.

Der Tod ist ein Schlaf. Setzt man seine Hoffnung auf Jesus, so wird der Schlaf friedlich sein, wie auch das Erwachen in der gro-ßen Morgenröte der Auferweckung. Die Gotik des XIII. Jahrhun-derts verkündet nicht mehr das Ende der Welt in einer Art, die erzittern läßt. Was das Jahr Tausend als ein entsetzliches Unheil darstellte, ist jetzt, der Verheißung der Kirchenfürsten nach, eine freudige Erlösung. Die Auferstandenen von Reims, von Bourges, von Paris entsteigen ihrem Grab, gelassen, mit den langsamen Bewegungen des gerade vom Schlafe Erquickten. Die Körper rek-ken sich, es sind jugendliche Körper, in der Blüte ihrer Jahre, von

men; wahrscheinlich war auch sie schlecht.' Katla sprach: ,Gewiß, es mag sein, daß er keine gute Mutter hatte; doch war es nicht meine Absicht, daß ihm durch mich Unheil geschehen sollte. Was ich aber wünsche, ist, daß euch allen durch mich ein Unheil zustößt; ich hoffe wirklich, daß dies eintreffen wird; auch will ich euch nicht verhehlen, daß ich es war, die Gunnlaug, Thorbjörns Sohn, die Krankheiten verursacht hat, die zu all jenen Verdrießlichkeiten führten; was dich angeht, Arnkell' – sagte sie – ,so kann dir durch deine Mutter kein Unheil geschehen, weil sie nicht mehr am Leben ist. Doch wünsche ich dir, daß der Fluch, den ich über dich werfe, dir durch deinen Vater mehr Unheil bringe als Odd durch mich hatte, um so mehr, als du eher Gefahr läufst als er; ich hoffe, daß man – bevor alles zu Ende ist – sagt, daß du einen schlechten Vater hattest.' Daraufhin steinigten sie Katla dort unter dem Vorgebirge zu Tode. Dann gingen sie alle nach Màvahlid. All diese Nachrichten erfuhr man auf einmal, und niemand war traurig darüber. So verging der Winter."

"Die Saga vom Goden Snorri", um 1230
(literarische Erfindung über Ereignisse
aus der isländischen Geschichte im X. Jahrhundert).

einer dem verklärten Körper angemessenen Schönheit. Gegenseitig rufen sie sich, finden sich wieder, vereint in einer vollkommenen Gemeinschaft, die nie ein Ende nehmen wird.

Bevor die Zeiten der Versöhnung kommen, ist es wichtig, daß man sich jemandem anvertraut. Wem? Der Kirche, das heißt der Jungfrau Maria, Sinnbild der Kirche, der jungfräulichen Mutter. Am Königsportal von Chartres hatte man ihr Ebenbild im Freien errichtet; noch war es von steifer Feierlichkeit. Der Zeit entrückt, fast so weit entfernt wie die heilige Fides, so stellte Maria weniger eine Person als ein Zeichen dar, das Werkzeug der Fleischwerdung, den Wohnsitz der Gottheit, den Thron Gottes. Hundert Jahre später findet man überall in Reims Marienstatuen. Wie ein emporgeschossener Pfeil an der Spitze der ikonographischen Einheit, so wird die Jungfrau von ihrem Sohn gekrönt. Eine Apotheose. Diese Szene ist die einfache Übertragung der liturgischen Formeln der Himmelfahrt Mariä: „Die Königin hat sich an seiner Seite niedergelassen in einem goldenen Gewand; er hat ihr eine Krone aus Edelsteinen aufs Haupt gesetzt." Lächelnde Engel, die den Auferstandenen ähneln, bilden das nötige Publikum dieser Krönungsfeier und Weihe.

Wenn man aber bedenkt, daß sich die Kirche des XIII. Jahrhunderts mit der Jungfrau Maria identifiziert, so versteht man die Botschaft: Ihr gehört die oberste Macht in dieser Welt, bis ans Ende der Zeiten. Die hinter dem Papst, hinter den Erzbischöfen und Bischöfen stehende Kirche will, wie die Mutter Gottes auf dem großen Fenster von Chartres, kaiserlich sein, begründet im Verbindungspunkt zwischen dem Natürlichen und dem Übernatürlichen – wie sich der Kaiser des Jahres Tausend wähnte –, zwischen dem Menschenvolk und dem Himmel, in den alle kommen werden, unter der Bedingung, daß sie die Gebote der Kirche befolgen, den geraden, den rechten Weg gehen, gehorchen.

Die Kunst der Kathedralen entfaltete sich erstaunlich schnell: Chartres wurde in sechsundzwanzig Jahren erbaut, Reims in noch kürzerer Zeit, zwischen 1212 und 1233. Eine derartige Regsamkeit erklärt sich aus dem Elan des Wohlstandes, der seinen Ursprung in den ländlichen Gegenden hatte und die städtische Wirtschaft mitriß. Doch sie war auch die Folge einer anderen Entwicklung, die untrennbar ist von der ersteren: der Entwicklung

„… Daraufhin begaben sich Franzosen nach Konstantinopel, um dieses Gebiet zu erobern, und sie trafen auf jene Sekte; nachdem ihre Zahl angestiegen war, erwählten sie einen Bischof, den man den Bischof des romanischen Volkes nannte … Danach kehrten die Franzosen, die nach Konstantinopel gekommen waren, nach Hause zurück und predigten, und, nachdem ihre Zahl zugenommen hatte, setzten sie einen Bischof für Frankreich ein. Und da die Franzosen in Konstantinopel vor allem den Verlockungen der Bulgaren nachgegeben hatten, nennt man die Ketzer überall in Frankreich Bulgaren. Auch die Bewohner der an den französischen Grenzen gelegenen Provinzen, die ihre Predigten gehört hatten und von den Leuten aus Frankreich eingenommen waren, waren so zahlreich, daß sie vier Bischöfe einsetzten, und zwar in Carcassonne, in Albi, in Toulouse und in Agen."

Anselm von Alexandrien, „Tractatus de hereticis", um 1260–1270.

des Wissens. Neben jeder Kathedrale stand eine Schule. Die aktivsten dieser Schulen waren in den Provinzen der „französischen", der gotischen Kunst zu finden. Natürlich studierte man auch in den Klöstern, aber das Kloster bedeutete Abgeschiedenheit. Die Schule der Kathedrale ist zur gleichen Zeit wie die Handelsbeziehungen im Laufe des XII. Jahrhunderts immer freier geworden. Funktion des Bischofs ist die Verbreitung des Wortes Gottes. Die Kirchenreform brachte es mit sich, daß diese Funktion in jenem Moment vorherrschend und schon damals zu schwerwiegend war, als daß sie der Bischof allein hätte ausüben können. Er brauchte Helfer, die gemeinsam mit ihm überall predigten, und zu ihrer Ausbildung angemessene Lehrstätten, mit guten Büchern und Lehrern, die sie erläutern konnten. Und da das Reisen immer einfacher wurde, eilten die Abenteurer der Intelligenz zu den besten Schulen. So kam es zu einer Konzentration der Studien, und zwar an den Orten, wo sich die Meisterwerke gotischer Kunst erheben, in Laon, Chartres, in Paris, das bald alles übertraf, zu einem Einklang zwischen den Mittelpunkten intellektueller Suche und der Avantgarde künstlerischer Schöpfung.

Der Zyklus der Studien hatte seit dem ersten Wiederaufleben der antiken Kultur, seit der karolingischen Zeit, keine Veränderung erfahren. Es gab sieben sogenannte „freie Künste": drei einführende Disziplinen − die Grammatik, die Rhetorik (die Lehre der Rede) und die Dialektik (die Lehre der Beweisführung) − und vier abschließende Disziplinen, die zur Entdeckung der geheimnisvollen Gesetze des Universums verhelfen: Arithmetik, Geometrie, Astronomie und Musik. Diese sieben Wege des Wissens enden in der Theologie, der Königin der Wissenschaften, durch die man in die Geheimnisse Gottes einzudringen sucht, durch die Auslegung seiner Botschaften, des von ihm Gesagten und sonstiger sichtbarer, über die Natur zerstreuter Zeichen. Der erstaunliche Erfolg der Pariser Schulen, wo in der zweiten Hälfte des XII. Jahrhunderts alle guten Bischöfe und Päpste ausgebildet wurden, war zum Teil der Lehre Abaelards zuzuschreiben. Diese Lehre leitete eine Theologie ein, die sich im wesentlichen auf die Dialektik stützte. Abaelard ging vom Wort aus. Er suchte seine tiefere Bedeutung. Nicht jedoch, indem er sich − wie in den Klöstern üblich − zu Träumereien hinreißen ließ, zu dem Zufall über-

„Nachdem wir in der *Stephanskirche* den Bischof von Poitiers, den besagten Grafen von Toulouse und etwa dreihundert Kleriker und Laien versammelt hatten, geboten wir ihnen, uns ihren Glauben darzulegen und die Verleumdungen zu unterlassen, die sie durch ihre teuflischen Predigten überall verbreiteten, um durch eine heilsame Beichte zur Wahrheit des katholischen Glaubens zurückzukehren. Und sie legten, im Laufe ihrer Rede, eine Urkunde vor, in der die Artikel ihres Glaubens aufgeführt waren, und sie begannen diese so zu lesen, wie sie geschrieben standen. Da unter den Worten, die wir verstanden, einige, die uns verdächtig vorkamen, ohne ausführlichere Erläuterungen die von ihnen gepredigte Irrlehre verhüllen mochten, forderten wir sie auf, ihren Glauben auf Lateinisch zu verteidigen; denn wir kannten ihre Sprache nicht genügend; denn, wie man wußte, waren Evangelien und die Epistel, deren sie sich zum Beweis ihres Glaubens bedienen wollten, in Latein verfaßt. Und da sie dies nicht wagten, da sie der lateinischen Sprache völlig unkenntlich waren, wie aus den Worten hervorging, die einer der beiden in Latein auszusprechen suchte, wobei er kaum zwei Worte zusammenstellen konnte und völlig den Boden unter den Füßen verlor, mußten wir uns aufgrund ihrer Unwissenheit dazu herablassen, eine Rede über die Sakramente der Kirche in der gemeinen Sprache anzuhören, was ziemlich absurd ist…"

Petrus von Saint Chrysogone.

lassenen Verbindungen von Vokabeln oder Bildern, sondern durch die Strenge der Überlegungen. Und die Mittel der Logik nahmen ständig an Vollkommenheit zu. Gruppen von Geistlichen waren den Rittern gefolgt, die Spanien und Sizilien der islamischen Herrschaft entrissen hatten; sie hatten sich auf die Bücher in den bewundernswerten Bibliotheken von Toledo und Palermo gestürzt; fieberhaft hatten sie sich aus dem Arabischen ins Lateinische das übersetzen lassen, was die Araber einst aus dem Griechischen übersetzt hatten. Paris lernte diese Übersetzungen kennen. Sie enthüllten die von den Römern vernachlässigte Kunst der Alten, des Euklid, des Ptolemäus; sie enthüllten einen Gedanken, sie offenbarten, verlockender als alles andere, die logischen Abhandlungen des Aristoteles. Die Methode behauptete sich. An den Anfang jeglicher Forschung setzte Abaelard den Zweifel: „Wir gelangen zur Suche durch den Zweifel, und durch die Suche erfassen wir die Wahrheit." Stolz, Anmaßung – es fehlte nicht an Männern, die eine solche Haltung abschreckte, die sie heftig verurteilten, wie St. Bernhard, der Abaelard schließlich niederschmettert. Zumindest erweckte sie Begeisterung unter den hochgelehrten Studenten, deren Hauptübung nicht mehr in der Lektion sondern in der Diskussion lag; Diskutieren, Debattieren: „Meine Studenten", sagt Abaelard, „verlangten menschliche Begründungen; mehr als Behauptungen brauchten sie verständliche Erklärungen. Sie sagten, daß es nutzlos sei zu reden, wenn man nicht für das Verständnis seiner Worte sorgte, und daß niemand glauben könne, wenn er nicht zuvor verstanden habe." Das ist der Ursprung unserer gesamten Wissenschaft.

Uns sind die Bestimmungen einer Pariser Schule, des Collège de Hubant, erhalten geblieben. Dieses Buch – es datiert aus der Spätzeit, dem XIV. Jahrhundert – ist voller Bilder, aus denen hervorgeht, was damals die Schule war. Eine Gruppe, ein disziplinierter Trupp, unter der Leitung eines Hauptmannes – dem Lehrer. Junge Leute, die alle der Kirche angehörten, mit geschorenem Haupte, die das klerikale Gewand tragen. Sie leben in einer Gemeinschaft, essen zusammen wie die Mönche – und ihr Lehrmeister ist gewissermaßen ihr Abt. Man darf nicht vergessen, daß es sich bei all ihren Gesten um Gesten der Priester handelte. Die eigentlichen Übungen der Schule wechselten ab mit Meditation und liturgischer Praxis. Das Studium verschmolz mit dem Gebet;

„Diejenigen, die sich Gläubige des Ketzertums nannten, gaben sich dem Wucher, dem Diebstahl, dem Mord, den Gelüsten des Fleisches, dem Meineid und allen Perversitäten hin.

Sofern sie in der Todesstunde das ‚Vater Unser‘ wiedergeben und den Handgang zur Bekundung der Vasallentreue vollziehen konnten, wähnten sie sich geheilt, ohne ihre Diebstähle zurückerstattet, Beichte abgelegt und Buße getan zu haben. Ferner sagten sie, daß es nicht mehr Sünde sei, mit seiner Mutter oder seiner Schwester oder überhaupt mit irgendeiner Frau, egal welcher, zu schlafen.“

*

„Was den Grafen von Toulouse angeht, der anscheinend einen Pakt mit dem Tode geschlossen hat, ohne an seinen eigenen Tod zu denken, so laßt – wenn ihm womöglich der Kummer Einsicht verleiht und sein von Schimpf bedecktes Antlitz nach dem Namen Gottes zu fragen beginnt – weiterhin die Drohung auf ihm lasten, so lange, bis er uns, der Kirche und Gott Genugtuung gibt. Vertreibt ihn, ihn und seine Komplizen, aus den Zelten des Herrn. Nehmt ihnen ihr Land, auf daß dort eine katholische Bevölkerung an die Stelle der vertriebenen Ketzer trete und, gemäß der Disziplin des orthodoxen Glaubens, der der eure ist, in der Gegenwart Gottes in Heiligkeit und Gerechtigkeit diene.“

„Hystoria albigensis“ von Petrus de la Valle de Cernay.

es unterschied sich nicht von ihm; es war eine andere Art des Gottesdienstes. Doch in die Riten des Gebets, der Prozession, dringen unmerklich zwei weitere ein und lassen erkennen, was die Schule vom Kloster unterscheidet: daß sie der Welt offensteht. Es ist die Sorge, die man für die Notleidenden trägt, von denen die Stadt übervoll ist, das heißt die Praxis der Barmherzigkeit des Evangeliums; es ist die Hand, die man denen entgegenstreckt, die im Besitz von Reichtum und Macht sind; denen man jedoch Wissen übermitteln und ein Beispiel geben muß, das heißt die Lehre der Predigt.

Derartigen Schulen entstammt der Geist, der die Ästhetik der Kathedrale beseelt – alles: der Symbolismus des Lichts, der Sinn der Menschwerdung, das Konzept des friedlichen Todes und jene allmähliche Neigung, die Wirklichkeit der Dinge aus unmittelbarer Nähe zu beobachten, sie leichtverständlich in das bildlich dargestellte Werk zu übertragen. Aus derartigen Schulen ist auch der Fortschritt der Bautechnik hervorgegangen, eine Kunst der Ausgewogenheit, die es 1180 möglich machte, unter Zuhilfenahme der Strebebögen den Chor von Notre-Dame in Paris um ein eineinhalbfaches höher zu bauen, als es je zuvor gelungen war, und durch Berechnungen, mit Hilfe von Winkel und Kompaß, die Mauern immer mehr zu durchbrechen, das Material besser zu beherrschen, die Schwere zu überwinden. Im XIII. Jahrhundert treten die ersten Architekten in Erscheinung; sie sind stolz auf ihr Schaffen, hochgeachtet und signieren ihr Werk; wie die Meister der Schulen nennen sie sich Doktoren – Doktoren der Steine. Einer von ihnen, Villard von Honnecourt, gibt in seinem Notizbuch eine Vorstellung davon, was ihre höchste Kunst den Übungen des „trivium" und des „quadrivium" zu verdanken hatte. Es ist die Vernunft, die die Kathedrale plant, die dort eine Serie schlichter Elemente zu geschlossenen Einheiten werden läßt. Diese Logik wird zunehmend strenger und das Bauwerk zunehmend abstrakter. Und da der Architekt gleichzeitig der Meister des dekorativen Werkes ist, denn er arbeitet das Programm der Bildhauer aus, behandelt er mit Vorliebe das Thema Natur, im Sinne Cézannes, durch das Quadrat und den Kreis; er beschränkt sie auf vernünftige Formen. Wurde nicht der Plan des Schöpfers selbst der Vernunft gemäß gestaltet? Sollte man nicht danach trachten, unter all dem überflüssigen Wirrwarr, der sie verdeckt,

„Der Graf und die Seinen haben die Mauern erstiegen,
Mit Armbrüsten schossen sie mit Federn versehene Pfeile,
Und auf beiden Seiten kamen viele zu Tode.
So groß war die Ansammlung von Menschen,
Denn von überall her waren sie gekommen,
Nie hätte man sie in weniger als einem Jahr einnehmen und bezwingen
 können.
Denn die Türme waren hoch und die Mauern voller Zinnen.
Doch man nahm ihnen das Wasser, und die Brunnen sind trocken
Durch die große Hitze des Hochsommers;
Durch die Ansteckung, die sich unter den kranken Menschen verbreitet,
Und die große Zahl Vieh, das man geschlachtet und hergebracht hatte
Aus allen Teilen des Landes,
Der lauten Schreie wegen, die Frauen und Kinder ausstießen,
Von denen es überall wimmelte.
Die Fliegen, die bei dieser Hitze allen lästig fielen,
Sie hatten seit ihrer Geburt kein solches Elend gesehen.
Noch keine acht Tage war es her,
Daß der König [*von Aragon*] abgereist war,
Da bat ein reicher Mann unter den Kreuzrittern um eine Unterredung,
Und der Graf begab sich hin mit einigen seiner Männer,
Nach Zusicherung freien Geleits" (30, v. 10–25).

„Das Lied des Albigenserkreuzzugs."

die geometrischen Schemen des ursprünglichen Planes wiederzufinden, wenn man alle Wesen – ob lebend oder nicht – darstellen möchte, die Menschen, so wie sie sein sollten, so wie sie
ursprünglich waren, so wie sie wieder sein werden, nachdem die
Unruhen der Geschichte ein Ende haben. Doch die Schule lehrte
auch, die Augen zu öffnen. Die Intellektuellen jener Zeit lebten
nicht zurückgezogen in ihren Zimmern, sondern inmitten von
Wiesen und Gärten, und das Natürliche, in seiner Frische und
Vielfalt ein Werk Gottes, schien ihnen immer weniger hassens-
wert. Die dem Wirklichen zugewandte Aufmerksamkeit übertrug
sich auf die Erbauer der Kathedralen. Sie erfüllt allmählich die
Säulenschäfte von Notre-Dame in Paris mit Vitalität bis hin zu
den Kapitellen, ihrer Pflanzenkrone: Diese Flora war in dem 1170
fertiggestellten Chor noch Phantasie; zehn Jahre später nimmt
sie im Kirchenschiff Leben an, man kann schon in ihrem Blät-
terwerk jede Pflanzengattung wirklichkeitsgetreu erkennen.

Man könnte diese Kunst nicht verstehen, würde man nicht die
Elemente berücksichtigen, die sie dem Kreuzzug verdankt, den
Reisen nach Übersee, die man immer wieder antrat in der jedesmal enttäuschten Hoffnung, das erneut in die Hände der Ungläubigen gefallene Grab Christi zurückzuerobern. Es kam zu einer
Niederlage. Doch zumindest wurden die als abtrünnig bekannten orientalischen Christen besiegt, und 1204 eroberte man Konstantinopel. Diese herrliche Stadt besaß eine Überfülle von
Schätzen. Ihre Plünderung war großartig, unvergeßlich. Gemeinsam mit dem Gold und den Frauen raffte man die Reliquien an
sich, die es in dieser Stadt in Fülle gab. Reliquien der Leiden Christi
und die mit Bildern bedeckten Schreine, die sie bargen. Diese
phantastische Beute verstärkte plötzlich die Tendenz, die seit
mehr als einem Jahrhundert die Christen des Westens ver-
anlaßte, über das Erdenleben Christi nachzudenken. Sie entdeckten manches Gesicht, dem die byzantinischen Künstler unter der
Vielzahl ihrer Schöpfungen einen rührenden oder leidenden
Ausdruck zu verleihen wußten. In Chartres zeigen die Bildhauer
aus der Zeit nach der Plünderung von Konstantinopel den Christus des Jüngsten Gerichts nicht mehr als glorreichen Herrscher,
sondern als Menschen, der sich entäußert hat, seine Wundmale
zeigt, umgeben von den Marterwerkzeugen. Reims setzt das Kru-
zifix über die ganze Darstellung. Im Notizbuch des Villard von

„Wo man minnt in Gestalt oder Person, da minnt der Zufall den Zufall; das ist unrecht. Doch so schicke ich mich darein, bis es abfällt."

*

„Welcher Mensch allzeit Ruhe haben wollte, der hielte sich selbst darin fest ebensowohl wie in anderen Dingen."

*

„Bleib in dir selbst; Anlaß zu anderen Dingen zeigt sich als Notdurft, ist aber nur ein Vorwand."

*

„Selig ist der Mensch, der nicht viele Weisen und Worte führt; je mehr Weisen und Worte, desto mehr Zufälle."

Heinrich Suso (1295–1366).

Honnecourt fällt der Körper gekrümmt zusammen, als man die Nägel herauszieht, und die Gebärden, mit denen die frommen Frauen seinen Tod beweinen, entstammen direkt dem eine Zeitlang unterworfenen Byzanz. Nur einige Jahrzehnte trennen dieses packende Bild von dem kahlen Bogenwerk von Sénanque und Le Thoronet: Die Geschichte, und besonders die der christlichen Geistigkeit, nahm damals sehr schnell ihren Lauf.

Inzwischen war eine entscheidende Wende eingetreten. Ein intelligenter Papst, Innozenz III., war sich darüber im klaren, daß man, um den Erwartungen des gläubigen Volkes gerecht zu werden, das nach einer einfachen Lehre verlangte, dem sein Reichtum Sorge bereitete und dessen ganzes Sehnen dahin ging, der Korruption des Geldes zu entrinnen, und auch um der wachsenden, überhandnehmenden Ketzerei Einhalt zu gebieten, zwei junge Leute gewähren lassen mußte. Sie waren verdächtig: Sie wollten das Volk direkt ansprechen, in völliger Armut leben; mit ihren Anhängern zogen sie los, barfuß, in Sackleinen gehüllt, wie die Jünger Jesu; sie redeten die für die Bedürftigen verständliche Sprache des Volkes. Diese beiden Männer, der heilige Dominikus und der heilige Franziskus, verkörperten die ganze Erneuerung der Welt: Ersterer kam aus einer Schule der Kathedrale, aus Burgo de Osma in Spanien, der andere aus Assisi, einer italienischen Handelsstadt.

Ein Jahrhundert nach dem Tode des heiligen Franziskus hat Giotto das Leben des „Armen von Assisi" dargestellt. Er führte einen Auftrag der römischen Kurie aus; offensichtlich hat er also die Erinnerung verformt – wenn auch nicht allzusehr – zugunsten einer Propaganda. Der junge Franziskus war Sohn eines Tuchhändlers und außerordentlich reich; ihm wurde die Erziehung eines Ritters zuteil, und er begeisterte sich für Ritterlichkeit und Lieder. Plötzlich hörte er, wie der Gekreuzigte zu ihm sprach, ihn aufforderte, die Kirche neu aufzubauen und daher allem zu entsagen. Hier kommt es zu der packenden Szene: Mitten in der Stadt Assisi, auf dem großen Platz, vor den Patriziern in ihrem ganzen Putz und Stolz, entkleidete sich Franziskus; er hüllte sich in den Mantel seines Bischofs und bekundete durch diese Geste, daß er nicht abwich, daß er nicht, wie so viele Anhänger der Armut, ein Ketzer war, ein Gegner des Klerus, sondern weiterhin der kirchlichen Autorität unterstellt blieb. Innon-

Brüder von Limburg: der Monat Dezember, Miniatur aus dem
Kalender der très riches heures du Duc de Berry – um 1415. Chantilly,
Musée Condé, Ms. 1284.

zenz III. sieht ihn im Traum die zusammenstürzende Kirche abstützen. Er autorisiert ihn zum Predigen des Evangeliums, diesen Mann, der kein Gelehrter ist, kein Priester, und dem nichts daran liegt, es zu werden, der mit den Vögeln spricht und seinen Lobgesang auf die ganze Natur ausdehnt, sie für gut erklärt, denn auch sie geht aus den Händen Gottes hervor. Doch das von Franziskus und seinem Gefolge in den Städten Umbriens und der Toskana verbreitete Wort forderte zur Buße auf, zu einem Leben im Sinne Jesu, zu seiner Nachahmung – und Franziskus ging in dieser Angleichung so weit, daß sein Körper schließlich die Wundmale der Passion trug. Als er starb, abgemagert, beweint von seinen Brüdern in der Armut, von seiner Schwester, der heiligen Klara, so wie man den toten Christus auf den byzantinischen Fresken beweint, hielten ihn alle für einen Heiligen, viele für einen neuen Jesus. Die Kirche konnte nicht umhin, ihn als solchen zu ehren, wobei sie sich größte Mühe gab, all das zu entschärfen, was an radikaler Anfechtung ihrer weltlichen Ansprüche in der von diesem Fanatiker Gottes verkündeten Botschaft lag.

Dominikus wurde weniger verehrt. Nicht daß sein Wirken weniger tiefgreifend gewesen wäre; die von ihm gegründete Kongregation, auch sie eine Bruderschaft der Armen, der Predigerorden, war der Rede geweiht. Als erstes machte sie sich an die Ausrottung der katharischen Irrlehre; sie lieferte der römischen Kirche die ihr noch fehlenden dogmatischen Grundlagen, die tatsächlich ihren Triumph über die ketzerischen Sekten sicherten: war nicht der Held der katholischen Kirche, Thomas von Aquin, Dominikaner? Doch die Dominikaner waren Intellektuelle, Männer der Schule, scharfsinnige Denker; für sie zählte die Urteilskraft, während die Franziskaner zu Mitgefühl und der von ihm vermittelten vollkommenen Freude aufriefen. Sie rührten direkt an die Empfindsamkeit der einfachen Menschen und hatten so einen stärkeren Zustrom. Aber sowohl Dominikaner wie Franziskaner, beide Bettelbrüder, die jeden Besitz ablehnten, machten im Laufe des XIII. Jahrhunderts das Christentum zu dem, was es noch nie gewesen war: einer Religion des Volkes. Ja, ich würde sagen: Was uns heute an Christlichem geblieben ist, hat seinen Ursprung in dieser im entscheidenden Augenblick erfolgten Ablösung, zur Zeit des Wiederaufbaus der Kathedrale von Chartres: im Wort und im Beispiel des Franz von Assisi.

DAS KÖNIGREICH

„Wir wollen ein Wunder nicht vergessen, das in Gegenwart des Grafen in dieser Burg geschah. Man führte ihm zwei Ketzer vor: Einer von ihnen gehörte ganz der Sekte an, der andere war erst sein Novize oder sein Jünger. Nach einer Beratung wollte der Graf beide verbrennen lassen. Doch der zweite Ketzer, der ein Jünger des anderen schien..., begann Reue zu zeigen und versprach, dem Ketzertum abzuschwören und in allem der römischen Kirche Gehorsam zu zollen. Daraufhin erhob sich eine große Diskussion unter den unsrigen: Die einen meinten, man dürfe ihn nicht zum Tode verurteilen..., andere behaupteten, daß er sterben müsse, denn er war eindeutig ein Ketzer, und man konnte annehmen, daß seine Versprechungen eher aus der Furcht vor dem bevorstehenden Tode als aus seiner Liebe zur christlichen Religion hervorgingen. Was dann? Der Graf war ebenfalls der Meinung, daß er verbrannt werden sollte, und zwar insofern, als das Feuer seine Sünden sühnen würde, wenn seine Reue aufrichtig war; hatte er jedoch gelogen, so würde er für seine Falschheit bestraft. So wurden also beide festgebunden; man legte ihnen starke und feste Fesseln um Schenkel, Bauch und Hals und band ihnen die Hände hinter dem Rücken zusammen. Nachdem dies geschehen war, fragte man den, der reumütig schien, in welchem Glauben er sterben wolle; er antwortete: ,Ich schwöre der ketzerischen Verderbtheit ab; ich will im Glauben der heiligen römischen Kirche sterben; ich bete, daß mir dieses Feuer ein Fegefeuer sei.‘ Man zündete also ein großes Feuer um einen Pfahl herum an. Jener, der ein treuer Anhänger des Ketzertums war, verbrannte völlig in einem kurzen Augenblick; der andere ging unversehrt aus dem Feuer hervor; denn seine äußerst starken Fesseln hatten sich sofort gelöst; er zeigte nicht die geringste Spur von Verbrennungen, außer ein wenig an den Fingerspitzen.“

„Hystoria albigensis“ von Petrus de la Valle de Cernay.

NOTRE-DAME VON PARIS wird Mitte des XIII. Jahrhunderts fertigge-
stellt. 1163 hatte man mit ihrem Wiederaufbau begonnen: Suger
und St. Bernhard waren kaum gestorben. Um 1250 beschließt
Petrus von Montereau, die Wände des Querschiffs fast gänzlich
aufzulösen und dort zwei riesige Fensterrosen anzubringen, die
gegenüber dem noch immer heftigen Ketzertum bekunden, daß
die Schöpfung von diesem einzigen Mittelpunkt aus erstrahlt,
dem Gott des Lichts, und die gegenüber den Philosophen die
Identität des konzentrischen Universums eines Aristoteles und
der von der scholastischen Theologie entdeckten kreisförmigen
Strömungen proklamieren. Dieses Bauwerk ist ein bewundernswerter Zeuge dessen, was im Laufe jenes Jahrhunderts eine Veränderung erfuhr. Es zeigt die großartigen intellektuellen Errun-
genschaften, deren Ursprung in den Schulen lag, die sich in seiner Umgebung drängten, allmählich zusammengefaßt in jenen
äußerst mächtigen wissenschaftlichen Vereinigungen, die man
Universität nannte. Es zeigt die gewaltige Bereicherung der
Städte: Wieviel hat dieser Bau gekostet, wie viele Millionen jener
kleinen Silberstücke, die dazu dienten, Brot zu kaufen? Und mancher fragte sich: War es richtig, es so prächtig zu gestalten? Stand
dies nicht im Widerspruch zu der Lehre des Evangeliums, stellte
es nicht eine Beleidigung der Armut der Arbeiter der Vorstädte
dar? Es beweist schließlich die Festigung der Monarchie: Hätte
man es je erbaut ohne die Großzügigkeit der Könige, ohne die
königlichen Steuergelder?
　　Monarchie: Die Fürsten des XIII. Jahrhunderts haben die feudalistischen Wirren unterbunden, die Macht wieder selbst in die
Hand genommen. Auf diese Weise kamen erneut politische Formen zur Geltung, die seit dem Jahre Tausend nur noch in der Ein-
bildung bestanden hatten. Bald erscheint auf den Gräbern das
Antlitz dieser Fürsten. Man sieht sie daliegen, so wie sie auf ihrem
Prunkbett gelegen hatten, schlafend; ihr Geist ist umfangen von
den Gebeten, die sie eben noch in ihrem Buch verfolgt haben. Sie
tragen die Kennzeichen ihres Amtes: das Schwert zum Kampf
gegen das Böse, das Zepter der Gerechtigkeit, die von Gott
gesandte Krone. Da ruht, in der Nähe von Aliénor, in Fontevrault,
Heinrich Plantagenêt, Graf von Anjou väterlicherseits, Herzog
der Normandie durch seine Mutter, König von England durch den
Sieg der Waffen und die Weihe. Da sind sie alle, die Statuen der

„Man holte Aimerich, der der Herr von Montréal gewesen war, und etwa achtzig weitere Ritter aus der Burg. Der edle Graf schlug vor, alle zu hängen, doch als Aimerich, der größer als alle anderen war, gehängt wurde, zerbrachen die Astgabeln, denn man hatte sie in der Eile nicht tief genug in der Erde befestigt. Als der Graf sah, welche Verspätung sich hierdurch ergab, befahl er, die übrigen zu töten. Die Pilger packten sie begierig und töteten sie schnellstens an jener Stätte. Die Burgherrin, die Aimerichs Schwester und die schlimmste Ketzerin war, warf man in einen Brunnen, und der Graf ließ sie mit Steinen bedecken. Mit einer Riesenfreude verbrannten unsere Pilger zahllose Ketzer."

*

„Dort *(in Morlhon bei Rodez)* fanden wir sieben Ketzer aus der Sekte der Valdenser; man führte sie sogleich zu dem Legaten, sie bekannten eindeutig ihren Unglauben, und unsere Pilger packten und verbrannten sie mit einer Riesenfreude."

„Hystoria albigensis" von Petrus de la Valle de Cernay.

Könige von Frankreich, Ahnherren von drei aufeinanderfolgenden Dynastien, die der heilige Ludwig, ihr Nachkomme, in angemessener Ordnung im Chor von Saint-Denis nebeneinanderlegen ließ – bereit, daß man sie wiederaufrichte, ihren Platz einzunehmen in der oberen Galerie der Kathedralen.

Der heilige Ludwig war es auch, der die Vorstellung, die sich das Mittelalter vom Königtum machte, in vollem Maße verwirklichte – in Paris, der Hauptstadt des Kapetingischen Königreiches, während man mit dem Fertigstellen der Fassaden von Notre-Dame beschäftigt war. Ebensowenig wie von St. Bernhard, Dominikus oder Thomas von Aquin haben wir von ihm ein wahrheitsgetreues Bild. Doch er ersteht zu neuem Leben in der fesselnden Biographie seines Freundes Joinville, der in sehr hohem Alter, dreißig Jahre nach dem Tode des Fürsten, seine Erinnerungen diktierte. Auf dem schönsten, aus dem XIV. Jahrhundert datierenden Exemplar dieser Memoiren, zeigen Gemälde den heiligen Ludwig so, wie man ihn seinen Nachkommen als Beispiel anführen wollte. Schon als Kind unter der strengen Zucht seiner Mutter mit dem ständigen Lesen der Heiligen Schrift vertraut, hat er wie Jesus die Armen besucht; er hat sie mit seinen Händen gespeist, durch die Geste des Priesters, der die Hostie austeilt; zwölf Arme: Es war das Heilige Abendmahl, das der König Tag für Tag nachahmte. Er hat sich über das Meer gewagt, der Gefahr ins Auge geblickt. Er hat „seinen Körper dem Abenteuer preisgegeben", wie Joinville sagt, an der Spitze der letzten Kreuzzüge, und beharrlich den Kampf Gottes gegen die Ungläubigen geführt. Siegreich zuerst, dann unterlegen, in Gefangenschaft, wie einst St. Petrus, so brach er nach seiner Befreiung auf, um nacheinander alle heiligen Stätten in Palästina aufzusuchen. War er nicht wie die Kaiser des Jahres Tausend der Statthalter Christi, sein Abbild, zu einem Dialog mit ihm verpflichtet? Deshalb ließ er in seinem Palast der Cité in Paris die Sainte-Chapelle erbauen. In Konstantinopel hatte er die Dornenkrone sehr teuer erstanden – eine symbolische Reliquie: Dieses Werkzeug der Leiden Gottes machte deutlich, was das Göttliche mit der Monarchie verbindet. „Der König Ludwig der Heilige", sagt ein Chronist, „besaß die Dornenkrone unseres Herrn Jesu Christi sowie ein großes Stück des heiligen Kreuzes, an das Gott geschlagen wurde, und die Lanze, die man unserem Herrn in die Seite gesto-

„Kein Anhänger des Ketzertums, selbst wenn er zur Kirche zurückgefunden hätte, kann Propst, Vogt, Richter, Schöffe, Zeuge oder Anwalt werden; dies gilt auch für die Juden; doch kann ein Jude gegen einen anderen Juden Zeugnis ablegen *(Artikel 14)*. Kein Ketzer, der zur Kirche zurückgefunden hat, hat das Recht, in dem Dorf zu bleiben, wo er als Ketzer war *(Artikel 15)*.“

*

„Keine adlige Witwe oder Erbin, die im Besitz von Burgen und Festungen ist, darf in den folgenden zehn Jahren ohne die Genehmigung des Grafen einen Einheimischen heiraten. Doch kann sie jeden Franzosen ihrer Wahl heiraten, ohne hierzu um die Zustimmung seitens des Grafen oder einer anderen Person zu ersuchen. Nach Ablauf von zehn Jahren kann sie jedoch normal heiraten.“

Die Statuten von Pamiers, 1212.

chen hatte. Für diese Reliquien ließ er in Paris die Sainte-Chapelle errichten, für die er wohl vierzigtausend Turnospfunde und mehr auslegte (eine Riesensumme: Man kann sie ermessen, wenn man bedenkt, daß 1239 die gesamte Grafschaft Mâcon nur zehntausend Pfund gekostet hatte). Mit Gold und Silber und Edelsteinen und anderen Kleinoden schmückte er die Stätte und den Schrein, in dem die heiligen Reliquien ruhen, und man glaubt, daß diese Verzierungen sehr wohl hunderttausend Pfund und mehr wert waren (der zehnfache Wert einer Provinz)."

Die Geste des Königs bleibt immer gleich: mit vollen Händen geben. Es ist die Geste Karls des Großen. Und wie Karl der Große, errichtet auch er eine Kapelle. Sie ist nicht rund: Die Kathedrale, deren Formen alles beherrschen, hat ihren Grundriß bestimmt. Aber sie ist zweistöckig, wie das Aachener Münster. Im unteren Teil drängen sich die Angehörigen des Königshauses; über ihnen, dem Himmel näher, lichtüberflutet, verklärt, meditiert König Ludwig angesichts der Krone des Leidens über das Schicksal des Christuskönigs, der gelitten hat, ausgepeitscht wurde, dem man ins Gesicht geschlagen hat. Und allmählich, mit zunehmendem Alter, betrachtet er seine Niederlage in Ägypten als Beweis seiner Unvollkommenheit, und in seinem Trachten nach Besserung umgab sich dieser große Knabe, der einst gern lachte, der die Menschen seiner Umgebung gutgekleidet und fröhlich sehen wollte, nur noch mit Franziskanern, die von Enthaltsamkeit redeten. Er entsagte, er erniedrigte sich. Schließlich faßte Ludwig IX., dem Sträuben seiner Freunde zum Trotz, den Entschluß, erneut den Orient aufzusuchen. Wie sein Herr, wollte auch er sein Leben opfern. 1270 starb er als Märtyrer in Tunis, wo er sogleich als Heiliger galt.

Doch war er keineswegs bigott, scheinheilig. Die Verkörperung der Werte, auf die sich der König von Frankreich beruft, sehe ich in einem zur Jugendzeit des heiligen Ludwig entstandenen Reiterstandbild, dem des heiligen Georg im Bamberger Dom. Es entspringt der in Franken von dem Bischof Egbert, dem Schwager des Königs Philipp von Frankreich, eingeführten Bildhauerkunst von Reims. Ebenso wie die in Saint-Denis Ruhenden, steht der Held zu Pferde in der Blüte seiner Jahre, in dem Alter, in dem der älteste Sohn die Macht aus den Händen seines verstorbenen Vaters, die Verantwortung für das Erbe seiner Vorfahren

»… Es geschah im darauffolgenden Winter (1219–1220), daß Foucaud und sein Bruder Hans und zahlreiche andere Ritter erneut auf Beutesuche gingen und reiche Beute machten. Der Sohn des Grafen von Toulouse verfolgte und besiegte sie, nahm alle gefangen und ließ als willkommene Gabe die abgeschlagenen Häupter dieser Brüder nach Toulouse bringen, wo man sie auf Pfähle steckte und zur Schau stellte. Man schrieb dies der göttlichen Gerechtigkeit zu, denn jener Foucaud war ein sehr grausamer und stolzer Mensch. Man erzählte, daß er befohlen hatte, jeden im Kriege gefangengenommenen Mann zu töten, wenn er nicht hundert Sous zahlte. Er ließ seine Gefangenen in unterirdischen Kerkern quälenden Hunger leiden, und von Zeit zu Zeit ließ er sie tot oder halbtot heraus, um sie auf den Misthaufen zu werfen. Man erzählt und sagt weiter, daß er, als er das letztemal Beute machte, zwei Unglückliche, Vater und Sohn, die er gefangenhielt, hängen ließ, und daß er den Vater zwang, seinen Sohn zu hängen… Es ist nicht zu sagen, wie viele widerliche Dinge in seinem Hause geschahen. Denn die meisten hielten öffentlich Konkubinen, und manche nahmen die Frauen der anderen. All dies und vieles mehr geschah ungestraft. Denn es kümmerte sie nicht, warum sie hier waren… und der Herr begann sie auszuspeien und von dieser Erde zu vertreiben, die sie mit seiner Hilfe erobert hatten.«

„Chronik“ von Wilhelm von Puylaurens.

und die Führung der Familie übernimmt. Männlich, Repräsentant einer noch ganz von Kriegern beherrschten Kultur, deren wesentliche Werte in der Männlichkeit, der Kraft, dem Mut und der Ehrenhaftigkeit liegen, so schickt er sich an, die Welt zu erobern. Entschlossen, treu – beunruhigt und vertrauensvoll zugleich, klardenkend genug, um sich als Sünder zu erkennen, überläßt er sich doch der grenzenlosen göttlichen Barmherzigkeit. St. Georg ist der Schutzpatron der Ritter und folglich das Vorbild des Königs Ludwig des Heiligen, der die ritterliche Tugend zur Vollendung führen wollte, dem es gelang, die Feudalherrschaft mundtot zu machen, indem er die besten seiner Vasallen an Großzügigkeit und Heldentaten übertraf. Aber Ludwig IX. wollte sehr wohl die Macht voll ausüben, die man ihm in der Kathedrale zu Reims am Tage seiner Krönung übertragen hatte. Er lehrte die Könige von Frankreich, seine Nachfolger, an der Spitze einer pyramidenförmigen Hierarchie alleine zu herrschen, um Recht zu sprechen. In dieser Hierarchie ganz oben waren zunächst die Kinder der Könige; unter ihnen, die folgsamen Fürsten mit dem Zeichen der Lilie; weiter unten, die Stützen des Königreichs: die Bischöfe zur Rechten, die bezwungenen Lehnsherren zur Linken; schließlich, unter den Sachwaltern der Justiz und der Finanzen sowie den Kriegern – den sehr wirkungsvollen Dienern des Staates –, die einfachen Leute, für die der Herrscher Bürge vor Gott ist. Die Macht eines einzigen im Himmel, die Macht eines einzigen auf Erden: Verflechten sich nicht die Strukturen des Sichtbaren und des Unsichtbaren, nimmt nicht der zum König Geweihte in dieser Welt genau den Platz ein, den im Paradies Christus innehat, Ursprung aller Autorität und Gerechtigkeit? Und weil er dieser Überzeugung war, beugte sich Ludwig der Heilige, soweit seine Neigung zur Mystik auch immer gehen mochte, niemals den Forderungen der Priester; voller Respekt, doch beharrlich, bot er jenem ihm entgegentretenden anderen Monarchen die Stirn: dem Papst.

Im XIII. Jahrhundert herrscht der von seinen Kardinälen umgebene Bischof von Rom über alle anderen Bischöfe. Beim Tode Friedrichs II. 1250 hat er alles darangesetzt, um das Kaiserreich aufzulösen. Als Nachfolger St. Peters und Erbe des Konstantin strebt er die allumfassende Macht an; er gibt sich als obersten Richter aller Fürsten der Erde aus; mit allen Mitteln, insbesondere

„...So gab der Abt Anweisung, daß der Burgherr und alle, die sich in der Burg befanden, selbst die Anhänger der Ketzer, herauskommen sollten unter der Bedingung, daß sie sich mit der Kirche versöhnen und ihr zur Verfügung stehen und dem Grafen die Burg überlassen würden; auch die wahren Ketzer sollten herauskommen, wenn sie bereit waren, zum katholischen Glauben überzutreten. Bei diesen Worten widersetzte sich Robert Mauvoisin, ein Adliger, der ganz dem katholischen Glauben zugetan war, dem Abt, als er hörte, daß die Ketzer, zu deren Verderben die Pilger gekommen waren, befreit würden; denn er fürchtete, daß sich jene aufgrund ihrer Gefangenschaft durch die Angst dazu hinreißen lassen könnten, ihrer Sekte abzuschwören. Er sagte, daß ihm die unsrigen auf keinen Fall folgen würden, worauf der Abt zur Antwort gab: ‚Fürchtet nichts, ich glaube, daß sich nur sehr wenige bekehren werden.‘ Nachdem dies gesagt war, rücken die unsrigen in die Stadt ein, das Kreuz voraus und gefolgt von dem Banner des Grafen; und sie singen Te deum laudamus und gehen in die Kirche; nachdem sie es geweiht haben, errichten sie das Kreuz des Herrn auf der Spitze des Turmes und an einer anderen Stelle das Banner des Grafen: Christus hatte die Stadt eingenommen, und es war recht, daß sein Banner im Vordergrund und am höchsten Orte der Stadt stand als Zeugnis des christlichen Sieges. Der Graf ritt noch nicht ein.

Nachdem dies geschehen ist, begibt sich der ehrwürdige Abt de la Valle de Cernay, der sich bei dem Grafen befand und sich mit einzigartigem Eifer der Sache Christi annahm, als er hört, daß eine Ansammlung von Ketzern in einem der Häuser ist, dorthin und spricht Worte des Friedens und Worte des Heils, aus dem Wunsche heraus, sie zum Guten zu bekehren; sie unterbrechen seine Rede und sagen alle aus einem Munde: ‚Was predigt ihr uns? Wir lehnen euren Glauben ab. Wir verwerfen die römische Kirche. Eure Mühe ist vergebens. Wir halten zu einer Sekte, von der uns weder Tod noch Leben trennen kann.‘ Bei diesen Worten verläßt der ehrwürdige Abt sofort das Haus und geht zu den Frauen, die in einem anderen Hause versammelt waren, um ihnen das Wort der Predigt zu bringen. Doch er, der die Ketzer hart und halsstarrig gefunden hatte, findet die Frauen noch härter und von noch tieferer Halsstarrigkeit. Daraufhin tritt unser Graf in die Burg, und als guter Katholik, der wünschte, daß alle gerettet würden und die Erkenntnis der Wahrheit erlangten, geht er dorthin, wo die Ketzer versammelt waren und be-

durch das Band der Geschenke, durch Lehensgüter, dehnt er seine Macht auf sie aus. Auch er ist gekrönt, nicht mit einer einzigen, sondern mit drei stolz auf der Tiara übereinandersitzenden Kronen, unbestrittenes Oberhaupt dieses kraftvollen politischen Gebildes, zu dem die Kirche geworden ist. Ihre Stützen sind: das geschriebene Wort, eine Gerichtsbarkeit mit mehreren Instanzen, gebildete und allseits bekannte Unterhändler, ein Steuersystem, das immer mehr einbringt, und ein Gitternetz von Kirchengemeinden, das sich über die gesamte Christenheit erstreckt und durch die Beichte, die mindestens einmal jährlich abgelegt werden muß, die Möglichkeit bietet, jedes einzelne Gemeindemitglied zu kontrollieren; zu guter Letzt die beiden Milizen, der Dominikaner- und der Franziskanerorden, beide zur Fügsamkeit angehalten, die Abweichungen aufspüren und mit ihren Predigten ein einheitliches Verhalten vorschreiben.

In Assisi zeigt sich der bischöfliche Ehrgeiz in seinem vollen Ausmaße. Der heilige Franziskus war völlig mittellos gestorben. Rom wollte sich in seinem Streben nach weltlicher Herrschaft dieses Mannes bedienen, der die Kraft und den Mut aufgebracht hatte, auf die einfachen Worte zurückzugreifen, die ungeschminkten Worte des Evangeliums, und sein Leben ganz auf sie abzustimmen. Sein Grab überhäuft Rom prunkvoll mit sämtlichen Sinnbildern der Macht. Stolz dehnt sich die Basilika aus wie ein Palast, gotisch in ihrer Struktur, nach französischer Art; doch schmücken ihn weder Skulpturen noch Fenstermalerei – nur Wände, und an diesen Wänden Fresken, und die größten Maler der Welt, Cavallini, Cimabue, Simone Martini, die Brüder Lorenzetti, Giotto, arbeiten gemeinsam an der bildlichen Darstellung der Grundlagen einer von der römischen Kurie aufgestellten Ideologie. Ein riesiges, prächtiges Gefängnis: Hier wird der Geist der Armut gewissermaßen eingekerkert, bewußt erstickt unter einer Fülle blendenden Zierwerks.

Doch zur Stunde, in der man in der Basilika von Assisi das große Schauspiel katholischer Autorität vollendet hatte, war das Papsttum unmerklich bereits völlig unter das Protektorat des Königs von Frankreich geraten. Nach heftigen Streitigkeiten mußte der päpstliche Hof nachgeben, Rom und Italien verlassen und seinen Sitz nicht innerhalb des Königreiches selbst, sondern an seine Grenze, an das linke Rhoneufer, nach Avignon verlegen.

ginnt, sie aufzufordern, sich zum katholischen Glauben zu bekehren; doch als sich absolut nichts tat, ließ er sie aus der Burg bringen. Es waren hundertvierzig oder mehr überzeugte Ketzer. Nachdem man ein riesiges Feuer hat bereiten lassen, wirft man sie alle hinein, und die unsrigen brauchten sie nicht einmal hineinzuwerfen, denn sie hielten hartnäckig an ihrem Irrtum fest und stürzten sich alle von selbst hinein. Nur drei Frauen entkommen und werden von einer edlen Dame, der Mutter des Bouchard de Marly, vor dem Feuer gerettet und mit der Kirche versöhnt."

"Hystoria albigensis" von Petrus de la Valle de Cernay.

*

"Darin war eine Steinschleuder, von einem Zimmermann gemacht.
Die Steinschleuder wird gezogen von Saint-Sernin bis hinauf auf die
    Bollwerke,
Und Edelfrauen, junge Mädchen und Frauen zogen sie.
Geradewegs flog der Stein dorthin, wo man ihn brauchte,
Und traf so stark den Grafen auf seinen Helm aus Eisen,
Daß er ihm Augen, Hirn und Oberzähne,
Die Stirn und auch den Kiefer in Stücke riß;
Tot fiel der Graf zu Boden, in seinem Blute, und schwarz"
    (205, v. 122–129).

"Das Lied des Albigenserkreuzzugs".

Zu beiden Seiten des großen Flusses mit seiner riesigen Brücke erheben sich zwei Festungen: auf der einen Seite die des Wächters in Villeneuve, der Turm Philipps des Schönen, und bald darauf das große moderne Schloß, das wachsame Fort Saint-André. Auf der anderen Seite die Festung des Papstes, der Palast von Avignon, im Felsen errichtet, packendes Symbol der Verwurzelung, der geistigen Versenkung ins Säkulare. Gewiß, dieses Bauwerk ist schmucklos: Sein ältester Innenteil ist von der Nüchternheit eines Zisterzienserklosters. Überall jedoch bekundet sein Äußeres, durch Bollwerke und Zinnen, sein Streben nach Macht. Sorgfältig in sich geschlossen, ist es ein Schlupfwinkel, ein Tresor, wo sich das Gold auftürmt, die Beute eines eisernen Steuerwesens, auf das sich das Reich der Kardinäle gründet – eine empörende Geldmacht. Und ein beachtlicher Teil der franziskanischen Kongregation lehnt sich auf und gleitet, dem Geiste ihres Gründers getreu, in die ketzerische Kontestation ab. Die „Babylonische Gefangenschaft", die Habgier des päpstlichen Hofes verschlimmern das Übel, dem die Christenheit bereits seit geraumer Zeit ausgeliefert war.

Zwischen dem Augenblick, in dem man die Fenster in der Sainte-Chapelle einsetzte, und dem Entstehungszeitpunkt der Fresken von Assisi, aber stärker noch in den sechziger, siebziger Jahren des XIII. Jahrhunderts, wurde das Gewissen der Intellektuellen Europas aufgerüttelt. Sie erlangten damals Zugang zu allem, was aus dem Werk des Aristoteles noch nicht übersetzt war, zu Physik und Metaphysik, begleitet von den Kommentaren der arabischen Denker. Sie entdeckten eine vollständige und geschlossene Erläuterung des Universums, die zu der christlichen Lehre im Widerspruch stand. Sie bekundete die Unvergänglichkeit der Welt; sie leugnete die Schöpfung; sie stritt dem Menschen jegliche Freiheit ab; sie leugnete die Menschwerdung, die Erlösung. Sie leugnete alles. 1255 forderte Papst Alexander Albert le Grand, einen Pariser Lehrer, zu einer Widerlegung dieser Philosophie auf. Zwei Jahre später setzte er an der Pariser Universität einen Dominikaner ein, Thomas von Aquin, und einen Franziskaner, Bonaventura, beide Italiener, um dort Theologie zu lehren. In der Absicht, Dogma und Vernunft zu vereinbaren, errichtete Thomas ein geschlossenes, alle Fragen beantwortendes, erstaunliches dialektisches Gebilde – schwindelerregend,

VON EINER GANZ SCHWARZEN KATZE, DIE MAN AUS HEXEREI IN EINEM SCHREIN AN EINEM KREUZWEG BEGRUB.

„In jenem Jahr geschah es auch, daß einem Abt von Cîteaux eine große Summe Geld gestohlen wurde. Ein Mann, der in Château-Landon lebte, wo er Propst gewesen war – deshalb nannte man ihn Jehan Prevost –, wurde bevollmächtigt, eine Absprache zu treffen mit einem üblen Hexenmeister, daß man auf folgende Weise herausfinden würde, wer die Diebe waren, und sie zur Rückerstattung zwingen würde. Als erstes ließ er mit Hilfe des besagten Jehan Prevost einen Schrein anfertigen und eine ganz schwarze Katze hineinsperren; diesen ließ er sodann auf dem Felde vergraben, genau an einem Kreuzweg, und er bereitete der Katze ihre Nahrung für drei Tage und legte sie ihr in den Schrein: Es war mit Chrisam, geweihtem Öl und Weihwasser beträufeltes Brot. Und damit die so begrabene Katze am Leben blieb, hatte man den Schrein mit Löchern versehen und mit elf langen Röhren, die aus der Erde, mit der man den Schrein bedeckt hatte, herausragten, so daß Luft in den Schrein einströmen und die Katze atmen konnte. Nun geschah es, daß Hirten, die ihre Schafe weideten, an diesem Kreuzweg vorbeikamen, wie es ihre Gewohnheit war. Ihre Hunde begannen den Geruch der Katze zu wittern; bald fanden sie die Stelle, wo sie war, und sie begannen mit ihren Krallen zu wühlen und zu scharren, als ob sie einen Maulwurf aufgespürt hätten, und zwar mit solcher Heftigkeit, daß sie niemand von dort fortbringen konnte. Als die Hirten sahen, daß die Hunde nicht nachließen, kamen sie näher und hörten das Miauen der Katze; sie waren hierüber sehr verblüfft. Und als die Hunde weiter scharrten, ging einer der Hirten, der aufgeweckter war als die übrigen, und berichtete die Sache einem Mann des Rechts, der sich eilends an diese Stätte begab und die Katze und die Art, in der man sie eingesperrt hatte, sah. Er war hierüber sehr verwundert, und auch die Leute, die bei dem Mann des Rechts waren. Daher überkam den Propst von Château-Landon die Angst bei dem Gedanken, wie er wohl den Urheber dieser Hexerei herausfinden könnte und zu welchen Zwecken und durch wen dies alles wohl geschehen war. Er hatte absolut keine Ahnung. Doch es fiel ihm auf und er dachte bei sich selbst, daß der Schrein neu war, woraufhin er alle Schreiner der Stadt kommen ließ und sie fragte, wer diesen Schrein gefertigt habe. Auf diese Frage hin trat ein Schreiner vor und erklärte, er habe den Schrein auf Ersuchen eines Mannes namens Jehan Prevost gefertigt; doch, Gott sei sein Zeuge, er wüßte nicht, wozu der Schrein

126

beunruhigend: 1227 verurteilte der Bischof von Paris bestimmte Behauptungen dieses Systems. Sollte man Teile davon ausgliedern, das Christentum auf die mystische Bahn, das Irrationale beschränken – diese Ansicht vertrat Bonaventura –, und dem Gebiet der Überlegung und der Tat, frei von Dogmatismus, nur der Erfahrung, der Logik gehorchend, seine Autonomie zugestehen? Sollte man die Relativität des christlichen Denkens gelten lassen? Nun, im gleichen Augenblick entdeckte man auch die Relativität der christlichen Geschichte. Der Kreuzzug war gescheitert. Ludwig der Heilige war in Tunis gestorben, die Griechen hatten Konstantinopel zurückerobert. Das Heilige Land war endgültig verloren, als Akkon 1291 fiel. Es bestand keine Aussicht, die Ungläubigen mit Waffengewalt zu besiegen. War es nicht besser, sich ihnen wie der heilige Franziskus zu nähern, mit bloßen Händen, zu reden, zu predigen, die Kreuzritter durch Missionare zu ersetzen und die Verbote aufzuheben, die die Händler hinderten, sich frei zu betätigen, sich der Reichtümer des Orients zu bemächtigen? Der Christenheit wurde bewußt, daß sie nur einen geringen Teil der Erde darstellte, daß diese unermeßlich groß war. Die Seeleute von Pisa, Genua, Marseille, Barcelona waren zu Herren des Mittelmeeres geworden. Sie waren mit allen Meerengen und Küsten vertraut; auf immer größeren, immer besser gesteuerten Schiffen wagten sie jetzt seine Überquerung. Sie lernten vom Binnenmeer genaue Karten anzulegen. Auf den Seekarten weicht das Hinterland allmählich von der Traumwelt ab. Man sieht dort im Süden, im Osten Darstellungen unbekleideter Völker, Kannibalen. Aber auch mächtige Königreiche, weise Fürsten, in jenen Regionen, aus denen einst die Heiligen Drei Könige aufgebrochen und dem Stern gefolgt waren, aus denen heute wundervolle Waren kommen, die Kamelkarawanen regelmäßig befördern. Mit Erstaunen erfuhr man, daß es am Ende der Welt ebenfalls Christen gab. War es unmöglich, hinter dem Rücken des Islam all die vielen Stämme zu bekehren, die noch nichts von dem wahren Gott wußten, allem Anschein nach aber auch keinen anderen anbeteten? Manche Prediger drangen bereits tief ins Innere Asiens ein. Manche Kaufleute wagten sich bereits daran, die Spuren zurückzuverfolgen bis zu den Quellen des Weihrauchs, des Pfeffers und des Brokats.

1271 stürzt sich Marco Polo in das große Abenteuer. Er beglei-

bestimmt war. Wenig später wurde besagter Jehan Prevost gefaßt und der Feuerprobe unterworfen, und sehr bald schon gestand er die Tat und bezichtigte sodann einen Mann, der der Hauptverantwortliche war und diese Hexerei und diese Bosheit ersonnen hatte und der Jehan Persant hieß. Außerdem beschuldigte er einen Mönch aus Cîteaux, der abtrünnig und der Hauptjünger jenes Jehan Persant war, sowie den Abt von Cercanceaux aus dem Orden von Cîteaux und mehrere ordentliche Domherren, die alle als Mittäter an diesem boshaften Geschehen beteiligt waren; man faßte sie, fesselte sie und brachte sie nach Paris vor den Bischof von Sens und vor den Inquisitor. Als sie vor ihm standen, fragte man sie, in welcher Absicht und warum sie dies getan hatten, vor allem jene, von denen man glaubte, daß sie Meister der Kunst des Teufels seien. Sie antworteten, daß sie die Katze, wenn sie drei Tage am Kreuzweg unter der Erde geblieben wäre, nach diesen drei Tagen herausgeholt und ihr das Fell abgezogen hätten. Danach hätten sie aus ihrer Haut Riemen gefertigt, die so verknotet waren, daß sie einen Kreis bilden konnten, in dem ein Mann Platz hatte. War dies geschehen, so würde der Mann, der sich in dem Kreis befand, als erstes die Nahrung, die die Katze zu sich genommen hatte, in sein Gesäß stecken; anderenfalls blieben seine Anrufungen erfolglos. Und nachdem dies geschehen war, hätte er einen Teufel namens Berich angerufen, der sofort und unverzüglich gekommen wäre, und jener hätte alle ihm gestellten Fragen beantwortet und den gestohlenen Gegenstand und die Urheber des Diebstahls genannt. Mehr noch, er könnte viele böse Dinge lehren, die man tun konnte, und sie jedem beibringen, der es verlangte. Nachdem man diese Geständnisse und eindeutigen Teufeleien angehört hatte, wurden Jehan Prevost und Jehan Persant als Urheber und Hauptschuldige dieser boshaften Tat und Hexerei zum Verbrennen bei lebendigem Leibe verurteilt. Da sich aber die Vollstreckung des Urteils verzögerte, starb einer von beiden, und zwar Jehan Prevost, und seine Knochen und sein ganzer Körper wurden verbrannt und zermalmt aus Abscheu über ein derart scheußliches Verbrechen; und der andere, das heißt Jehan Persant, wurde am Tage nach St. Nikolaus mit der Katze am Halse bei lebendigem Leibe verbrannt und zermalmt. Später wurden der Abt und der abtrünnige Mönch und die übrigen ordentlichen Domherren, die an jener Hexerei beteiligt waren, indem sie den Chrisam und die anderen Dinge lieferten, als erstes ihrer Würde enthoben und alsdann auf einen Gerichtsspruch hin verurteilt und lebenslänglich in den Kerker gesperrt."

tet zwei seiner Onkel. Der Papst hat ihnen Briefe mitgegeben für die Mongolenfürsten. Sie schlagen die Seidenstraße ein, quer durch die Berge des Turkestan. Sie treffen auf nestorianische Gemeinschaften, die dort seit Jahrhunderten Fuß gefaßt haben und von niemandem verfolgt werden. Im Winter 1275 kommen sie in Peking an. Der mongolische Khan schließt Freundschaft mit ihnen, überträgt ihnen Aufgaben in seinem Reich; bis 1292 durchreisen sie den Fernen Osten; sie kehren zurück über Indonesien, Persien, Trabzon. Nach seiner Rückkehr berichtet Marco Polo über seine erstaunliche Rundreise. „Ihr Herren, Kaiser und Könige, Herzöge und Marquis, Grafen, Ritter und Bürger, Ihr, die Ihr alle die verschiedenen Menschenrassen kennenlernen wollt und die Vielfalt der Gebiete der Welt, die Ihr Kenntnis haben wollt von ihren Sitten und Gebräuchen, so nehmt nur dieses Buch und laßt es lesen." Es war das Buch „Die Wunder der Welt", auch „Die Million" genannt. Es faszinierte. Mehr als ein halbes Jahrhundert lag sannen Generationen von Europäern über diesen Text und die ihn begleitenden Bilder nach.

Diese Bilder zeigten noch Menschen ohne Kopf, andere, die nur einen Fuß, nur ein Auge haben; Drachen, Einhörner, die Fabeltiere der romanischen Träumereien. Aber auch das, was Marco mit eigenen Augen gesehen hatte, Kampfelephanten, Städte, riesige Häfen. Sie lehrten, wie man Gold aus den Flüssen und Pfeffer aus den Plantagen gewinnt. Sie erzählten von einem lebhaften, auf das Geschriebene, auf Papiergeld und Vertrauen gegründeten Handel. Von Toten, die nicht beerdigt, sondern verbrannt wurden. Sie priesen die von Fürsten aufrechterhaltene Ordnung und das Recht, das von Fürsten gesprochen wurde, die ebenso tapfer wie die Helden der Legende und weniger grausam waren. Sie beschrieben glänzende Höfe, das Vergnügen, die Zeit in Ruhe, in Luxus, in der Nähe wohlriechender Prinzessinnen verstreichen zu lassen.

Der Schleier zerreißt. Massen von Menschen leben anderswo, wohlhabend, in Frieden und Toleranz, unter anderen Gesetzen, in einem anderen Glauben. Im Glück – jenem irdischen Glück im Einklang mit der natürlichen Ordnung, von dem zum gleichen Zeitpunkt die neuen Philosophen behaupten, daß es dem Plan Gottes entspreche. In dem lebhaften Wunsch nach einer in diesem Leben genossenen Freude, die man nicht auf das Leben im

„Als er sah, daß Steinthor sein Schwert zog, sagte Thorleif, der Spötter: ‚Ich frage mich, Steinthor, ob du noch immer eine so bewegliche Klinge hast wie diesen Herbst im Alptafjord.' Steinthor antwortete: ‚Ich möchte, daß du, bevor wir uns trennen, erfährst, ob meine Klinge beweglich ist oder nicht.' Sie brauchten Zeit, bis sie den Felsen erklommen hatten. Sie hatten bereits seit einer geraumen Weile gekämpft, als sich Thord mit dem starren Blick auf den Felsen stürzte und seine Lanze nach Thorleif dem Spötter werfen wollte, denn immer war er unter seinen Männern derjenige, der am weitesten vorne stand. Der Wurf traf Thorleifs Schild; aber da Thord eine große Anstrengung gemacht hatte, rutschte er auf dem vereisten Gefälle ab, fiel auf den Rücken und glitt auf dem Rücken wieder den Felsen abwärts. Thorleif der Spötter fiel über ihn her und wollte ihn töten, bevor er wieder auf die Beine kam. Freystein der Schelm folgte Thorleif auf den Fersen; er trug Steigeisen. Steinthor sprang auf und schwenkte seinen Schild über Thord, gerade als Thorleif ihn schlagen wollte, und mit der anderen Hand traf er Thorleif den Spötter und schlug ihm das Bein unter dem Knie ab. Die ganze Zeit über nahm Freystein der Schelm die Körpermitte Steinthors aufs Korn. Doch Steinthor, der dies bemerkte, sprang hoch, und der Schlag ging zwischen seinen Beinen hindurch: und diese drei soeben berichteten Dinge führte er gleichzeitig aus. Danach traf er Freystein mit dem Schwert am Halse, und es war ein heftiges Knacken zu hören. Steinthor sagte: ‚Du Schelm, habe ich es dir jetzt gegeben?' – ‚Gewiß' – sagte Freystein – ‚aber längst nicht so sehr, wie du glaubst, denn ich bin nicht im geringsten verwundet.' Um seinen Hals trug er eine Kapuze aus Filz, der mit Horn unterlegt war, und dorthin war der Schlag gegangen. Dann stieg Freystein wieder auf den Felsen. Steinthor rief ihm nach, doch nicht wegzulaufen, da er ja nicht verwundet sei. Da stellte Steinthor sich ihm auf den Felsen, und sie griffen sich erbittert an. Steinthor geriet in Gefahr, von dem vereisten Gefälle zu stürzen, während Freystein einen guten Halt mit seinen Steigeisen hatte und mit doppelter Kraft zuschlug. Doch ihr Streit endete damit, daß Steinthor Freystein mit seinem Schwert einen Schlag oberhalb der Hüften versetzte und der Mann von der Körpermitte aus in Stücke ging. Danach erklommen sie den Felsen und hörten nicht auf, bis alle Söhne Thorbrands zu Boden gefallen waren. Thor mit dem festen Blick sagte, daß er alle köpfen werde, doch Steinthor erklärte, daß er nicht wolle, daß man die am Boden liegenden

Jenseits verschiebt, und nicht in der kalten Freude der Selbstüberwindung, der Entsagung ist das Trachten nach dem Schönen um seiner selbst willen begründet. Bis dahin war die ästhetische Absicht in der bedeutenden Kunst immer der Theologie untergeordnet gewesen. Sie befreit sich. In der Mitte des Jahrhunderts stellt Gaucher, der letzte Baumeister der Kathedrale, in Reims die großen für das Hauptportal angefertigten Statuen auf. Er ordnet sie nach seinem Geschmack an. Er vernachlässigt die anfänglich vorgesehene Aufteilung, die Schritt für Schritt der doktringemäßen Lehre folgte. Man beginnt hier, die Statuen so zu behandeln wie in den Museen, ihrem bildhauerischen Wert und nicht ihrer Bedeutung nach. Das Lächeln des Engels der Verkündigung, der Anflug von Schalkhaftigkeit in dem erstaunten Gesichtsausdruck der Maria und jene Falten, die die Jungfrau der Heimsuchung umfließen und die zweifellos an den Faltenwurf erinnern, mit dem die griechische Bildhauerkunst die Körper der Göttinnen umhüllt hatte, all diese feinen Akzente und so mancher andere Ausdruck von Menschlichkeit bilden das Vorspiel zu dem unmerklichen Eindringen der Vorliebe für Profanes in die sakrale Darstellung. Die Statuen der Sainte-Chapelle sind von erlesener Schönheit. Sie zählen zu den Meisterwerken der Bildhauerkunst. Doch haben sie ein wenig von ihrer Geistigkeit eingebüßt. Wer sie am Ende des XIII. Jahrhunderts betrachtet, dem erzählen die großen gotischen Fensterrosen weniger von der Strenge der scholastischen Demonstration als von dem gewagten Vorschreiten der frommen Seele. Sie zeigen die Verflechtungen dieses Labyrinths, in dem wie bei den Rittern des Lanzelot die Liebe – die Liebe des Mannes zur Frau, aber auch die Liebe Gottes – von einer Probe zur anderen ihrem Ziel zustrebt. Diese Rosen haben sich denen des Rosenromans angeschlossen. Auch sie bilden Glutherde, in denen die Lebensfreude lodert.

Der Ton ändert sich. Und auch der auf das Kunstwerk gerichtete Blick. Zum selben Zeitpunkt verlagert sich die Triebfeder künstlerischer Schöpfung von Nordfrankreich nach Italien. Frankreich ist ländlich. Beim Tode Ludwigs des Heiligen ist die Tuchfertigung in Arras in lebhaftem Aufschwung begriffen, und die wichtigen Geschäfte werden auf den Märkten der Champagne abgeschlossen. Doch die Erde erschöpft sich langsam. Man hat es aufgegeben, dem Brachland neue Felder abzugewin-

Männer töte. Also stiegen sie vom Fels herunter, bis zu der Stelle, auf der Bergthor lag. Dieser konnte noch sprechen, und sie schleppten ihn entlang dem Eis auf festen Boden, anschließend zur anderen Seite der Landenge, wo sich das Boot befand; rudernd erreichten sie Bakki am Abend.

Ein Hirte des Goden Snorri war an jenem Tage in Øxnabrekkur gewesen und hatte von dort aus die Schlacht am Vigrafjord gesehen; unverzüglich begab er sich nach Hause und sagte dem Goden Snorri, daß im Vigrafjord eine wenig erfreuliche Schlacht stattgefunden habe. Da griffen Snorri und die Seinen zu ihren Waffen und begaben sich ins Innere, bis zum Fjord; es waren ihrer im ganzen neun. Als sie ankamen, waren Steinthor und die Seinen weg und hatten das innere Gebiet jenseits des Eises des Fjords erreicht. Snorri und seine Männer untersuchten die Verletzungen der Gefallenen. Außer Freystein, dem Schelmen, gab es keine Toten; doch waren sie alle schwer verletzt. Thorleif der Spötter rief den Goden Snorri und forderte ihn auf, Steinthor und die Seinen zu verfolgen und keinen entkommen zu lassen. Dann ging der Gode Snorri an den Ort, wo Bergthor gelegen hatte: dort sah er eine große Blutlache. Er nahm eine Handvoll mit Blut vermischten Schnee, drückte ihn zusammen, steckte ihn in den Mund und fragte, wer dort geblutet habe. Thorleif der Spötter sagte, dies sei Bergthors Blut. Snorri sagte, daß dieses Blut aus einer tiefen Wunde stamme. ,Das mag sein' – sagte Thorleif – ,denn es kam von einem Lanzenstoß.' – ,Ich glaube', sagte Snorri, ,daß dies das Blut eines todgeweihten Mannes ist, und wir werden sie nicht verfolgen.'

Dann brachte man Thorbrands Söhne nach Helgafell und verband ihre Wunden. Thorodd Thorbrandsson hatte hinten am Hals eine Wunde, die so groß war, daß er den Kopf nicht gerade halten konnte; er trug lange Pluderhosen, und sie waren blutgetränkt. Ein Bediensteter Snorris mußte ihn entkleiden; als er ihm die Pluderhose ausziehen wollte, ging dies nicht. Da sagte er: ,Man lügt nicht, wenn man von Thorbrands Söhnen sagt, daß ihr Leute seid, die ungewöhnliche Kleidung lieben; eure Kleider sind dermaßen eng, daß man sie euch nicht ausziehen kann.' Thorodd sagte: ,Vielleicht machst du das nicht richtig.' Da hielt sich der Bedienstete mit einem Fuß an dem Bettpfosten und zog mit aller Gewalt: die Pluderhose war nicht auszuziehen. Da ging Snorri hin, betastete das Bein und entdeckte, daß eine Lanzenklinge Ferse und Fuß durchbohrt und alles zusammengenagelt hatte, Pluderhose und Bein. Da sagte Snorri, daß der Bedienstete ein ungewöhnlich großer Dummkopf sei, weil er daran nicht gedacht hatte.

nen. In den übervölkerten erschlossenen Gebieten verliert die Erde, der man allzu heftig ihre Früchte abgefordert hat, an Kraft und liefert immer geringere Erträge. Allmählich versiegt die Quelle des Reichtums in den Gegenden, wo sie hauptsächlich in der Landwirtschaft liegt. In Italien indessen, wo der Reichtum bürgerlichen Ursprungs ist, entfaltet er sich durch den lebhaften Austausch noch stärker. Hier häufen sich die Schätze des Orients. In Venedig, in Genua und Florenz nimmt man nach siebenhundertjähriger Unterbrechung die Prägung von Goldmünzen wieder auf. Die Bankiers von Florenz und Siena sind nunmehr die Herren der westlichen Wirtschaft; die Staaten sind auf ihre Dienste angewiesen. Zu ihren Schuldnern gehören der Papst, ob in Rom oder in Avignon, der König von Frankreich, der König von England. Man zählt Geldstücke, sorgt für ihre Verbreitung, ihren immer schnelleren Umlauf und erfindet zu diesem Zweck den Wechsel. Man ist Schuldner der Armen, der Heiligen, ja, Gottes; man ist Gläubiger der Schichtarbeiter, die Tuch und Seidenstoffe herstellen. Immer führt man mit peinlichster Genauigkeit Buch: Und so kommen in den Städten Mittelitaliens Patrizierfamilien empor; sie errichten ihre rivalisierenden Türme, gegen die die Silhouette der Kathedrale bedeutungslos anmutet. Sie bieten sich die Stirn und bekunden herausfordernd einen Ruhm, eine Macht, die noch immer vorgibt, sich auf die ritterlichen Heldentaten zu gründen, die jedoch in Wirklichkeit nur ihren Sinn für Sparsamkeit und Geldanlage und ihre Schlauheit aufrechterhält. Konkurrenz kommt auf. Man bringt sie mühsam unter Kontrolle durch Gesetze, öffentliche Reden auf dem Forum, wo man den Geist des Bürgers bildet. Italien ist eine andere Welt. Gewiß ist sie tief beeindruckt von der herrlichen, von Paris verbreiteten Kultur. Marco Polo hat für sein Buch die französische Sprache gewählt; alle italienischen Prälaten haben gesehen, wie Notre-Dame in Paris erbaut und ausgeschmückt wurde. Der Blüte der französischen Kunst haben sie Ableger entnommen und diese in ihrer Stadt gepflanzt. Die italienischen Kaufleute handeln mit Pariser Kunstobjekten. Und während die Bauarbeiten an den großen Kathedralen Frankreichs nacheinander ausklingen, verlagern sich all die geistigen, intellektuellen und ästhetischen Werte, deren Ruhm diese Bauwerke verkünden wollten, in dieses vom Glück begünstigte Land. Italien begehrte sie; es bemächtigte sich

Snorri Thorbrandsson war weniger übel zugerichtet als sein Bruder: am Abend setzte er sich neben seinem Namensvetter zu Tisch, und sie aßen Quark und dann Käse. Der Gode Snorri fand, daß sein Namensvetter nicht viel Käse aß, und er fragte ihn, warum er wohl so langsam aß. Snorri Thorbrandsson gab zur Antwort, daß die Lämmer, nachdem man sie geknebelt hatte, keine Lust mehr aufs Essen verspürten. Da tastete ihm der Gode Snorri den Hals ab und entdeckte, daß die Spitze eines Pfeils an der Zungenwurzel seinen Hals durchbohrte. Er nahm eine Pinzette und zog den Pfeil heraus. Danach aß Snorri Thorbrandsson. Der Gode Snorri heilte sämtliche Söhne Thorbrands. Als der Hals Thorodds zu vernarben begann, blieb der Kopf etwas vorgeneigt. Thorodd sagte, Snorri wolle ihn nur heilen, um einen Invaliden aus ihm zu machen, aber Snorri erklärte, er hoffe, daß sich der Kopf aufrichten würde, nachdem die Sehnen wieder verbunden waren. Doch Thorodd wollte nichts davon hören, die Wunde nochmals zu öffnen und den Kopf einzurenken."

„Die Saga vom Goden Snorri", um 1230.

134

ihrer. Doch um sie sich anzueignen, sie in seine eigenen Traditionen einzugliedern. Auf seine Art bedient es sich der Lehre des Aristoteles: Wie viele sind es damals in Italien, die Dante Epikureer nennt und die an der Unsterblichkeit der Seele zweifeln? Die Skulpturen der Fassade der Kathedrale von Orvieto lehnen sich an die französische Kunst an; aber ähnelt die aus der Rippe Adams entstandene Eva wirklich den wunderlichen Jungfrauen von Straßburg? Im Italien der durch Handel Reichgewordenen, der Seefahrer und der franziskanischen Bruderschaften sind die Verlockungen der französischen Kunst auf einheimisches Erbe gestoßen, dem die allmähliche Erschließung des Universums neues Leben verleiht. Fest, maßvoll, lichtundurchlässig, so erheben sich die Mauern von San Marco in Venedig, von San Miniato oder die des Baptisteriums in Florenz. Sie lehnen das kühn Aufstrebende des Chores von Beauvais oder das Durchscheinende der Sainte-Chapelle ab. Sie sind mit mehrfarbigem Marmor bedeckt, wie das altrömische Pantheon, mit Mosaikdarstellungen, wie die Kuppeln des christlichen Orients. Rom, Byzanz: Beide sind ein Teil des gleichen kulturellen Vermächtnisses.

Als Dante im Exil, fern von Florenz, die „Göttliche Komödie" schrieb, verfolgte ihn in seinem Heimweh die Erinnerung an den „schönen San Giovanni", das Baptisterium. Die Darstellungen der Hölle im oberen Achteck hatten einst seinen Traum beflügelt. Sein Gedicht ist eine Kathedrale, die letzte. Es stützt sich auf die scholastische Pariser Theologie, von der man nicht genau weiß, wie sie bis zu Dante gelangen konnte. Wie die Kathedralen Frankreichs, so will auch die „Göttliche Komödie" den Geist stufenweise erheben bis hin zum göttlichen Licht, gemäß den Hierarchien des Dionysius Areopagita und durch die Fürsprache St. Bernhards. Dante war voller Bewunderung für die Minnesänger, die ihm als Lehrmeister dienten. Er zögerte. Sollte er, wie Marco Polo, sein Werk in der Sprache des Landes jenseits der Berge schreiben? Er entschied sich für das Toskanische und gab so Italien seine literarische Sprache.

Wenn er am äußersten Ende der Hölle, gemeinsam mit dem Verräter Judas, Brutus und Cassius ihren Platz zuweist, weil sie Cäsar verraten haben, so weiht er dieses Denkmal Rom, dem Kaiserreich, das heißt seinem italienischen Vaterland. Er errichtete es an der Schwelle des XIV. Jahrhunderts wie die Ankündigung

DER ANGRIFF DES SIMON VON MONTFORT AUF BRAM
IM FRÜHJAHR 1210.

„Sie gelangten zur Burg von Bram, belagerten diese und nahmen sie in weniger als drei Tagen ein, ohne fahrbares Kriegsgerät zu benutzen. Den mehr als hundert Männern der Burg stachen sie die Augen aus und schnitten die Nasen ab, ließen allerdings einem von ihnen ein Auge, damit dieser sie zu den anderen nach Cabaret führe…"

„Hystoria albigensis" von Petrus de la Valle de Cernay.

einer Erneuerung, deren Wiege tatsächlich die italienische Halbinsel war und die die französische Kunst in die Finsternis zurückwarf: die sie als gotisch bezeichnete, was die Bedeutung von „barbarisch" hat.

Als Dante mit der Niederschrift seines Gedichtes begann, wurzelte diese Erneuerung bereits seit zwanzig Jahren in der Toskana, in der Nähe von Florenz. An den Ufern des lateinischen Meeres, in Pisa, einem bedeutenden Hafen, der damals weder verschlammt noch unterjocht war, hatte Niccolo Pisano auf einem die französische Ästhetik widerspiegelnden Untergrund, im Innern eines anderen Baptisteriums, in dem ein Kranz von Bogenwerk wie eine Huldigung des Gotischen anmutet, Marmortafeln angebracht. Sie umgeben die Kanzel, die Stätte der Predigt. Der Bildhauer läßt hier erneut Formen auftauchen, mit denen man die Einbände der Evangeliare der deutschen Kaiser des Jahres Tausend in Elfenbein ausgeschmückt hatte. Tatsächlich wurzelt dieses Wiederaufleben sehr viel tiefer, und zwar im Lande selbst. Seine entferntesten Ursprünge sind in den etruskischen Gräbern zu suchen: Auf dem Antlitz der Gottesmutter liegt der nachdenkliche Ernst der dort ruhenden Verstorbenen. Die Kavalkaden sind die des Triumphs eines Augustus, der geordnete Tumult der Sarkophage des II. Jahrhunderts. Rom, das antike Rom, feiert hier seine Wiederauferstehung.

DER WIDERSTAND
DER NATIONEN

„Die Inquisitoren von Carcassonne, Albi und Toulouse schrieben, einer alten Sitte zufolge, zwei verschiedene Pilgerreisen vor: die ‚höheren‘ und die ‚niederen‘.

Die ‚höheren‘ Pilgerstätten, die sich alle außerhalb Frankreichs befanden, waren Santiago de Compostela, Rom, St. Thomas in Canterbury und die Drei-Königs-Kirche in Köln. Jene, die sich in die Ewige Stadt begaben, mußten dort gewöhnlich etwa vierzehn Tage verweilen, um alle Heiligengräber und Kirchen zu besuchen, die der Heilige Stuhl mit zahlreichen und einträglichen Ablässen verbunden hatte.

Die ‚niederen‘ Pilgerstätten waren folgende: Notre-Dame von Rocamadour, von Puy, von Vauvert, von Sérignan, Notre-Dame-des-Tables in Montpellier, Saint-Guilhem du Désert, Saint-Gilles en Provence, Saint-Pierre de Montmajour, Sainte-Marthe de Tarascon, Sainte-Marie-Madeleine de Saint-Maximin, Saint-Antoine de Viennois, Saint-Martial und Saint-Léonard im Limousin, Notre-Dame von Chartres, Saint-Denis en Parisis, Saint-Seurin von Bordeaux, Notre-Dame von Souillac, Sainte-Foi von Conques, Saint-Paul von Narbonne, Saint-Vincent von Castres. Zu diesen Pilgerreisen kamen immer jährliche Besuche der Kirchen Saint-Etienne von Toulouse am 3. August und Saint-Sernin von Toulouse in der Osteroktav hinzu, mit der Verpflichtung, Messe und Predigt vollständig anzuhören, sowie der Kirchen Saint-Nazaire in Carcassonne am 28. Juli, Sainte-Cécile von Albi am 22. November, Saint-Antoine von Pamiers am 13. Juni und Notre-Dame von Auch am 8. September.

Die Pilger verpflichteten sich durch einen Schwur, daß sie sich einen, drei oder vier Monate nach Aushändigung ihrer Bußbriefe, die ihnen als Passierschein dienten, auf den Weg machen würden. Nach ihrer Rückkehr legten sie dem Inquisitor Bescheinigungen vor, aus denen hervorging, daß sie die vorgeschriebenen Pilgerreisen und Besuche durchgeführt hatten.“

„Handbuch des Inquisitors“, 1323.

ALS GOTISCH BEZEICHNEN wir eine bestimmte Art der Auffassung des architektonischen Raumes, der Silhouette einer Kirche, der Stellung einer Person – die Linien der Augenlider bei einem Blick, der Zug der Lippen zu einem Lächeln. Derartige Zeichnungen, Bauten oder Skulpturen galten für die Menschen der damaligen Zeit ganz einfach als französisch. Sie hatten recht. Denn sie sprachen nicht von dem heutigen Frankreich, sondern von einer begrenzten Gegend, dem früheren Land der Franken, dem Land des Clovis, von der ländlichen Umgebung von Paris. Von dort ging im XII. und im XIII. Jahrhundert alles aus – Macht, Reichtum und Wissenschaft. Die französische Kunst neigte dazu, andere Gegenden zu erobern. Sie eroberte nicht alle. Hartnäckiger Widerstand stellte sich ihrer Verbreitung entgegen. Er war politisch bedingt: Die Fürsten, Rivalen des Königs von Frankreich, suchten sich von ihm zu unterscheiden, indem sie sich auf andere ästhetische Formeln beriefen. Und er hatte einen kulturellen Hintergrund: Jedes Land bewahrte bestimmte Formen des Fühlens, des Denkens, des Glaubens, die einen mehr oder weniger starken Schirm bildeten gegen das Eindringen der gotischen Kunst.

Die heftigste Zurückhaltung, die eindeutigsten Forderungen nach Unabhängigkeit wurzelten natürlich in den Randgebieten, und zwar in den zivilisiertesten: im Süden, im äußersten Süden Europas. Nirgends war sie entschiedener als in Sizilien. Eine Kirche beherrscht den Golf von Palermo. Sie trägt einen lateinischen Namen: Monreale – königlicher Berg. Hier krönte man Könige. Diese Könige sprachen Latein, und in Latein sangen hier die Priester ihr Lob. Der Staat, dessen Hauptstadt Palermo war, gehörte im XII. Jahrhundert zu der gleichen Kulturgemeinschaft wie auch das englische, das deutsche und das französische Reich. Dieser Staat war jedoch außergewöhnlich aufgrund seiner Ursprünge, seiner tieferen Natur. Er war Frucht einer Annexion, die schönste Eroberung des westlichen Rittertums, ein wahrer Durchbruch diesmal, denn Sizilien, Kalabrien, Kampanien und Apulien gehörten nicht zu der lateinischen Welt. Sie hatten das großgriechische Reich gebildet. Sie waren griechisch geblieben unter römischer Herrschaft. Die islamische Invasion war teilweise auf jene Gegenden übergegangen, und die dichte Schicht des Hellenismus wurde von einer neuen überdeckt, die diesmal aus der arabischen Kultur stammte. Schließlich, im Laufe des XI.

141

VON DER SEKTE JENER, DIE MAN IM VOLKSMUND BEGHARDEN UND
BEGHINEN NENNT.

„Die Sekte der Begharden – jene, die sich als arme Brüder bezeichnen
und ihr Bekenntnis zur dritten Lehre des heiligen Franziskus bekunden –
ist kürzlich in den Provinzen Provence und Narbonne sowie in einigen
Gegenden der Provinz Toulouse aufgetaucht, die seit langem der Provinz Narbonne angehört. Doch begann man aufgrund ihrer irrigen
Ansichten um das Jahr des Herrn 1315, kurz vorher oder kurz danach,
auf sie aufmerksam zu werden und sie zu entlarven, obwohl viele sie
bereits gemeinhin verdächtigt hatten. Im Laufe der folgenden Jahre
wurde eine beachtliche Zahl von ihnen in den Provinzen Narbonne und
Toulouse und in Katalonien verhaftet, gefangengenommen, bei ihren
Entgleisungen überrascht, und vom Jahre 1317 an wurden mehrere Personen sowohl des einen als auch des anderen Geschlechts als Ketzer
überführt und als solche gerichtet und verbrannt, vor allem in Narbonne, Béziers, in der Diözese von Agde, in Lodève, in der Nähe von
Lunel (in der Diözese von Maguelonne), in Carcassonne, in Toulouse,
wobei drei von ihnen Fremde waren.“

„Handbuch des Inquisitors“, 1323.

Jahrhunderts, hatten die Anführer der aus der Normandie kommenden Banden von diesem Land Besitz ergriffen. Sie hatten die wohlbegründeten politischen Strukturen zu erhalten gewußt, das Steuersystem, all die Vorrechte der Despoten, deren Platz sie eingenommen hatten. In ihre brutalen Hände war dieser reiche Kreuzungspunkt der Wasserwege übergegangen, der nach den drei Seiten des Mittelmeeres hin offenstand – der griechischen, der islamischen und der lateinischen. Unter der Herrschaft der Könige von Sizilien lebte die Bevölkerung jener Gegenden in gewohnter Weise weiter: ihrem Glauben und ihren Traditionen gemäß. Die Fürsten empfingen die Minnesänger, doch sprach man in ihrer Umgebung Griechisch, Arabisch, Hebräisch. Mehr als Venedig, mehr als Antiochia, dessen Fürsten übrigens Sizilianer waren, stellte Palermo, die nach allen Seiten des Meeres hin offene Hauptstadt, den Orient dar, von dem man Besitz ergriffen hatte.

Eine Kolonie der lateinischen Christenheit: Monreale, von den Normannenfürsten als Rahmen der Liturgien errichtet, deren Zelebranten ebenfalls Normannen waren, ist ein Kolonialdenkmal. Seine Formen sind fremdländisch, eingeführt. Man hat sie verändert, wie sehr viel später in Mexiko, in Peru die Formen der Barockkirchen, mit Ideen, mit Kunstgriffen und einem Geschmack, deren Ursprünge im heimischen Boden lagen. Das Kloster von Monreale lehnt sich an die Kathedrale wie in Vaison-la-Romaine. Es ist quadratisch wie das von Moissac. Seine Struktur gleicht der des Klosters von Saint-Bertrand-de-Comminges, denn dieser zum besinnlichen Wandeln vorgesehene Innenhof hat überall dieselbe Funktion. Wie in Le Thoronet finden wir in einem Winkel den Brunnen der Läuterung. Es sind der Grundriß und die Volumen, die der römischen Christenheit durchweg für den körperlichen und geistigen Bedarf einer Gemeinschaft von Domherren oder Benediktinermönchen dienten.

Doch auch hier spielt das Licht, wie in den Gärten von Granada. Das Wasser rieselt wie in den Medresen von Fès, und diese Ähnlichkeit ist nicht allein durch Klima und Sonne bedingt: Die Kolonisatoren, der König, die Männer der Kirche, die ihm dienten, haben die Steine nicht mit eigenen Händen geschnitten und einander angepaßt. Das war das Werk örtlicher Handwerker. Sie hielten sich an die wesentlichen Linien des Planes, ergänzten ihn

„Die Begharden und Beghinen Christi, sie alle und die Geistlichen mit ihrem geschwollenen Gebaren gehören zu der Familie des Antichrist.

Item sind die Begharden und armen Brüder dritten Ranges – auch wenn sie der Zugehörigkeit zur Sekte und zum Ketzertum der Begharden bezichtigt werden und sich eben hierfür zu verantworten haben – keineswegs verpflichtet, vor den Prälaten und Inquisitoren zu schwören, es sei denn, es handelt sich um Glaubensfragen. Item haben Prälaten und Inquisitoren nur das Recht, sie über Glaubensdinge, die Zehn Gebote oder die heiligen Sakramente zu verhören. Berühren die Verhöre andere Themen, so sind sie nicht zur Antwort verpflichtet: Sind sie nicht Laien und einfache Menschen? Zumindest geben sie das vor – denn in Wirklichkeit sind sie schlau, abgefeimt und arglistig.

Item kann und darf man sie nicht unter Eid zwingen, die Namen ihrer ‚gläubigen‘ Komplizen und Kameraden kundzutun; sie sind in solchen Fällen keineswegs verpflichtet zu schwören: Dies stünde – wenn man sie hört – der Liebe zum Nächsten entgegen und würde eine Handlung zum Schaden anderer darstellen.

Item, wenn man sie exkommuniziert, weil sie es vor Gericht keineswegs akzeptieren, schlicht zu schwören, die Wahrheit zu sagen – es sei denn, es geht um Glaubensfragen, die Zehn Gebote oder die heiligen Sakramente –, weil sie sich weigern zu antworten, wenn es um andere geht und die Namen ihrer Komplizen nicht preisgeben wollen, so ist eine solche Exkommunikation ungerechtfertigt, verpflichtet sie nicht, und sie messen ihr keinerlei Bedeutung bei.

Item kann der Papst, dem Wort Gottes gemäß, es den Begharden keineswegs verbieten – auch nicht durch eine Exkommunikationssentenz –, vom Betteln zu leben, weil sie sehr wohl arbeiten und sich durch Ausübung eines Berufs den nötigen Lebensunterhalt verdienen können und keineswegs Arbeiter des Evangeliums sind; denn es steht ihnen nicht an, zu lehren oder zu predigen: Ihre Vollkommenheit – so sagen sie – würde darunter leiden, und sie schulden dem Papst keinerlei Gehorsam in dieser Hinsicht, und eine solche Sentenz würde sie in keiner Weise verpflichten. Verurteilte man sie aus diesem Grund zum Tode, so würden sie zu glorreichen Märtyrern.“

„Handbuch des Inquisitors“, 1323.

jedoch nach eigenem Gutdünken, in der Überzeugung, daß ihre Virtuosität, ihr Sinn für Werte und Farben diesen Rittern, diesen Monarchen gefallen würde, die widerstandslos zu Sizilianern wurden. Deshalb waren die Ausschmückungen der Apsis der Kirche von Monreale, die nach dem gleichen Prinzip erbaut wurde wie viele Basiliken in Burgund und der Provence, unauffällig wie eine Stickerei, wie die Stickerei der Gewänder aus orientalischer Seide, in die sich die Normannenfürsten anläßlich der Zeremonien des Hofes hüllten – ein einfacher Schleier; er genügt, um das Aussehen des Körpers zu verändern. Ähnlich hat sich das Aussehen des Klosters verändert: Die Säulen wirken hier wie eine bloße Augenweide; architektonisch spielen sie keinerlei Rolle. Sie stützen kein Gewölbe; sie tragen nur ein leichtes Gebälk. Deshalb mangeln sie jeglicher Zweckgebundenheit. Ihre Verzierungen, vielfarbige Einlegearbeiten oder Holzschnitte, sind wie die der Parfümdosen, der Elfenbeintabletts, der Schachbretter, all jenes Zubehörs profaner Vergnügungen, die das byzantinische oder islamische Kunsthandwerk zur Zerstreuung einer prunkliebenden Aristokratie hervorbrachte. Wie auf den aus Trabzen oder Alexandrien mitgebrachten Stoffen verflechten sich hier abstrakte Figuren und stilisierte Tierformen. Die Flora, die die Kapitelle krönt, entspringt der klassischen Tradition, die im östlichen Teil des römischen Reiches durch Überfeinerung, den Hang zum Vergnügen und all die Verlockungen Asiens eine Verformung erfahren hat. So verschwinden unter dieser dekorativen Magie die von den Kolonisatoren eingeführten Strukturen. In ihrer Verkleidung sind sie endlich gebändigt, heimisch geworden. Sie scheinen nunmehr diesem betörenden Land zu entstammen.

Im Innern der Basilika von Monreale gibt es keine Fenstermalerei: nur Mosaiken, wie in den Kirchen des Orients. Sie ist in sich zurückgezogen, wie eine Muschel, geschlossen, undurchsichtig – ein Schmuckkasten. Das einströmende Licht darf sich hier nicht frei ergießen. Die Wände sollen seinen Schimmer verklären, den der goldene Untergrund weitergibt – ein nebelhaftes, unwirkliches Funkeln. Zwischen dem Halbdunkel und diesem gedämpften Leuchten hebt das Spiel der Wölbungen jede Grenze auf – eine Illusion des Unendlichen, des Zeitlosen. Dieser Raum gehört nicht der Erde an. Er ist himmlisch. Das Mosaik – die Kunst

WER SIND JENE HEXENMEISTER, WAHRSAGER UND DÄMONENANRUFER.

„Die Geißel und die Verirrungen der Hexenmeister, Wahrsager und Dämonenanrufer treten in verschiedenen Provinzen und Regionen in zahlreichen und unterschiedlichen Formen auf, in Verbindung mit den vielfältigen Erfindungen und den falschen und eitlen Vorstellungen jener abergläubischen Menschen, die den irrigen Geistern und den dämonischen Doktrinen Bedeutung beimessen."

DAS VERHÖR DER HEXENMEISTER, WAHRSAGER UND DÄMONENANRUFER.

„Der beschuldigte Hexenmeister, Wahrsager oder Dämonenanrufer ist zu befragen auf die Art und die Zahl der Zaubereien, Wahrsagungen und Dämonenanrufungen hin, die er kennt, sowie auf den Namen desjenigen, der ihn dieselben gelehrt hat.

Item ist ins Detail zu gehen, unter Berücksichtigung des Standes und der Verhältnisse der jeweiligen Personen, denn die Verhöre sollen nicht für alle gleich sein. Sie sind unterschiedlich für Mann und Frau. Dem Angeklagten kann man folgende Fragen stellen: Was weiß er, was hat er gelernt, welche Praktiken hat er angewandt bei Kindern, die Opfer einer Behexung waren, und bei der Befreiung von dem Zauber?

Das gleiche gilt für die verlorenen oder verdammten Seelen;

für die Diebe, die ins Gefängnis sollen;

für Eintracht oder Unstimmigkeiten zwischen Eheleuten;

für die Befruchtung steriler Frauen;

für die Substanzen, die die Hexenmeister eingeben, wie Haare, Nägel u. a.;

für das Schicksal der Seelen der Verstorbenen;

für die Voraussage kommender Ereignisse;

für die Feen, die Glück bringen oder, wie es heißt, des Nachts umgehen;

für Verzauberung und Beschwörungen durch Zaubersprüche, Früchte, Pflanzen, Stricke u.s.w.;

auch hier: Wen hat er dies alles gelehrt? Woher hat er es? Wer hat es ihn gelehrt?

Item, was weiß er über die Heilung von Krankheiten durch Beschwörungen oder Zaubersprüche?

der Verzauberung, der Verklärung, aber auch eine sehr kostspielige Ausschmückung, auf die die meisten der italienischen Städte verzichten müssen, die sie durch Fresken ersetzten, weil sie zu arm waren –, das Mosaik triumphiert in Monreale und in anderen palermitanischen Kirchen, in der Martorana, in der Capella Palatina, und zwar in der ersten Hälfte des XII. Jahrhunderts, das heißt gerade zu dem Zeitpunkt, als Abt Suger in Saint-Denis die Elemente einer neuen Ästhetik vereinte, deren Schlüsselelement die Fenstermalerei bildet. Wie die Fenstermalerei, so zeigt auch das Mosaik dem Gläubigen die Wahrheit, sobald er den geweihten Raum betritt. Zunächst finden wir Worte. Meist sind sie griechisch. Doch andere, lateinische, kommen hinzu, und dieses sprachliche Nebeneinander zeugt von einer gegenseitigen Durchdringung der Kulturen, deren privilegierte Stätte damals Sizilien war. Figuren illustrieren diese Worte. Im Mittelpunkt des Themas, das heißt im oberen Teil des Bauwerks, in der Kuppel, umgibt eine Engelschar das Bildnis des allmächtigen Christus – „Pantocrator". Er herrscht über zahllose, auf alle Gewölbe, alle Wände verteilte Silhouetten. Ein ungewöhnlicher Bilderschatz, der Ausdruck eines sehr viel weniger rohen Christentums ist, als man es noch im übrigen Westen finden konnte. Es kommt aus Byzanz.

Innerhalb der byzantinischen Christenheit war der Abstand zwischen Klerus und Volk nicht sonderlich groß. Es gab keine jener Barrieren, mit denen sich die Priester Frankreichs oder der Lombardei umgaben, unter dem Vorwand, so ihre Reinheit zu bewahren. Hier drängte sich der Gedanke auf, daß sich der Geist gleichmäßig ausbreitet über alle Gläubigen, ob Kleriker oder Laien, und deshalb nahm die orientalische Kirche eher die Formen der Geistigkeit auf, die sich spontan im Bewußtsein des Volkes entwickelt hatten. Sie hatte ihre Predigt durch zahlreiche rührende Geschichten bereichert; durch Anekdoten aus den Apokryphen. Es war ein wahres Theater, das durch Szenenfolgen diese weitschweifigen Erzählungen in jede Kirche verlegte, wo es lebendig die mannigfaltigen Personen aus Christi Geburt, aus seiner Kindheit, seinem tätigen Leben – die Auferweckung des Lazarus, die Palmprozession – zeigte. So entfaltete sich durch ein erstaunliches Zusammenspiel expressionistisches Leben auf dem Unwirklichen des goldenen Untergrundes. Die Hauptrolle

147

Item, was weiß er über jene Art des Kräutersammelns: kniend, zum Osten hin gerichtet und das Sonntagsgebet sprechend?

Item, wie steht es mit jenen Pilgerfahrten, Messen, Kerzenopfern und der Verteilung von Almosen, die die Hexenmeister vorschreiben?

Item, wie kann man Diebstähle aufdecken und Kenntnis von geheimen Dingen erlangen?

Item wird man insbesondere Ermittlungen anstellen über jene Praktiken, die irgendwelchen Aberglauben vermuten lassen, sowie Respektlosigkeit und eine Beleidigung gegenüber den Sakramenten der Kirche, insbesondere des Sakraments des Körpers Christi, der Verehrung Gottes und der geweihten Stätten.

Item wird man nach jener Praktik forschen, die darin besteht, die Eucharistie zu erhalten und den Kirchen den Chrisam oder das geweihte Öl zu nehmen;

item nach jener Praktik, die darin besteht, Wachs- und andere Bilder zu taufen: Es ist zu fragen, wie diese Taufe vor sich geht, wozu sie dient und welche Vorteile sie bietet.

Item ist der Angeklagte zu befragen über die Zinnbilder, die die Hexenmeister anfertigen: Art der Herstellung und Verwendungszweck.

Item ist er zu fragen, von wem er all diese Kenntnisse erworben hat;

item seit wann er sich derartiger Praktiken bedient;

item welche Personen und wie viele ihn um Rat gefragt haben, insbesondere im laufenden Jahr;

item, hat man es ihm bereits früher verboten, derartige Praktiken auszuüben? Wer hat ihm dieses Verbot auferlegt? Hat er versprochen, derartige Praktiken nicht mehr auszuüben und diese in Zukunft zu unterlassen?

Item, ist er trotz dieses Versprechens und dieses Abschwörens rückfällig geworden?

Item, glaubte er an die Realität dessen, was ihn die anderen lehrten?

Item, welche Wohltaten, Geschenke oder Belohnungen hat er für seine Dienste erhalten?"

„Handbuch des Inquisitors", 1323.

148

kommt der Mutter Gottes, der Jungfrau Maria zu. Die bedeutenden Marienkirchen lagen im Orient: Sie waren Gegenstand eines leidenschaftlichen frommen Eifers. Von dort stammt insbesondere das Thema des letzten Schlafes, das die gotischen Meister der Ausschmückungen Ende des XII. Jahrhunderts übernahmen, um es am Portalvorbau der Kathedralen Frankreichs darzustellen. Maria ist nicht tot. Sie schläft nur. Denn es war nicht Gottes Wille, daß der Körper seiner Mutter, seiner Gemahlin, der Zersetzung anheimfällt. Engel werden kommen und diesen Körper hinwegtragen, sich mit ihm emporschwingen bis hinauf ins Paradies. Alle diese Bilder konnte man in Palermo finden, lange vor ihrer Verbreitung im Norden und, nach und nach, in ganz Europa. Man hatte sie an diesem Ort der Begegnung aufgestellt, vor den Blicken der Pilger, die aus Gallien, Germanien, aus England aufgebrochen waren und über Palermo das Heilige Land erreichten. In diesen wundervollen Kirchen liegt der wesentliche Ursprung einer Verjüngung der katholischen Geistigkeit, dem vor allem das Franziskanertum entsprungen ist. Diese Vitalität der sizilianischen Erde hatte ihre Eroberer überwältigt. Sie ließ sich nichts aufzwingen. Verschwenderisch teilte sie ihre Reichtümer nach allen Seiten hin aus.

Der König war hier der einzige Förderer der sakralen Kunst. Seine Macht war nicht zerfallen: Im Gegenteil, in Süditalien trugen die eingeführten Feudalinstitutionen zur Festigung der Monarchie bei. In der Kapelle seines Palastes in Palermo verrichtet der Fürst sein Gebet wie einst Karl der Große. Er läßt sich auf einem ähnlichen Thron nieder. Wände und Deckengemälde bringen auf byzantinische oder islamische Art das gleiche zum Ausdruck: Der Monarch ist das irdische Abbild Gottes. Über dem Fürsten ragt dominant die Christusfigur auf. Majestätisch thront sie, umgeben von Petrus und Paulus, den beiden Schutzpatronen der römischen Kirche, deren sicherste Verbündete die sizilianischen Könige waren. In der nahen Kirche der Martorana krönt Gott den König, so wie er die Kaiser auf den deutschen Evangeliaren anfangs des XI. Jahrhunderts krönte. Diese Geste bekundet, daß die Macht des Fürsten von Palermo allumfassend, unabhängig ist, ebenso wie seine Verantwortung. Das Gewicht der Welt scheint den leidenden König niederzudrücken, dessen Antlitz das der asketischen Heiligen ist, der Stammväter aus der ägypti-

„Item hatte Dolcino eine Freundin mit Namen Margarete, die ihn begleitete und mit ihm zusammenlebte; er gab vor, sie in aller Keuschheit und Sittsamkeit wie eine Schwester in Christus zu behandeln. Und als ihre Schwangerschaft entdeckt wurde, erklärten Dolcino und die Seinen, sie sei schwanger vom Heiligen Geiste.

Item lebten auch die Jünger und Anhänger Dolcinos, die sich als Apostel bezeichneten, wie sich häufig herausgestellt hat, mit ähnlichen Freundinnen zusammen, die sie als Schwestern in Christus bezeichneten und mit denen sie schliefen, wobei sie sich brüsteten und vorgaben, in keiner Weise die Versuchungen des Fleisches zu spüren.

Item ist zu bemerken, daß besagter Dolcino unehelicher Sohn eines Priesters war.

*

Verurteilung und Strafe Dolcinos.

Gegen den besagten Ketzer Dolcino und seine Anhänger befahl der Papst Clemens V. so vorzugehen, wie es aus den apostolischen Briefen hervorgeht, die hinsichtlich des Ketzertums an die Inquisitoren, an den Erzbischof von Mailand und an seine Suffraganbischöfe in den verschiedenen Regionen der Lombardei geschrieben wurden...

So wurde auf apostolisches Geheiß ein Kreuzzug gegen den vorgenannten Dolcino gepredigt unter Einräumung von Ablässen für alle Sünden. Mehrmals stellten die Inquisitoren ein Heer gegen ihn auf, doch konnten sie ihn nicht bezwingen aufgrund der in den verschiedenen Regionen der Lombardei mächtig wachsenden Zahl seiner ‚gläubigen‘ Anhänger, Hehler, Aufwiegler und Verteidiger.

Schließlich predigten die Inquisitoren der Lombardei, im Einverständnis mit dem Bischof von Vercelli, einen Kreuzzug unter Einräumung des vollständigen Ablasses, und sie bereiteten eine bedeutende Expedition vor gegen vorgenannten Dolcino, den Anführer der Ketzer. Dieser hatte sich, nachdem er nicht nur seine früheren Irrtümer wiederholt, sondern außerdem neue und perverse Dogmen aufgestellt, zahlreiche Personen verseucht und an sich gezogen und zahlreiche neue Jünger und Anhänger erworben hatte, mit jenen in das Gebirge bei Novara zurückgezogen.

schen Wüste. Und doch hatte er sein Leben in einer prunkvollen Wohnstätte verbracht, die für die körperlichen Freuden hergerichtet war so wie einst die Paläste der Sassanidenfürsten. Was ist geblieben von jenen weiträumigen Sälen, wo sich Wilhelm der Eroberer oder Ludwig der Heilige inmitten ihrer zusammengepferchten Vasallen zur Ruhe legten? Nichts: diese heubedeckten Scheunen waren ausgesprochen bäuerlich, vergänglich; auf ihrer Durchreise kampierten dort die Könige aus dem Norden, so wie sie auf freiem Felde biwakierten, wenn sie einmal Rast machten auf ihren ständigen Umritten. Hier in Palermo indessen hatte man für den König Roger, den Kaiser von Byzanz, für den Kalifen, für die Fürsten aus dem Orient, die Marco Polo empfangen sollten, einen festen Bau errichtet und die Wände seiner Gemächer mit erbaulichen Bildern bedeckt – mit Leoparden, Traumwäldern, fremdartigen Vögeln, einer ganzen phantastischen Menagerie. Die gestickten Roben der Grafen von Anjou, von Poitiers oder von Flandern mögen ähnlich verziert gewesen sein, doch war auch der Schmuck der französischen Fürsten vergänglich: Alles ist zugrunde gegangen. Übrig geblieben ist das, was sich den Augen des palermitanischen Königs bei jeder Morgenröte bot: eine Einladung, sich ablenken zu lassen, ein in den Zimmern schwebendes Parfüm der Odalisken. Stellen wir uns das Entzükken aller Kreuzfahrer vor, von Richard Löwenherz wie Philippe August, als ihre sizilianischen Vettern sie mitten in den Orangengärten beherbergten.

Zu Beginn des XIII. Jahrhunderts wurde der Enkel Barbarossas zum Nachfolger der sizilianischen Fürsten, zu ihrem Erben. Wie sein Großvater war er König von Deutschland und folglich König von Norditalien und wie dieser schließlich Kaiser der westlichen Welt: Im November 1220 setzte ihm der Papst im Petersdom zu Rom das Diadem auf die Stirn, warf sich ihm zu Füßen und erkannte so an, daß der Thron Friedrichs II., Friedrichs von Hohenstaufen, seinen Platz hatte unter den Gestirnen, in jenem Sternenzelt, dessen Abglanz Jahrhunderte zuvor der Mantel Heinrichs II. symbolisch widergespiegelt hatte. Friedrich II. übernahm also erneut die Rolle Karls des Großen. War er Deutscher? Nein – sein Großvater und sein Vater waren es noch. Er nicht. Er war Sizilianer. Aachen, Bamberg, Regensburg hat er immer nur durchreist. Leben wollte er im Lande seiner Mutter, in Süditalien,

Dort geschah es, daß aufgrund des harten Klimas viele an Kraft verloren und vor Hunger und Kälte umkamen und so in ihrem Irrglauben starben. So nahm das Heer der Gläubigen, die die Berge erklommen hatten, Dolcino mit etwa vierzig seiner Leute gefangen; an Opfern, die getötet worden oder vor Hunger und Kälte gestorben waren, zählte man mehr als vierhundert. Zusammen mit Dolcino faßte man ebenfalls Margarete, die Ketzerin und Zauberin zugleich und seine Komplizin im Frevel und im Irrtum war. Diese Gefangennahme erfolgte in der Karwoche, am Tage des Kardonnerstags, zu Beginn des Jahres 1308 der Menschwerdung unseres Herrn. Die Hinrichtung der beiden Schuldigen war notwendig, und sie erfolgte durch das Laiengericht. Besagte Margarete wurde vor den Augen Dolcinos in Stücke gehackt; dann wurde dieser ebenfalls zerstückelt. Gebeine und Glieder der beiden Hingerichteten wurden den Flammen ausgeliefert, und gleichzeitig auch einige ihrer Komplizen: das war die verdiente Strafe für ihre Missetaten."

»Handbuch des Inquisitors«, 1323.

152

wo er geboren war. In den ersten Jahren seiner Regierungszeit ließ er dort Kirchen bauen, so wie Ludwig der Heilige. Mehr Kirchen errichtete keiner der Fürsten im Laufe des XIII. Jahrhunderts, außer dem heiligen Ludwig. Diese Kirchen sind nicht byzantinisch. In der engeren Umgebung Friedrichs II. verstärkte sich das Bestreben, alles, was aus dem Orient, aus Konstantinopel kam, als islamische Zivilisation abzulehnen, auf daß nichts den lateinischen, den römischen Charakter des Reiches verhehle. Als erster Kaiser der westlichen Welt, der wieder Goldmünzen prägte wie einst Augustus, vergaß Friedrich II. nicht die Formeln, mit denen man ihn in Rom bei seiner Krönung begrüßt hatte: Cäsar, wunderbares Licht der Welt. Und als er den Aufstand der lombardischen Städte niedergeworfen hatte, ließ er die Zeichen seines Triumphes ins Kapitol bringen. Die künstlerischen Formen sollten Ausdruck des Wesens seines eigenen *imperium* sein, des Heiligen Römischen Reiches. Also lehnte er auch die französische Kunst ab. Das Pfropfreis holte er sich aus deutscher Erde. Die Kirchen, die er in Süditalien bauen und ausschmücken ließ, sind karolingisch, ottonisch. In der Kathedrale von Bitonto überragt die Kanzel einen Mosaikfußboden mit den Darstellungen Rolands und Olivers – französischen Helden, deren Legende Dichter aus Schwaben oder Friaul wiedergegeben hatten. Die Kanzel selbst stammt direkt aus Aachen. Nur das Material hat sich geändert. Man hat das Gold durch Marmor ersetzt – den Marmor der Triumphbögen, die das klassische Rom seinen Kaisern errichtet hatte. Der Adler ist gleichzeitig der des Evangelisten Johannes, der ehemaligen sizilianischen Könige und des deutschen Reiches. Auf der hinteren Seite wollte sich der Kaiser sitzend dargestellt, in der Haltung eines Staatsoberhauptes. Wie in den Riten des Hofes ist er von seinen aufrechtstehenden Familienangehörigen umgeben. Hier erinnert nichts an die gotische Kunst. Es sind die Masken der romanischen Idole. Und der Gedanke an eine sehr viel ältere Darstellung schimmert bereits durch – an die Sarkophage des späten Altertums.

Der Kaiser hatte einen Rivalen vor sich, den Papst, der um so aggressiver war, als er besorgt seine Staaten im Norden und Süden von denen Friedrichs umzingelt sah. Ein erbarmungsloser Kampf begann. Eine Seite drohte mit der Exkommunikation, die

„Sie dürfen foltern, gemäß den Erlassen Clemens V. (Wiener Konzil), unter der Bedingung, daß sie den Entschluß gemeinsam fassen. Es gibt keine festen Regeln, um zu bestimmen, wann die Folter erlaubt ist. Mangels einer genauen gesetzlichen Regelung geben wir nachstehend sieben Regeln als Anhaltspunkte:

1. Zu foltern ist ein Angeklagter, der bei seinen Antworten schwankt und einmal dieses und einmal das Gegenteil behauptet, während er die Hauptpunkte der Anklage leugnet. In diesem Falle ist anzunehmen, daß der Angeklagte die Wahrheit verschweigt und sich unter dem Druck der Verhöre widerspricht. Sollte er einmal leugnen, dann jedoch geständig sein und Reue zeigen, so ist er nicht als ‚schwankend‘ zu betrachten, sondern als bußfertiger Ketzer und als solcher zu verurteilen.

2. Der Verleumdete, der auch nur einen einzigen Zeugen gegen sich hat, wird gefoltert. In der Tat stellen ein Gerücht und eine Zeugenaussage gemeinsam einen halben Beweis dar, worüber sich keiner wundern wird, der weiß, daß eine einzige Zeugenaussage bereits als Indiz gilt. Man wird sagen *testis unus, testis nullus*? Dies gilt für die Verurteilung, nicht jedoch für Vermutungen. Also genügt eine einzige belastende Zeugenaussage. Ich gebe jedoch zu, daß einer einzigen Zeugenaussage in einem Zivilurteil nicht die gleiche Bedeutung zukäme.

3. Der Verleumdete, gegen den ein oder mehrere schwerwiegende Indizien vorliegen, ist zu foltern. Verleumdung plus Indizien genügen. Bei Priestern genügt die Verleumdung (doch foltert man nur die schändlichen Priester). In diesem Falle sind die Bedingungen zahlreich genug.

4. Gefoltert wird derjenige, gegen den ein einziger Zeuge hinsichtlich der Ketzerei aussagte und gegen den außerdem heftige oder schwere Indizien vorliegen.

5. Derjenige, auf dem mehrere heftige oder schwere Indizien lasten, wird gefoltert, auch wenn kein Belastungszeuge vorhanden ist.

6. Um so eher ist der zu foltern, gegen den, außer den vorgenannten Bedingungen, auch noch eine Zeugenaussage vorliegt.

7. Derjenige, gegen den nur eine Verleumdung oder eine einzige Zeugenaussage oder ein einziges Indiz vorliegt, wird nicht gefoltert: jede einzelne dieser Bedingungen genügt alleine nicht, um die Folter zu rechtfertigen.“

„Das Handbuch der Inquisitoren.“

andere mit dem Schwert. Überzeugt, daß er aufgrund seiner Würde über alle Priester, einschließlich des Bischofs von Rom, erhaben war, daß es ihm zukam, ihren Stolz mit Gewalt zu brechen und die Ordnung auf Erden durch die militärische Durchführung der zivilen Gesetze zu erzwingen, ließ Friedrich von diesem Zeitpunkt an vor allem Schlösser bauen. Auch Castel del Monte, dieser der Erde Apuliens aufgedrückte Stempel, geht aus der karolingischen Tradition hervor. Seine massive, lichtundurchlässige Bauweise leugnet die durchscheinende Intensität der französischen Kathedralen. Diese Festung, ein rundum von achteckigen Türmen flankiertes Oktogon, ist eine Nachbildung der Krone der Ottonen, des Aachener Münsters. Sie öffnet sich nicht wie jenes zur anderen Welt, sondern zu dieser Welt hin, zu ihrem wirklichen Himmel. Sie spricht von einer kriegerischen Herrschaft, einer irdischen Macht, im gleichen Ton wie der Dekkel der Salbendose Friedrichs II. mit dem aufgeprägten Adler. Was an Kaiserlichem in der Architektur liegt, wurde resolut dem Übernatürlichen entrissen, entweiht und zum Konkreten, zur Gegenwart zurückgeführt. Das Schloß ist ein Zeichen, das die Bauern des Flachlandes zum Gehorsam mahnt. Es ist die Stätte der Entspannung eines Königs, der der Jagd huldigt, den es danach dürstet, die sichtbare Welt zu besitzen, sie wie das Wild durch seine Jagdreviere zu hetzen.

Friedrich II. diktierte selbst eine „Abhandlung über die Falknerei", deren französische Übersetzung um 1280 mit Malereien ausgeschmückt wurde. Während der Kaiser Heinrich II. zu Beginn des XI. Jahrhunderts die Buchmaler aufforderte, all das dem menschlichen Auge Unzugängliche darzustellen, erwartete man von dem Künstler, der an dem Text Friedrichs arbeitete, eine peinlich genaue Bestandsaufnahme der Schöpfung, eine sorgfältige Unterscheidung jeder Tierart, jeder Gattung. Es galt also zu beobachten, aufzulauern, um die lebendige Bewegung, den Aufflug zu erhaschen, was einen scharfen, analytischen Blick, den Blick eines Aristoteles voraussetzte. Ein Astrologe hatte seinem Kaiser aus Toledo eine Version der „Abhandlung über die Tiere" mitgebracht. Denn Friedrich hatte eine Vorliebe für Bücher über die Natur der Dinge. Wie die Pariser Theologen, so wäre auch er gewiß bestrebt gewesen, alle Werke, in denen sich unter der Sprache der Griechen oder der Araber die antike Wissenschaft

„Er war ein schlauer, arglistiger, habsüchtiger, hemmungsloser, boshafter, leicht erregbarer Mensch. Und er war gleichzeitig ein sehr wertvoller Mensch, wenn er gewillt war, seine Güte und seine Zuvorkommenheit zu zeigen; er war wohlwollend, charmant, angenehm und tatkräftig; er konnte lesen, schreiben, singen und Kantilenen und Lieder komponieren; er war ein schöner, wohlproportionierter Mann, wenn auch von mittlerer Statur. Ich habe ihn gesehen, und ich habe ihn sofort gemocht. Er beherrschte auch mehrere Sprachen. Kurz gesagt meine ich, daß er – wäre er ein guter Katholik gewesen, hätte er Gott und die Kirche und seine Seele geliebt – unter den Fürsten dieser Welt kaum seinesgleichen gefunden hätte […]. Er wollte aus Erfahrung wissen, welche Sprache und Mundart die Kinder hätten, wenn sie aufwuchsen, ohne mit jemandem zu sprechen. Und er befahl Dienerinnen und Ammen, den Säuglingen Milch zu geben, sie an ihrer Brust saugen zu lassen, sie zu baden und zu waschen, sie jedoch in keiner Weise zu liebkosen und nicht mit ihnen zu sprechen; denn er wollte wissen, ob sie Hebräisch sprechen würden, die erste Sprache, die es gab, oder Griechisch oder Latein oder Arabisch oder aber die Sprache ihrer Eltern, von denen sie abstammten. Doch bemühte er sich vergebens, denn alle Säuglinge oder Kleinkinder starben. Er ließ ein ausgezeichnetes und reichliches Essen für zwei Männer auftischen; dann schickte er den einen zu Bett und den anderen auf die Jagd, und am folgenden Abend ließ er beiden vor seinen Augen die Eingeweide herausnehmen, denn er wollte wissen, wer von den beiden besser verdaut hatte […]."

„Die Chronik des Fra Salimbene von Adamo."

verbarg, auf einmal übersetzen zu lassen. Nun, hier in Palermo, in Castel del Monte, erweckten die Bücher des Euklid, des Averroës nicht wie in Paris oder Oxford den Eindruck seltsamer, beunruhigender Objekte, die man exorzieren mußte. In Sizilien, in Neapel schien alles Wissen des Islam und der alten Griechen aus dem heimischen Boden hervorzuquellen. Die Tradition jener Gegenden regte zum Fortführen des Experimentierens an. Von Friedrich erzählte man, daß er eines Tages einen Menschen in einem hermetisch verschlossenen Krug sterben ließ, um festzustellen, welchen Weg wohl die Seele nach dem Tode nahm. Diese Tradition nährte auch den Wunsch, alle sichtbaren Formen in ihrer unendlichen Verschiedenheit zu erfassen, einen Wunsch, den Albert le Grand und die Bildhauer der Wölbungen von Chartres teilten, der aber bei Friedrich nicht aus der Hoffnung entstanden war, nach Abschluß einer solchen Aufgabe Gott zu finden. Sein Ziel lag völlig anders: in der Schaffung einer unabhängigen Naturgeschichte, die nicht im Dienste der Theologie stand. Am Hofe Friedrichs ist also der Ursprung des Strebens nach einer wirklichkeitsnahen bildlichen Darstellung zu suchen. Es entspringt nicht, wie allzu oft behauptet wird, dem bürgerlichen Geist. Es wurde hervorgerufen durch die Neugier eines Fürsten, von dem man berichtete, daß er das Leben eines Sultans geführt hatte.

Friedrich II., „stupor mundi" – „Staunen der Welt"; nervös, kränklich. Ein Chronist sagt von ihm: „Als Sklave hätte man ihn auch für zweihundert Sous nicht gewollt." Ein erstaunlicher Mensch. Für viele war er der Antichrist, für viele andere die Hoffnung. Dante hat ihn in die Hölle gebracht, es mußte so sein; man fühlt, wie traurig er darüber war. Alle, die über Friedrich geschrieben haben, rühmten seine Tapferkeit, jene Begabung, all diese Sprachen zu sprechen, Französisch, Toskanisch, Deutsch, Griechisch, Sarazenisch, Latein. Man hat ihm vorgeworfen, daß er alle Freuden des Fleisches habe genießen wollen, daß er sich verhalten habe, als gebe es kein anderes Leben. Es stimmt: In seinem Schloß in Lucera lag eine Garnison islamischer Krieger, er versah auch die Ritter der Botschafter der ungläubigen Fürsten mit Waffen, und durch Verhandlungen gelang es ihm, die Straße nach Jerusalem den Pilgern wieder zu öffnen. Aber wir sollten nicht glauben, was immer auch die Kardinäle gesagt haben

157

„Man bedient sich der Fragestellung an den Angeklagten, der nicht geständig ist und den man im Laufe des Prozesses nicht der Ketzerei überführen konnte. Gesteht der Angeklagte auch unter der Folter nicht, so wird er als unschuldig betrachtet. Der Angeklagte, der, nachdem er angezeigt wurde, im Laufe des Verhörs kein Geständnis ablegt, oder der weder durch die offensichtlichen Tatsachen noch durch gültige Zeugenaussagen überführt werden kann, den Indizien belasten, die nicht eindeutig genug sind, um ein Abschwören zu verlangen, der jedoch bei seinen Antworten schwankt, der ist zu foltern. Und auch derjenige, gegen den genügend Indizien vorliegen, um ein Abschwören zu verlangen. Die Form des Urteilsspruches zur Folter ist folgende:

,Wir, Inquisitor etc. – in Anbetracht des Prozesses, den wir dir machen, und der Tatsache, daß deine Antworten nicht übereinstimmen und daß gegen dich genügend Indizien vorliegen, um dich der Folter zu unterwerfen, und auf daß die Wahrheit aus deinem eigenen Munde komme und du nicht weiter die Ohren deiner Richter beleidigst – erklären, urteilen und entscheiden, daß du an jenem bestimmten Tage zu jener bestimmten Stunde der Folter unterworfen wirst.'"

„Das Handbuch der Inquisitoren."

158

mögen, daß er lächelte, als er das Kreuz nahm. Er war keineswegs skeptisch und noch weniger ungläubig. Er suchte nur zu verstehen und bat um Erklärungen über den Gott der Araber, den Gott der Juden, so wie er eines Tages um eine Begegnung mit Franz von Assisi ersuchte. Er verfolgte die Ketzer; unerbittlicher als jeder andere Herrscher unterstützte er die Inquisition. Er wählte den Tod in der groben Kutte der Zisterzienser. Ein komplexer Charakter, schwerverständlich für die frommen Menschen des XIII. Jahrhunderts mit ihrer starren Denkweise. Vor allem stand seine ungewöhnliche Intelligenz der Vielfalt einer Welt offen, zu der das sizilianische Dreieck eine Art Angelpunkt bildete.

In seinem immer heftiger werdenden Kampf gegen die päpstliche Anmaßung ließ Friedrich II. – und hier stand Ludwig IX. von Frankreich, sein Vetter, trotz seiner Heiligkeit auf seiner Seite – zu der Zeit, als Ludwig der Heilige sich anschickte, die Sainte-Chapelle um die Dornenkrone herum zu errichten, in den Städten seines südlichen Reiches, seiner wahren Heimat, seine eigenen Statuen aufstellen – Büsten. Es sind die Büsten Cäsars. Mit der Person Friedrichs II. verließ das römische Reich sein deutsches Exil und kehrte zu seinen Mittelmeerursprüngen zurück. Hier, am einzigen italienischen Hof, an dem sich das Mäzenat eines Fürsten voll entfalten konnte, ist der Ausgangspunkt der wahren Erneuerung. Hier erblühte Rom in den skulptierten Formen zu neuem Leben, und aus diesen Skulpturen schöpfte wenige Jahre später Niccolo Pisano seine Inspiration.

War dieses gramzerfurchte Antlitz nicht auch bei anderen Fürsten zu finden, jenseits des lateinischen Meeres, bei den Königen von Kastilien, den Königen von Aragon? In Spanien, den spanischen Ländern, hatte eine ähnliche Ausdehnung des christlichen Rittertums, eine ähnliche Übernahme fremder Kulturen stattgefunden, eine Aneignung der exotischen Kulturreichtümer, die wie in Sizilien in diesen den Mohammedanern entwendeten Gebieten im Übermaß vorhanden waren. Das seit 1085 wieder christliche Toledo besaß eine Fülle von Büchern in arabischer Sprache. Aber es gab dort Juden, sehr lebendige jüdische Gemeinschaften, die von den Kalifen von Cordoba und den unbedeutenden islamischen Königen der spanischen Städte wohl ausgebeutet, aber nicht verfolgt wurden. Auch die Eroberer verfolgten sie nicht sofort. Sie bedienten sich ihrer. Die gebildeten

„Nein. Gewiß, die Inquisitoren sind Mönche, doch sind sie auch Abge-sandte unseres Herrn, des Papstes. Als Mönche schulden sie ihren Obri-gen und dem Papst Gehorsam und Unterwerfung; das ist so zu verste-hen, daß sie sich an ihre eigene Regel und ihre Gelübde etc. halten müs-sen. Als Inquisitoren sind sie Abgesandte des Papstes, von niemand anderem. Was ihren Auftrag angeht, so haben sie also nur dem Papst Rechenschaft abzulegen.

Dies bedeutet, daß es nur dem Papst und nicht einem Provinzial oder General des Ordens ansteht, als Richter über einen Inquisitor im Falle von Unregelmäßigkeiten bei der Ausübung seines Amtes zu entschei-den.

Indessen kann es einem Provinzial oder General wohl anstehen, einen Inquisitor abzusetzen: Er kann dies nicht nach eigenem Gutdünken tun, sondern nur, nachdem er die Inquisition um ihre Meinung ersucht hat.

In bestimmten Fällen ist es notwendig, ihn seines Amtes zu entheben, zum Beispiel aufgrund seines Unvermögens, schwerer Krankheit, sehr hohen Alters oder, was noch schlimmer ist, aufgrund der mangelnden Bildung des Inquisitors.“

„Das Handbuch der Inquisitoren.“

Juden fungierten als Mittelspersonen, als Fürsprecher. Heute noch sind in Toledo prachtvolle Synagogen erhalten – sehr viel später in Kirchen umgewandelt –, deren Bau und Ausgestaltung in die gleiche Zeit zurückreichen, in der die gotischen Kathedralen aus der Erde emporstrebten. Zur schlichten Ausschmückung dieser Stätten greift man auf alle Zierelemente des Islam zurück: Der Allmächtige, den man dort verehrt, verbietet die Darstellung der von ihm geschaffenen Wesen. Das Innere der Synagoge von Transito – aufgebaut wie eine Moschee und wie die Moscheen bedeckt mit Einlegearbeiten, mit Stuck – schmücken daher nur die Buchstaben eines Wortes, das von dem gleichen Gott stammt, der sich jedoch hier erhaben in Hebräisch ausdrückt. Während die Kapitelle einer anderen Synagoge, die nach dem ersten Zurückdrängen des Judentums zu Santa-Maria-la-Blanca wurde, einer der Jungfrau geweihten Kirche, eine Annäherung an die bildliche Darstellung zeigen. Die sie bekrönende Pflanzenwelt unterscheidet sich kaum von der der Kapitelle in Cluny, wenn auch in diesem hebräischen Baudenkmal ihre architektonischen und symbolischen Funktionen grundverschieden sind. Jedenfalls fand die lateinische Christenheit in den südlichen Gegenden, wo ihre Vitalität verstärkt zum Ausdruck kam, herrliche Kunstwerke vor, die in krassem Widerspruch zu ihrer Ästhetik standen – zur Zeit von Heinrich Plantagenêt und Ludwig dem Heiligen, während sie das mit dem Christentum unvereinbare philosophische System des Aristoteles entdeckte, während die Kreuzritter sich von der Unbesiegbarkeit der Ungläubigen im Heiligen Land und der Schismatiker Griechenlands überzeugten.

Die aufkommende Gotik verbreitete sich mit Gewalt über Paris hinaus, wo damals die katholische Doktrin Gestalt annahm. Die monolithische Kirche des Papstes Innozenz III. hatte in der Gotik einen der wirksamsten Träger ihrer Ideologie der Vereinheitlichung gefunden, eine Art wahres Symbol der katholischen Christenheit. Und schließlich entstand selbst in Toledo eine erhabene gotische Kathedrale. In den Gegenden, die zu dem fränkischen Reich Karls des Großen gehört hatten, konnte die französische Kunst natürlich früher Fuß fassen. Vor allem ging sie hier sehr viel tiefer. In Deutschland verbanden sich die Pariser Formeln mühelos mit den örtlichen Traditionen: Das Ulmer Münster scheint durch den gotischen Geist von der Schwerfälligkeit der ottoni-

„Gibt der Angeklagte abweichende Antworten, gibt es außerdem Indizien wider ihn, so werden beide Dinge, wie oben, in die Sentenz übernommen. Gibt es nur Abweichungen bei den Fragen, jedoch keine Indizien, oder aber nur Indizien ohne Abweichungen bei den Antworten, so ist dies bei der Abfassung der Sentenz zu berücksichtigen.

Der Inquisitor darf keine allzu große Eile zeigen, die Folter anzuwenden, denn man bedient sich ihrer nur in Ermangelung sonstiger Beweise: Es ist Aufgabe des Inquisitors, diese zu erbringen, zu suchen. Findet er jedoch keine und ist er der Ansicht, daß der Angezeigte möglicherweise schuldig ist und daß er auch mit Wahrscheinlichkeit aus Angst nicht gesteht, so wird er zu dem Angeklagten Familienangehörige und Freunde einlassen, auf daß sie ihn zu einem Geständnis überreden. Oft bringen die Beschwerlichkeiten des Gefängnisses, die Überlegung und das häufige Zureden redlicher Leute die Angeklagten zu einem Geständnis.

Erreicht man jedoch nichts, und der Inquisitor und der Bischof sind in gutem Glauben zu der Annahme berechtigt, daß ihnen der Angeklagte die Wahrheit verheimlicht, so mögen sie ihn auf gemäßigte Weise und ohne Blutvergießen foltern, indem sie sich immer vor Augen halten, daß die Marter trügerisch und wirkungslos ist *(scientes quod quaestiones sunt fallaces et inefficaces)*. Es gibt Menschen, deren Herz so schwach ist, daß sie bei der geringsten Folter alles zugeben, auch Dinge, die sie nicht begangen haben. Andere sind dermaßen halsstarrig, daß sie nichts sagen, ganz gleich, welcher Folter man sie unterzieht. Da sind jene, die bereits eine Folter hinter sich haben; sie ertragen die Folter besser als jeder andere, denn sie machen sofort ihre Glieder steif und festigen sie; andere jedoch gehen geschwächt aus den ersten Foltern hervor und sind so unfähig, neue Foltern zu ertragen. Es gibt auch Behexte, die durch die angewandten Zaubermittel unter der Folter fast gefühllos werden: Diese Leute sterben lieber, als daß sie gestehen. Ist das Urteil gesprochen, so bereiten sich die Helfer des Inquisitors auf seine Vollstreckung vor. Während dieser Vorbereitung drängen der Bischof und der Inquisitor selbst oder durch einen inbrünstigen Gläubigen zu einem spontanen Geständnis. Läßt sich der Angeklagte nicht bewegen, so befehlen sie den Henkern, ihm seine Kleider abzunehmen – was sie sofort tun, doch ohne Freude, wie von einer gewissen Verwirrung erfaßt. Sie ermahnen ihn zu gestehen, während die Henker ihn entkleiden. Widersetzt er sich weiter-

schen Portalvorbauten befreit. Karolingisch war auch Katalonien, eine der spanischen Provinzen. Die Krieger Ludwigs des Frommen hatten sie von islamischer Besatzung befreit, und sie war sogleich zum Bollwerk der Christenheit gegen die Übergriffe des Islam geworden. Sie hielt jedoch dem Einbruch der Gotik stand und stützte sich auf das römische Erbe. Die römische Ästhetik war hier zu Hause. Zum Großteil hatte sie ihren Ursprung in dieser Erde selbst. Es brauchte Zeit, sie zu entwurzeln. Kam es je wirklich dazu? Im XIV. Jahrhundert geschah es nur zur Hälfte. Im Kloster von Lerida ruht das steinerne Gezweig, das in den französischen Kathedralen den riesigen Fenstern Halt gab, frei auf den Arkaden, was ihnen Ungebundenheit und Schwerelosigkeit verleiht. Wie in den romanischen Klöstern Zyperns spielt auch hier der Wind in diesem weit zum Himmel hin offenen Gitterwerk. Was bleibt an Geweihtem in diesem steinernen Garten? Die Phantasie entfaltet sich dort mit der Virtuosität der arabischen Schönschreibkunst. An den Kapitellen sucht man die Natur zu ergründen, so wie es in den palermitanischen Gemächern oder auf den Manuskripten Friedrichs II. geschah. Doch die Beobachtung dient nur noch der Entdeckung plastischer Entsprechungen, nur zur geistigen Genugtuung.

Das Europa jener Zeit war von gewaltigem Ausmaß und vielfältig. Keine seiner Provinzen konnte sich jedoch dem Reiz der Pariser Kultur entziehen. Fast überall indessen, selbst in den unterdrücktesten Gebieten, stellte das, was aus Paris kam, auch eine Anregung dar, das Althergebrachte neu zu beleben. Wie in England. Dieses Land wurde als eines der ersten völlig unterjocht. Seit 1066, der Epoche der Stickereien von Bayeux, war es nur noch der Normandie angeschlossen. Danach waren seine Könige Normannen gewesen, aus Angers, Aquitanien, Männer, die im Königreich Frankreich geboren waren und es nie verließen, es sei denn, um es schnellstens wieder aufzusuchen. Bis zum Ende des XIII. Jahrhunderts waren Kultur und Manieren der gesamten englischen Führungsschicht französisch, die Mehrzahl der Lehrer und Studenten an der Pariser Universität hingegen englischer Abstammung. Es handelte sich um eine Osmose. Als die Schulen von Oxford zu Rivalen der Pariser Schulen wurden, bekundete der Bischof Robert Grosseteste, ihr Förderer, genau wie Suger, daß Christus das Licht sei, ein vom Licht hervorge-

hin, so wird er völlig nackt beiseite genommen von jenen rechtschaffenen Gläubigen, die ihn immer wieder ermahnen. Bei diesen Ermahnungen sagen sie ihm, daß er nicht getötet wird, wenn er gesteht und schwört, jene Freveltaten nicht mehr zu begehen. Viele würden die Wahrheit gestehen, quälte sie nicht die Furcht vor dem Tode; diese Erfahrung habe ich oft gemacht; viele würden gestehen, sicherte man ihnen die Rettung ihres Lebens zu. So mögen ihnen der Inquisitor und der Bischof dies versprechen, denn sie können ihr Wort halten (es sei denn, es handelt sich um einen Rückfälligen, und in diesem Falle verspreche man ihm nichts).

Kommt man mit derartigen Mitteln nicht weiter und zeigen die Versprechungen keine Wirkung, so vollstrecke man das Urteil und foltere den Angeklagten auf herkömmliche Weise. Während man so den Angeklagten foltert, verhört man ihn zuerst über die weniger schwerwiegenden Punkte, danach über die schwereren, denn er wird eher die leichteren als die schweren Fehler zugeben. Währenddessen vermerkt ein Notar die Folter, die Fragen und die Antworten. Gesteht er nicht, nachdem er geziemend gefoltert wurde, so zeigt man ihm Folterwerkzeuge anderer Art und sagt ihm, daß er diese alle ertragen muß, falls er nicht gesteht.

Erreicht man auch hiermit nichts, so setzt man die Folter am nächsten und nötigenfalls am übernächsten Tage fort (doch beginne man nicht ‚von neuem‘ mit der Folter, denn man kann sie nur dann ‚wiederaufnehmen‘, wenn man über neue Indizien gegen den Angeklagten verfügt. Anderenfalls ist es verboten, ‚von neuem‘ zu beginnen, nicht jedoch ‚fortzufahren‘). Hat der Angeklagte, nachdem er allen vorgesehenen Folterarten unterworfen wurde, in keiner Weise gestanden, wird er nicht mehr behelligt, sondern freigelassen. Und wenn er die Festsetzung eines Urteils fordert, wird man es ihm nicht verweigern können. Dieses wird folgenden Inhalt haben: Daß man, nach eingehendem Studium des Dossiers über den Angeklagten, keine Beweise für die gegen ihn erhobene Anklage gefunden hat.

Das Geständnis desjenigen, der unter der Folter gesteht, wird von dem Notar niedergeschrieben. Nach der Folter wird er an einen Ort gebracht, wo von der Folter nichts zu merken ist. Dort liest man ihm das unter der Folter abgelegte Geständnis vor, und man fährt in dem Verhör so lange fort, bis man aus seinem Munde die ganze Wahrheit erfahren hat. Bestätigt er sein Geständnis nicht oder leugnet er, während er unter der Folter geständig war, und hat er noch nicht alle vorgesehenen Arten der Folter erfahren, so foltert man ihn weiter – ohne die gleichen Folterarten ‚wiederaufzunehmen‘. Wurde er jedoch bereits allen Arten der Folter

brachtes Licht, daß das Universum das Ergebnis einer Ausstrahlung sei und alles menschliche Wissen nichts weiter als die Verbreitung des unerschaffenen Lichtes. Aus dieser Auffassung rührte ein ästhetisches Prinzip her, die Behauptung, daß das Licht die Vollkommenheit der körperlichen Formen darstelle. Folglich richtete sich die ganze Aufmerksamkeit der Gelehrten auf die Optik. Sie führte zu Abhandlungen über die Brechung der Lichtstrahlen. Sie mündete in dem starren Gewebe einer rechtwinkligen Geometrie, in den Projektionen des Lichtes. Es bildet die Grundlage der strengen Architektur der englischen Kathedralen, der logischen Vertikalität von Salisbury, Ely oder Wells. In den ausgedehnten Weidegebieten, in den Städten der Bauern und Hirten, breiteten sich diese Bauwerke aus, denn die hochbegüterten und ständig von dem König mit Enteignung bedrohten Äbte beeilten sich, ihre Gewinne in Bauten anzulegen und sie so in Sicherheit zu bringen. Überdies traf sich in England der Geist der Geometrie, entschiedener vielleicht als in Ile de France, mit dem Streben nach Nüchternheit der von der Moral der Zisterzienser am stärksten beeinflußten religiösen Gemeinschaften. Es sei hinzugefügt, daß die ästhetische Einstellung außerdem durch besondere technische Gewohnheiten bestimmt wurde. An jenen Grenzen des zivilisierten Europas, wo man schon länger mit der Verarbeitung von Holz vertraut war, verliehen die diesem Land der Weber, der Bogenschützen, der Kalfaterer, der Schiffsbauer eigenen Kunstgriffe jenen Formen ein besonderes Gepräge. Schließlich wurde dieser Partikularismus auch in der politischen Haltung deutlich. Der König von England war ein Vasall des Königs von Frankreich. Er war vor allem sein Rivale. Um seine Unabhängigkeit zu verteidigen, stützte er sich auf die kulturellen Mittel seiner Inselprovinz, auf das, was in Großbritannien an Keltischem, an Skandinavischem geblieben war. Wider Karl den Großen, wider Roland und Oliver, wider den fränkischen Geschmack, wider Frankreich schufen die Literaten den „britischen Stoff", um ihrem Herrn, Heinrich Plantagenêt, dem König von England, zu gefallen. Baumeister und Bildhauer taten es ihnen nach und bekundeten, wie in Castel del Monte, wie in Lerida, die Autonomie einer nationalen Kultur. Sie verliehen Träumen vom Wald Gestalt und riefen durch Buschwerk und Geflechte Erinnerungen wach an König Artus, Broceliande, an

unterworfen, so wird er freigelassen. Und wenn er unbedingt auf einem Urteilsspruch besteht, so verfahre man den Vorschriften entsprechend, um zu einem Freispruch zu gelangen.

Bleibt er indessen bei dem unter der Folter abgelegten Geständnis und gesteht er seinen Frevel ein und bittet die Kirche um Vergebung, so betrachtet man ihn als einen Anhänger des Ketzertums, der Reue zeigt. Er wird daher zu den Strafen verurteilt, die jenen vorbehalten sind, die überzeugt waren und dann bereuen; hiervon ist im achten Typ der Urteilssprüche die Rede.

Bleibt er nach der Folter bei den unter der Folter abgelegten Geständnissen, bittet jedoch nicht um Vergebung und ist auch nicht rückfällig, so wird er der weltlichen Amtsgewalt zur Urteilsvollstreckung übergeben (gemäß dem zehnten Typ der Urteilssprechung).

Ist er rückfällig, so wird er in der im elften Typ der Urteilssprechung dargelegten Weise verurteilt."

„Das Handbuch der Inquisitoren."

166

die ausgedehnten Jagdreviere, wo Könige und Barone den Hirsch jagten. Früh schon hatte die Phantasie Befreiung gefunden in der Miniatur, einer geheimen und daher unabhängigen Kunst; noch lange blieb sie unterdrückt in der Architektur durch die zweifache Sorge um mathematische Rationalität und zisterziensische Entsagung. Unvermittelt sieht man sie im XIV. Jahrhundert, mit der Lockerung der politischen Bindungen der großen Insel zu Frankreich, nach allen Seiten hin ausströmen. In Gloucester Abbey, erbaut mit den Almosen der Pilger, die zum Gebet am Grabe des als Märtyrer geltenden Königs Eduard II. gekommen waren, werden die Gewölbe zu verstiegenen Hochwäldern. In den Jochen des Kreuzganges verschwindet schließlich die ganze Geometrie der Strukturen und versinkt in der Fülle des Blätterwerks. Der Laternenturm der Kathedrale von Ely war 1325 zusammengestürzt. Zu seinem Wiederaufbau ließ der Baumeister an der Vierung acht Baumstämme hochwinden. Jenseits der weitläufigen Fenster, deren bemalten Scheiben man eine immer größere Lichtdurchlässigkeit zu verleihen suchte, ergoß sich das Licht nunmehr vom höchsten Punkt des Innenraumes aus, dort, wo sich alle Gebete zu einer Garbe verbinden, die man in die höchsten Himmelssphären emporschickt. Es ergoß sich vom Kreuzungspunkt mystischer Kommunikation, vom Mittelpunkt des hölzernen Oktogons, pflanzlich sowohl von seinen Formen als auch von seinem Material her. Diese Blütenkrone entfaltet sich sehr langsam in den Morgenstunden in dem Maße, in dem sich der Nebel hebt, so wie die göttliche Gnade die Finsternis vertreibt und allmählich eindringt bis ins tiefste Innere der Welt.

DIE WENDE DES XIV. JAHRHUNDERTS

„Und so legten im Oktober des Jahres 1347 der Inkarnation unseres Herrn, zu Beginn des Monats Oktober, 1. indictio, die Genuesen auf zwölf Galeeren im Hafen von Messina an. Sie flohen vor dem göttlichen Zorn, der sie aufgrund ihrer Verderbtheit getroffen hatte. Die Genuesen brachten eine Krankheit mit sich, die ihre Knochen durchsetzt hatte und bewirkte, daß alle, die mit einem von ihnen gesprochen hatten, von diesem tödlichen Gebrechen befallen wurden; es war absolut ausgeschlossen, diesem unmittelbar eintretenden Tode zu entgehen. Folgende Symptome führten zum Tode der Genuesen und der Leute aus Messina, die mit ihnen in Berührung kamen: Durch eine Fäulnis ihres Atems steckten sich alle, die miteinander sprachen, gegenseitig an. Der Körper schien dann fast völlig erschüttert und wie vom Schmerz zerrüttet. Aus diesem Schmerz, dieser Erschütterung, dieser Atemfäulnis entstand auf dem Oberschenkel oder dem Arm eine linsenförmige Pustel. Sie durchsetzte und ergriff den Körper dermaßen, daß es zu heftigem Blutspeien kam. Die Schleimauswürfe dauerten drei Tage, ohne je aufzuhören, und man starb, ganz gleich, wie man behandelt wurde. Der Tod traf nicht nur diejenigen, die mit ihnen sprachen, sondern auch alle, die ihre Sachen kauften, sie berührten oder sich ihnen näherten. Den Bewohnern von Messina wurde bewußt, daß sie dieser plötzliche Tod durch die Ankunft der genuesischen Galeeren getroffen hatte, und man vertrieb diese in aller Eile aus dem Hafen der vorgenannten Stadt; doch die besagte Krankheit blieb in der vorgenannten Stadt und hatte eine allgemeine Sterblichkeit zur Folge. Man haßte sich gegenseitig, und dies ging so weit, daß, wenn ein Sohn von besagter Krankheit befallen war, sich sein Vater strikt weigerte, bei ihm zu bleiben; und hatte er es gewagt, sich ihm zu nähern, so wurde er von der Krankheit dermaßen erfaßt, daß er in keiner Weise dem Tod entgehen konnte: Drei Tage darauf gab er seinen Geist auf. Und er war nicht der einzige aus seinem Hause, der starb: Die übrigen Familienmitglieder, die Hunde, die Tiere, die sich in besagtem Hause befanden, sie alle folgten dem Familienvater in den Tod. Besagte Sterblichkeit nahm in Messina derartige Ausmaße an, daß viele darum baten, einem Priester ihre Beichte abzulegen und ein Testament zu machen; doch die Priester, die Richter und die Notare weigerten sich, die Häuser zu betreten, und wenn sich einer von ihnen in ein Haus begab, um ein Testament oder eine ähnliche Urkunde abzufassen, so konnte er einen unmittelbaren Tod keineswegs vermeiden. Und da die

Im Italien des Jahres 1300, wohin sich der Kern der Erneuerung verlagert hat, sind die Herrscher weder Bauern noch Krieger oder Priester. Es sind die Kaufleute, die Bankiers, die mit allem Handel treiben, mit Gewürzen, Tuch, Seide, mit Kunstwerken, die dem König Geld leihen und in der ganzen christlichen Welt die vom Papst erhobenen Abgaben einnehmen, wozu sie die sogenannten Handelsgesellschaften gründen, die durch Filialen an den bedeutenden Handelsplätzen vertreten sind. Die Kathedrale ist also in den Städten der Toskana oder Umbriens nicht das gleiche wie in Frankreich und England – der Mittelpunkt von allem. Sie ist lediglich ein Objekt, ein schönes Objekt, das man zwischen die übrigen gestellt hat. Das Leben spielt sich in der Umgebung des Platzes ab, wo man diskutiert, Dinge und Worte tauscht, und auf den Straßen mit ihren Werkstätten und Läden. Hier ist die höchste Kultur nicht theologischer Art. Sie ist praktisch, bürgerlich, profan, gegründet auf das an der Universität von Bologna gelehrte römische Recht, auf die Arithmetik und, auf einer fortgeschrittenen Ebene, auf Aristoteles, doch nur dann, wenn bei ihm von Logik und Tugend die Rede ist.

Diese Städte sind Republiken. Ihre Bürger sind theoretisch gleichgestellt. Demokratien? Oligarchien: Die Reichsten leiten das Gemeinwesen. Sie stacheln die Bewohner zum Kampf gegen ihre Nachbarn an, um die begehrten Märkte zu erobern. Die Städte liegen ständig miteinander im Streit. Sie verschanzen sich hinter ihren Bollwerken, versehen ihre Brücken, ihre Paläste mit Schießscharten, denn auch die Patrizierfamilien sind Rivalen und teilen sich in Parteien auf, die sich im Innern der Mauern unablässig befehden. Man träumt von einer Ordnung, die sich, um zumindest diese innere Zwietracht zu schlichten, auf gegenseitige Treue, Eintracht, auf die gemeinsame Liebe zu diesem kleinen Vaterlande gründen sollte. Die Erinnerung an die römische Freiheit nährt diese bürgerliche Ideologie. Sie nimmt Gestalt an in Werken der Dekoration, die den Künstlern auf Wettbewerbe hin übertragen wurden und von denen man erwartet, daß sie den Kult einer Göttin zelebrieren: der Stadt.

Die Florentinische Stadtverwaltung hatte Giotto beauftragt, gleichzeitig die Arbeiten an Brücken und Mauern, am Rathaus und an der Kathedrale zu leiten: Tatsächlich gehörte letztere eher der Gemeinschaft der Bürger als dem Klerus. Am Unterbau

171

Franziskaner, die Prediger und die Brüder der anderen Orden in die Häuser besagter Kranken gehen und ihre Beichte anhören und ihnen die Absolution erteilen wollten, erfaßte sie die mörderische Sterblichkeit nach dem Willen der göttlichen Gerechtigkeit dermaßen, daß nur sehr wenige in ihren Zellen überlebten. Was soll man sonst noch sagen? Die Toten blieben verlassen in den Häusern, und kein Priester, kein Sohn, kein Vater, kein naher Angehöriger wagte sich hinein: Man gab den Totengräbern einen ansehnlichen Lohn, damit sie die besagten Leichname in ihre Gräber brachten. Die Häuser der Verstorbenen standen weit offen mit all ihrem Geschmeide, ihrem Geld und ihren Schätzen; wollte man hinein, so untersagte einem niemand den Einlaß. [...]

Angesichts dieses schrecklichen und unglaublichen Schicksalsschlages zogen es die Bewohner von Messina vor, aus der Stadt zu fliehen, bevor sie dort starben, und man untersagte jedem nicht nur das Betreten der Stadt, sondern auch ein bloßes Annähern. Außerhalb der Städte errichteten sie für ihre Familien Unterkünfte auf den Plätzen und in den Weinbergen. Manche, und es war die Mehrzahl, erreichten die Stadt Catania in der Hoffnung, daß die selige Agathe, die Jungfrau von Catania, sie von diesem Gebrechen erlösen würde. [...]

So zerstreuten sich also die Menschen aus Messina über die ganze Insel Sizilien, und als sie die Stadt Syrakus erreichten, erwischte dieses Übel die Syrakuser so stark, daß eine Menge oder vielmehr eine immense Anzahl Menschen starb. Die Städte Sciacca, Trapani und Agrigent wurden von derselben Pest heimgesucht wie Messina; besonders Trapani, das danach wie seiner Bevölkerung beraubt war. Was sollen wir von der Stadt Catania sagen, die jetzt keiner mehr in Erinnerung hat? Die Pest, die sich in dieser Stadt verbreitete, war so heftig, daß sich nicht nur Pusteln bildeten – die man Karbunkel nannte –, sondern auch Beulen, die an den verschiedenen Körperstellen auftraten, bald in der Brust, bald auf den Beinen, bald auf den Armen, bald im Bereich der Kehle. Diese Beulen waren anfangs wie Mandeln, und wenn sie sich bildeten, waren sie von einem starken Gefühl der Kälte begleitet. Sie ermüdeten und erschöpften den Organismus so heftig, daß einem die Kräfte fehlten, um sich noch länger aufrechtzuhalten, und man sich fiebernd, entkräftet und voller Beklemmung zu Bett begab. Danach erreichten diese Beulen die Größe einer Nuß, dann die eines Hühner- oder Gänseeis. Sie waren sehr schmerzhaft. Die Zersetzung der Lymphe, die sie im Organismus bewirkten, führte zum Blutspeien. Diese Auswürfe, die über die verseuchte Lunge zur Kehle gelangten, zersetzten den Organis-

des Kampanile wurden Medaillons angebracht, die die Arbeit des Volkes und die politische Moral verherrlichten. Zunächst hatten die Pisaner das Abbild ihrer Stadt in der Apsis der Kathedrale neben dem des Kaisers aufgestellt. Es war die Figur einer Königin, einer Mutter, die vor der Jungfrau Maria niederkniete. Um 1310 bestellte man bei Giovanni Pisano eine neue Statue. Sie erhielt ihren Platz im Mittelpunkt des Bauwerks, unter der Kanzel der Wahrheit, deren Pfeiler sie gemeinsam mit der Christusstatue bildet. Enge Verwandtschaft besteht zwischen dem Werk Giovanni Pisanos und der Bildhauerkunst zu Reims. Auch die toskanischen Bildhauer waren fasziniert von der Gotik. Doch verband sich in jenen Gegenden der städtische Stolz mit dem Heimweh nach Rom und häufig mit der Ergebenheit dem Kaiserreich gegenüber, jedoch in aller Vorsicht und solange diese Neigung nicht allzu hinderlich war für die Geschäfte. Dies hatte zur Folge, daß man, um den Ruhm der Stadt zu feiern, zurückfand zu dem Charakter der römischen Ruinen. Der Jesus der Kanzel von Pisa wird von vier Statuen getragen, den Evangelisten. Die Pisa darstellende Frauengestalt stützen symmetrisch die vier Haupttugenden: die Tugenden des praktischen Lebens. Eine von ihnen, die Vorsicht, ist nackt wie eine antike Venus.

In jenen zusammengeballten Städten, die an die islamische Medina erinnern und verwachsen waren wie Bienenstöcke, bildete das Rathaus den wesentlichen Angelpunkt jeglicher sozialen und topographischen Struktur. In Siena läßt daher die älteste in Europa bekannte städtebauliche Verordnung alle Stadtteile an einem muschelförmigen Punkt zusammenlaufen, der Piazza del Campo. Die Bürgerwehren versammeln sich dort. Das ganze Volk lauscht den Ansprachen an jener Stelle. Alle Privatinteressen richten ihre Aufmerksamkeit auf den Machtsitz, auf den geschlossenen Raum, in dem die hohen Beamten fern von der Masse und von ihren Feinden beraten – auf den Zufluchtsort. Die Verwaltungsgebäude aller italienischen Städte, der Palast der mit der Versöhnung der Parteien betrauten Podesta, muten wie römische Häuser an, mit einem Innenhof und einem den Benediktinerklöstern ähnlichen Grundriß, doch ausgebaut wie wehrhafte Festungen. Das ist nötig, denn die Gefahr eines Aufruhrs besteht ständig. Vor allem aber ist auch die Macht der hohen Beamten, wie die der Könige, militärischen Wesens. Wie dem König

mus. Nachdem der Organismus zersetzt und die Lymphe ausgetrocknet war, starb man. Diese Krankheit dauerte drei Tage. Um den vierten Tag waren die Kranken von allen menschlichen Dingen befreit. Als den Leuten von Catania bewußt wurde, daß diese Krankheit derart vernichtend war, begannen sie, sobald sie auch nur Kopfschmerzen oder einen Schauer verspürten, dem Priester ihre Sünden zu beichten, und dann machten sie ihr Testament. Deshalb herrschte allgemein die Auffassung, daß alle Verstorbenen ohne Frage in der göttlichen Bleibe aufgenommen würden."

Michele di Piazza (gestorben im Jahre 1377),
„Historia Secula ab anno 1337 ad annum 1361".

steht es ihnen an, im Schutze eines Turmes zu tagen. Deshalb erhebt sich im Herzen der Stadt ein kriegerisches Symbol der Herrschaft.

Um den Verwaltern der Stadt Siena zu helfen, auf dem rechten Weg zu bleiben, wurde Ambrogio Lorenzetti 1337 damit beauftragt, ihnen die Prinzipien und die Folgen ihrer politischen Entscheidungen bildlich vor Augen zu führen. An den Wänden des Ratssaales hat der Maler – wie an jenen engen Estraden, die den Franziskanern zum Predigen dienten – Schauspieler aufgestellt. Zu jener Zeit fand der Geist des Laien nur durch das Gleichnis, das lebendige Bild, das Theater Zugang zu den abstrakten Gedanken. Man mußte diesen Gedanken Gestalt verleihen, Kleidung, bedeutungsreiche Sinnbilder, ein Antlitz, eine Stimme. Man mußte sie kostümieren, sie durch Gebärden beleben. Auf der einen Seite das, von dem es ratsam ist, sich fernzuhalten: eine schlechte Regierung. Der Fürst des Bösen, umgeben von allen Mächten der Verwirrung, dem Geiz, der Ruhmsucht, dem Zorn, tritt die gestikulierende Gerechtigkeit mit Füßen. Gegenüber, die gute Regierung, als Greis dargestellt. Weise, wie sie alle sind oder sein sollten; bärtig. Seine Züge sind die des Königs Salomon oder eher noch die des römischen Kaisers Mark Aurel. Auch Gott dem Vater ähnelt er. Wie jener im Gefolge der Erzengel, so nimmt er seinen Platz ein im Geleit der Ritter, mit den Gesten des Jüngsten Gerichts. Er trennt die Guten von den Bösen. Zu seiner Linken, in Ketten, die Feinde der Stadt, Unruhestifter, Aufständische, nunmehr außerstande, irgendwelchen Schaden anzurichten. Ihm zur Rechten, auf der Seite des Heils, zieht feierlich eine bedächtige Abordnung von vierundzwanzig Räten vorüber. Es sind die prächtig herausgeputzten Oberhäupter der angesehenen Familien der Stadt, eine Mischung aus jungen und alten, alles Laien von gleichem Rang – keine Priester oder Fürsten. Ihre Eintracht erkennt man sehr wohl auf dem Bild: Das gleiche Band hält sie zusammen.

Seine beiden Stränge gehen aus den im Gleichgewicht befindlichen Schalen einer Waage hervor, die die zuteilende Gerechtigkeit hält. Umgeben ist sie von sechs weiteren Personen, leicht nach unten versetzt, denn sie unterstehen ihr. Es sind Frauen: die vier Tugenden, die Großzügigkeit und schließlich, herrlich müßig, die Eintracht. Auf dieser Bühne hat man die Darstellungs-

„Ziemlich bald nach der Befreiung des Königs von Navarra kam es zu einer äußerst erstaunlichen Drangsal in mehreren Teilen des französischen Königreichs, wie in der Gegend von Beauvais, Brie und an der Marne, in Valois und der Gegend von Laon, im Gebiete von Coucy und in der Umgebung von Soissons. Denn einige Leute aus den ländlichen Städten versammelten sich ohne einen Führer in der Gegend von Beauvais; und anfangs waren es kaum hundert Personen; und sie sagten, daß die Adligen des französischen Königreichs, Ritter und Junker, eine Schande für das Königreich darstellten und es verrieten, und daß es gut sei, sie alle zu vernichten. Und jeder von ihnen sprach: ‚Er sagt es! Er sagt es! Schande über den, der nicht dazu beiträgt, daß alle Edelleute vernichtet werden!' Dann schlossen sie sich wieder zusammen und gingen ohne weitere Beratung und ohne Waffen, außer Eisenstangen und Messern, zum Hause eines Ritters, der in der Nähe wohnte. Sie verwüsteten das Haus und töteten den Ritter, die Edelfrau und die Kinder, klein und groß, und brannten das Haus nieder. Dann begaben sie sich zu einem anderen Schloß und trieben es noch schlimmer: Denn sie packten den Ritter und banden ihn an einen Pfahl, und vor den Augen des Ritters vergewaltigten sie zu mehreren seine Frau und seine Tochter; dann töteten sie die Frau, die hochschwanger war, und ihre Tochter und alle Kinder und alsdann besagten Ritter unter großen Qualen und zündeten das Schloß an und zerstörten es. So trieben sie es in mehreren Schlössern und vornehmen Häusern. Und ihre Zahl wuchs, so daß es ihrer um die sechstausend waren; und wo immer sie auch hinkamen, nahm ihre Zahl zu; denn alle, die ihresgleichen waren, folgten ihnen. So flohen alle Ritter, Edelfrauen und Junker sowie ihre Frauen und Kinder vor ihnen, und sie brachten Edelfrauen und Edelfräuleins zehn oder zwanzig Meilen weiter weg, wo sie in Sicherheit waren; und sie ließen ihre Häuser einfach im Stich mit all ihrer Habe; und jene üblen Leute, die sich ohne Führer und ohne Waffen zusammengetan hatten, raubten und verbrannten alles und töteten und vergewaltigten alle Edelfrauen und Jungfrauen ohne Erbarmen, wie tollwütige Hunde. Gewiß kam es nicht einmal zwischen Christen und Sarazenen zu solchen Grausamkeiten, wie sie diese Leute verübten, und nie zuvor hatte jemand mehr Leid und üble Dinge angerichtet, Dinge, die kein lebendes Wesen auch nur zu denken oder anzusehen wagen dürfte; und wer das meiste Übel anrichtete, wurde am höchsten geschätzt und als Meister anerkannt. Ich würde es nie wagen,

weise des Tympanon von Conques übernommen. Aber sie dient nicht mehr der Theologie. In dieser Bildkomposition, einer gewissenhaften Demonstration, die zur Erläuterung gedacht ist und deshalb die Kunstgriffe der Pädagogik und der Illusion vereinigt, geht die Entweihung sehr viel weiter als in Castel del Monte. Alle Gesten, alle rituellen Handlungen, die der Prozessionen, der Litaneien, deren Bestreben seit Jahrhunderten dahin ging, die visuellen Entsprechungen der alleinigen Geheimnisse des Christentums zu liefern, kündigen nicht mehr das Gericht Gottes an. Sie stehen jetzt im Dienste einer irdischen Gerechtigkeit – der Politik.

Tatsächlich – und hierin liegt der neue Geist – wird die Hand der Künstler nicht mehr von Männern der Kirche, sondern von Staatsmännern gelenkt. In Mittelitalien sind die Herren der städtischen Oberschicht Geschäftsleute. In ihrer Sittenstrenge pflichten sie Dante bei, wenn er die Unnachsichtigkeit der alten Florentiner rühmt und den Hang zum Luxus ihrer Nachkommen tadelt. Ihr Ideal eines mühseligen, harten Lebens steht im Einklang mit dem mineralischen und kubistischen Universum, das Ambrogio Lorenzetti auf der anderen Seite des Fresko zeigt. Man hatte ihn damit beauftragt, eine gerechte Regierung darzustellen: Er gibt ganz einfach eine Beschreibung der Stadt. Keine Maschinerie, keine Inszenierung mehr: Frei schweift der Blick – wie vielleicht aus dem oberen Fenster des Rathauses – über die Stadt und ihre Umgebung. Ländliches Gebiet und Stadt vereint unter der Macht der hohen Beamten und doch getrennt durch die Stadtmauer. Maßlos hoch zieht sich die Linie des Horizonts – keinerlei Spiel der Atmosphäre, kein Schatten. Der Raum ist reglos ausgefüllt wie der des Aristoteles. Doch wirklichkeitsnah, so wie ihn diese Kaufleute, diese Grundbesitzer, diese Weinbauern wahrnehmen, die perfekt Bescheid wissen über den Preis für Getreide, Schweine und Wollsäcke und die Wert auf Klarheit in ihren Konten legen. Sie erwarten von dem Maler das Lob der guten, disziplinierten Arbeit, die viel einbringt. Alle Gesten der Mühe in diesen Läden, diesen Schulen, auf den Gerüsten der ständig im Bau begriffenen Stadt und weiter draußen, außerhalb der Mauern, inmitten von Feldern und Obstgärten, werden gewissenhaft geschildert, wie auch in Paris, in Amiens, am Portalvorbau der Kathedrale. Aber in Siena sind es nicht die Symbole

die schrecklichen und unschicklichen Dinge niederzuschreiben oder zu erzählen, die sie den Edelfrauen antaten. Doch unter anderen Ausschreitungen und üblen Taten töteten sie einen Ritter und steckten ihn auf einen Spieß und drehten ihn über dem Feuer und brieten ihn vor der Edelfrau und ihren Kindern. Nachdem zehn oder zwölf die Edelfrau vergewaltigt hatten, wollten sie alle zwingen, davon zu essen; und dann ließen sie alle eines grausamen Todes sterben. Und sie hatten einen unter ihnen zum König gemacht; er stammte, wie bereits erwähnt, aus Clermont in der Gegend von Beauvais; und sie wählten den Schlimmsten der Schlimmen. Und dieser König hieß Jacques Bonhomme. Diese üblen Leute verbrannten in der Gegend von Beauvais und in der Umgebung von Corbie und Amiens und Montdidier über sechzig vornehme Häuser und Schlösser; und wenn Gott in seiner Gnade nicht Abhilfe geschaffen hätte, so hätten sich diese Missetaten derart verbreitet, daß alle Gemeinden der Zerstörung anheimgefallen wären und die heilige Kirche auch und alle reichen Leute im ganzen Land; denn jene üblen Menschen taten desgleichen in der Gegend von Brie und von Pertois. Und alle Edelfrauen und Edelfräuleins des Landes und die Ritter und Junker, alle, die ihnen entkommen konnten, kamen überein, einer nach dem anderen nach Meaux in der Briegegend zu fliehen und nur das Notdürftigste mitzunehmen. So hielt es die Herzogin der Normandie ebenso wie die Herzogin von Orléans und viele andere vornehme Frauen, die sich davor bewahren wollten, vergewaltigt und anschließend getötet zu werden."

Jean Froissart (1333 oder 1337 – nach 1400), „Chroniken".

der Monate, des Ablaufs der Zeiten. Hier zeigt man, daß das Volk vorankommen kann in Sicherheit und Wohlstand, wenn es nur richtig arbeitet. Man bekundet, daß nur die Patrizier das Recht haben, die edlen Vergnügungen in Frieden zu genießen, nichts zu tun außer zu tanzen, wie die keuschen Fräulein auf dem Platz in ihren schönen Frühlingskleidern. An der Jagd teilzunehmen, der die jungen Männer huldigen, die wie der Falkner Friedrich II. jenseits der Bollwerke galoppieren, über eine endlos ausgedehnte, nutzbar gemachte, ertragreiche Landschaft – die erste wahre Landschaft, die man je in Europa zu malen versucht hat.

Eifersucht und Aggressionen der konkurrierenden Städte bedrohten jedoch dieses Gebiet. Man mußte es schützen und, wenn irgend möglich, ausdehnen. Die Stadt verherrlicht also auch jene Berufskrieger, jene Unternehmer des Gefechts, die sie engagiert und die den Kampf mit der Waffe wie ein Geschäft für sie ausüben: Sie diskutieren standhaft mit ihrem Arbeitgeber. Zuweilen setzen sie alles aufs Spiel bei einer Schlacht der einen gegen die anderen, doch normalerweise schonen sie sich gegenseitig. Die Stadt geht daran, diesen Condottieri Reiterstandbilder zu widmen. Die ersten Reiter aus Bronze, mit der Haltung römischer Kaiser, etablieren sich bald, an der Schwelle zum XIV. Jahrhundert, auf den Plätzen der europäischen Städte. Sie sind Vorläufer einer sehr umfangreichen Heerschar. Für den Augenblick stellt man die Feldherrenfiguren auf die Mauern der Paläste der Gemeinde. Simone Martini hat in all seiner Herrlichkeit den Feldherrn dargestellt, der im Dienste Sienas stand. Er hat gesiegt. Er treibt sein Pferd durch feindliches Gebiet, verwüstet, zertreten, zugrunde gerichtet. Der Feind hat sich versteckt, verschanzt. Am Horizont zeigen sich die gespenstischen Umrisse einer Stadt – ein leeres Gerippe. Der Krieg hat alles zerstört. Doch hinter diesem Glacis der Vernichtung kann die siegreiche Bevölkerung Atem schöpfen, so wie im Herzen der Stadt der Brunnen rinnen kann, Symbol von Frieden und Überfluß. Seinen Brunnen bestellte Perugia 1278 bei Niccolo Pisano. Dieser bedeckte das städtische Denkmal seitlich mit den gleichen Symbolen, mit denen die Bildhauer damals die Portalvorbauten der Kathedralen Frankreichs schmückten – Heilige, Patriarchen, Tierkreiszeichen, die Arbeiten der verschiedenen Monate, die sieben freien Künste. Er fügte jedoch andere Figuren hinzu, wie die der römi-

„Karl [...] hat uns dargelegt über die Freunde des Philippot du Val, einem Kerzenmacher, der einst in der alten Rue du Temple in Paris wohnte, daß zur Zeit des Aufruhrs mehrerer dort lebender Leute, in dem Teil, den man heute ‚Maillez‘ nennt, im März des Jahres des Heils Tausend CCCIII^{XX} und eins, besagter Philippot, der sich in seinem Hause befand, wo er seiner Arbeit nachging, und der ahnungslos war und nichts von einem geplanten Aufstand oder sonstigen Unruhen wußte, mehrere Leute laufen und sagen hörte: ‚Seht nur, ganz Paris ist in Aufruhr, und man weiß nicht, warum.‘ Besagter Philippot ging, um diese Missetäter zu sehen, die zahlreich und allem Anschein nach sehr üble Leute waren. Und einige kamen zu ihm und sagten: ‚Wenn du dich nicht sogleich bewaffnest und es uns nachtust, so werden wir dich hier in deinem Hause töten.‘ Und man belästigte ihn, weil er nicht bewaffnet war. Und er floh in sein Haus und dachte, daß ihn jene Leute sehr wohl hätten töten oder schlagen können.

Danach sah und hörte er seine Nachbarn sagen, daß noch mehr Leute als zuvor mit Bleischlegeln in Richtung Saint-Martin-des-Champs liefen und viel Böses anrichteten. Besagter Philippot fürchtete, daß man ihn in seinem Hause aufsuchen und ihn töten könne und begab sich an den besagten Ort Saint-Martin, ohne Waffe oder Stock, und er fand dort den Gehilfen eines Steuerbeamten, der in großer Gefahr schwebte, von jenen getötet zu werden, die die zehn Bleischlegel hatten. Und dort sah er auch zwei Mönche, die das Gefängnis dieses Ortes besucht hatten und die man freilassen würde, wie man sagte, wovon er jedoch nichts sah.

Und spät am gleichen Tage zog sich besagter Philippot in sein besagtes Haus zurück und hörte die Leute voller Entsetzen sagen, daß die Leute mit den Schlegeln bei Meister Porel eingedrungen waren und all seine Habe verwüstet hatten. Und auf der Straße traf er seinen Kommandanten, der ihm sagte, er ginge einmal nachsehen, ob das stimmte. Und er ging hin, ohne Waffen, und fand eine Menge jener mit Schlegeln bewaffneten Übeltäter, die mit Gewalt Türen, Fenster und Truhen aufbrachen, von den vorhandenen Vorräten aßen und tranken und davon dem vorgenannten Philippot zu trinken gaben; und sie plünderten und nahmen eine große Menge der besagten Güter mit. Und einer von ihnen nahm zwei Maße Talg, die einen Wert von VIII oder X Pariser Sous haben mochten, und sagte zu ihm: ‚Du bist doch Kerzenmacher; ich gebe dir diesen Talg.‘ Und besagter Philippot nahm ihn; denn aus Furcht vor

schen Wölfin, und er bearbeitete alle Statuen, alle Basreliefs auf römische Art. Denn das Italien des Trecento träumte beharrlich vom Goldenen Zeitalter, von den Zeiten, in denen Rom – das Rom eines Cäsar, nicht das päpstliche – die Welt beherrschte.

Diese Sehnsucht verführte dazu, alles abzulehnen, was von außen kam, in erster Linie die dichte Schicht, mit der die byzantinische Kultur die italienische Halbinsel im Laufe des frühen Mittelalters überzogen hatte. Sie machte eine nationale Befreiung erforderlich. Zwei Männer wurden zu Beginn des XIV. Jahrhunderts als ihre Helden begrüßt: ein Poet – Dante – und ein Maler – Giotto. Von Giotto sagt Cennino Cennini, daß er die Malkunst vom Griechischen ins Lateinische umwandelte. Vom Griechischen, einer fremden Sprache, ins Lateinische, den heimischen Dialekt. Im Grunde genommen war Giotto nicht der einzige. Manche waren ihm vorausgegangen. Andere schlossen sich ihm an.

1311 trugen die Bürger von Siena im Triumph einen der heiligen Jungfrau geweihten Altaraufsatz, die „Maestà", die wie die Bilderwände der byzantinischen Kirchen aus zahlreichen zusammengefügten Paneelen bestand, in ihre Kathedrale. Duccio hatte sie gemalt, und zwar in einem Ton, der nicht mehr dem der palermitanischen Mosaiken glich. Der Bruch ist eindeutig. Er ist bedingt durch die plastische Gegenwart der Personen; eine Ablehnung des Feierlichen, mehr Freiheit beim Umgang mit den Farben: eine Emanzipation. Begünstigt wurde sie durch das, was man in Siena des frühen XIV. Jahrhunderts von der Pariser Kunst kannte. Tatsächlich konnte Italien die Tyrannei, der es mehr als jeder anderen unterworfen war, vor allem dadurch abschütteln, daß es sich auf eine andere, ausländische Kulturmacht stützte.

Simone Martini gehorcht weiterhin streng den gotischen Formeln. Er hatte sie in Neapel übernommen, wo er im Dienste von Fürsten stand, die jetzt eng mit dem Frankreich der Kapetinger verbunden waren. Durch die kraftvoll gewundene Linienführung, durch reizvollen Rankenschmuck, durch all die anmutigen Zierelemente des höfischen Festes erscheint diesmal der byzantinische Zwang völlig aufgelöst in den Fresken, mit denen Simone gemeinsam mit den Brüdern Lorenzetti die untere Kirche von Assisi dekorierte. Der französische Geist, die Courtoisie beherrschen diese Bilder aus dem Leben St. Martins. Die Kardi-

dem Tode wagte er es nicht, abzulehnen; und als er draußen war, gab er ihn jemand anderem.

Und etwas später hörte besagter Philippot sagen, daß man an der Kreuzung des Tempelviertels eine jüdische Frau festgenommen hatte; und er ging hin und sah, daß jene mit Schlegeln bewaffneten Leute sie festhielten und zu ihr sagten: ‚Falsche Jüdin, die du die Nägel geschmiedet hast, mit denen Gott ans Kreuz geschlagen wurde, wenn du dich nicht zum Christentum bekehrst, so werden wir dich töten.' Und sie sagte, lieber würde sie sterben. Sie wurde umgebracht und ausgeraubt. Und von den geplünderten Sachen warf man besagtem Philippot den pelzgefütterten Mantel zu, der von geringem Werte war, und er nahm ihn und gab ihn sogleich an einen seiner Gefährten weiter.

Und als am nächsten Tage besagter Philippot in seinem Hause seiner Arbeit nachging, sagten verschiedene zu ihm: ‚Komm mit uns die Juden ansehen, die man im Tempel gefunden hat.' Er ging hin und fand, daß man sie mit den besagten Schlegeln getötet hatte und sie ausraubte und ihnen Geld und Kleider nahm. Einer der Plünderer blickte auf die Toten und sagte zu ihm: ‚Komm mit uns trinken und verlasse diesen Ort, wenn du schlau bist.' Da ging er mit ihnen trinken und aß und trank mit mehreren dieser Missetäter, weil er Angst vor ihnen hatte. Und sie gaben ihm II Pariser Sous von dem, was sie von jenen Juden erbeutet hatten, und er wagte nicht abzulehnen und nahm sie und gab sie dem Pariser Armenhaus.

Am Tage danach war besagter Philippot in seinem Hause und sah eine große Menge von Leuten, die zwei Juden zur Taufe nach Saint-Germain en Grève brachten, und unter diesen Leuten befand sich ein Wappenträger, dem besagte Juden all ihre wertvolle Habe gegeben hatten unter der Bedingung, daß sie zu Christen würden und er ihnen das Leben retten würde. Besagter Philippot ging, um ihrer Taufe beizuwohnen. Und danach ging er mit besagtem Wappenträger und mehr als LX Personen, die das Geld jener Juden verlangten. Dieses Geld befand sich im Hause von Roger Gresillon. Ihm gab der Wappenträger IV Francs sowie allen anderen, dem einen mehr, dem anderen weniger. Aber als sie das Haus verließen, begegneten sie mehreren Menschen fremder Sprachen, die ihnen, insbesondere besagtem Wappenträger, besagtem Philippot und mehreren anderen ihrer Gefährten, das genannte Geld wegnahmen."

näle, die Schutzherren des Franziskanerordens waren, hatten diese Darstellung in Auftrag gegeben. Man darf nicht verkennen, was die franziskanische Botschaft an Festlichem birgt. Hatte Franziskus nicht verkündet, daß die Natur ein Fest ist, das Gott für alle Menschen gibt? Zu Beginn des XIV. Jahrhunderts schloß sich Italien, sofern es nicht katharisch war, voll dem Franziskanertum an. So übernahm es alles, was an Faßbarem in der Gotik lag und seine Formen mit den gleichzeitig heroischen und schmücken- den Formen des Rittertums verband. St. Martin war römischer Soldat gewesen. Simone machte aus ihm einen neuen Ritter, der Schwert und Sporen in Empfang nahm, ähnlich jenen florenti- nischen Bankierssöhnen, die man am Pfingstmorgen, in der Wonne des Frühlings, unter Flötenklang zum Ritter schlug. Wie der heilige Franziskus in seiner Jugend, wie alle durch Handel und Krieg Reichgewordenen, so wähnten sich auch die Prälaten, die die Ausschmückung der Basilika von Assisi zu überwachen hatten, im Grunde ihres Herzens Lanzelot, Parzival. Voller Eifer übernahmen sie die Pariser Bräuche. Sie übersteigerten sie noch, indem sie ihnen eine Spur südlicher Überschwenglichkeit bei- mischten. Aber lief man in dem Bestreben, sich schnellstens des byzantinischen Zwanges zu entledigen, nicht Gefahr, unter das Joch einer anderen Macht zu geraten? Wie konnte man seinen italienischen Charakter behaupten?

Der Einfluß des Gotischen auf Giotto ist nicht weniger augen- fällig. Er stammt direkt aus den kleinen, von toskanischen Kauf- leuten aus Paris mitgebrachten Statuen und indirekt aus den Pisanoschen Skulpturen. Doch von dem Werk Giovanni Pisanos behielt er vor allem das, was es an römischer Erhabenheit wie- deraufleben ließ, und alles, was im Einklang stand mit der leiden- schaftlichen Begeisterung der ersten Humanisten der Toskana und Venetiens für die lateinische Antike. In Padua hatten die Erben eines bedeutenden Finanziers zum Frieden seiner Seele eine Kapelle zu errichten. Sie übertrugen Giotto die Dekoration der Wände. Giotto zergliedert Zeit und Raum in fortlaufende Pha- sen wie die Künstler der Mosaiken von Palermo, wie Duccio. Wie sie erzählt er das Leben Christi. Doch geht es ihm darum, jede einzelne Szene in den für sie bezeichnenden Gefühlston zu ver- legen; er will Freude, innere Ruhe, Schmerz zum Ausdruck brin- gen. Aus der Skala menschlicher Leidenschaften wählt er die

„Got hat die Dutschen wol bedacht,
sint diz buch ist vorebracht
den luten allegemeine;
Doch ist der leider cleine,
die Gote also êren,
daz sie ir wizze an Got kêren.
Ein teil wirret daran
daz ich gebezzeren nicht en kan,
ob iz irrere leret,
ubel sich dovone meret:
manich, ob er kunde, gerne schaden tete;
Wie gerne ich Got bete,
daz diz buch konde iglich gut man!
Unrechten ich is nicht en gan.

Swie unrecht sie der man,
kan er sich dez verstan,
waz im recht mag gevrumen,
kan er iz dan bekumen,
gerne er dez genuzet;
rechtes îm aber verdruzet,
unde dunket selden gut
recht, dar iz schaden tut:
man horet iz ungerne sain:
daz recht niemant gelernen kan,
daz den luten allen
kunne wol gevallen.

Swer des tuveles ane ende
wolle sin, der sende
im diz urkunde,
unde vare zu der helle grunde.

Dennoch wirt unrecht wol erkant,
als ein kuppherin phenning in der hant,
wen im uz blichet sin rote schin,
der phenningen, die gebe sin,
unde ime daz wize wirt abe geveget.
Alsus wirt unrecht verleget,

184

angemessene und das, was sie alle in Gleichklang mit der Menschlichkeit Christi bringt. So stellt er einen wesentlichen Teil der franziskanischen Predigt bildlich dar: die Notwendigkeit für den Menschen, jeden beliebigen Menschen, im Einklang mit dem Erlöser zu leben. Wir sind die Szene nach italienischer Art gewohnt, die von einem rechtwinkligen Fenster umrahmte Handlung, und deshalb denken wir ans Theater, an einen Giotto, der die Kunstgriffe des Theaters in die Malerei überträgt. Wir vergessen, daß es zu jener Zeit keine derartige Bühnengestaltung gab. Was wir hier sehen, ist eine geniale Verwandlung des gemalten Raumes, so, wie man ihn bis dahin empfunden hatte.

Giotto will an die Empfindsamkeit rühren. Deshalb verleiht er seinen Personen Leben. Er muß also die Illusion eines leeren Raumes wecken, wo sich seine Darsteller versammeln oder aber alleine die Gesten einer ausdrucksvollen Mimik entfalten können. So baut er eine Hintergrundkulisse auf. Sie ist blau. Aber dieses Blau ist nicht, wie heute die chemischen Veränderungen des Pigments glauben machen könnten, das Blau der Atmosphäre, des wirklichen Himmels. Dieses Blau ist ebenso abstrakt wie der goldene Untergrund der Mosaiken von Palermo oder der ottonischen Miniaturen. Seine Rolle ist es, die Szene dem Alltäglichen zu entrücken. Einige Dekorationselemente verweisen auf den Schauplatz der Geschichte – Elemente romanischer Kunst, byzantinischer Malerei, Eindrücke von Bäumen, Felsen, Bauten, Thronen. Ihre Unwirklichkeit darf nicht allzu unvereinbar sein mit dem für das Spiel der Darsteller nötigen Realismus. Mit den Möglichkeiten einer noch zögernden Perspektive bemüht sich der Maler also, die drei Dimensionen dieser einfachen Objekte anzudeuten; Expressionismus – der Expressionismus der franziskanischen Predigten –, keineswegs jedoch Illusionismus. Wenn auch Giotto daran gelegen war, die einzelnen Akte des Schauspiels überzeugend zu gestalten, so legte er noch größeren Wert darauf – weil es sich hier um ein sakrales Schauspiel handelt –, den Abstand zu wahren zwischen den einzelnen Akten und dem Publikum. Sie erwecken den Anschein wirklichen Lebens: Die Krieger, die das Grab Christi bewachen, schlafen, wie alle Soldaten. Aber sie gehören nicht zu dieser, sondern zu jener anderen Welt. Die Monumentalität ihrer Haltung versetzt sie hinüber, jene Schwere der Statuen, die ihre Leidenschaften versteinert, macht

185

swenne man sin ende versuchet.
Vor Gote si er verfluchet,
swer unrecht gerne sterke,
darumme ich lange han gedacht
unde durch Got ze samme bracht."

Vorrede zum „Sachsenspiegel", 1224–30, Eyke von Repgow.

*

„Unde ist daz ein juncfrouwe einem man gesworen ist, unde ist im dannoch niut zuo geleit, und kumet ein andre zuo ir an der stat, da liute umbe si sint, und er lit bi ir, und si swiget, und en ruffet niut, wen sol si beidiu vahen, und sol si fur den rihter füren; da sol man in erteilen, daz man si uz der stat fiure, und si mit stinen verrône, si beidiu uber ein ander. Daz tuot man darumbe daz si niut enruoffte, do si bi den liuten waz.

Begrifet ein man eine juncfrouwen uf einem aker, daz ist also gesprochen: da niut liute ist, und ist si hin gesworen, und gelit der man bi ir, wen sol in darumbe toeten. Diu juncfrouwe sol niut ubles darumbe liden; daz ist davon, daz niut liute waz, da diu ungetat da geschach; unde swie liute si geruffet hette, si hette doch nieman gehoeret, der ir geholfen hette.

Und ist daz ein man bi einer juncfrouwen lit, diu niut hin gesworen ist, es si wider ir willen, und so ez fiur gerihte kumet, der bi ir gelegen ist oder geslaffen hat, der sol ir vater hundert phunt geben silberz, unde sol die juncfrouwen ze rehter ê haben, die wile si lebet."

Das Landrechtsbuch (Sachsenspiegel)

aus ihnen antike Helden. Giotto wußte die Malkunst mit der Überzeugungskraft der Bildhauerkunst zu verbinden. Durch sein Genie wurde über Jahrhunderte hinaus die Malerei zur bedeutendsten Kunst in Europa.

Die Vitalität der italienischen Kunst ist erstaunlich. Über diese verschwenderische Fülle, diese Blüte der Meisterwerke, brach 1348 unvermittelt die Katastrophe herein: die Epidemie der schwarzen Pest. Das waren die Nachwirkungen der europäischen Entwicklung. Tatsächlich kamen die Krankheitskeime die gleiche Strecke, die Marco Polo zurückgelegt hatte. Die Handelsschiffe brachten sie von den genuesischen Niederlassungen auf der Krim nach Neapel, nach Marseille; der Hof zu Avignon, Kreuzweg der Welt, verbreitete sie. Die Fluten des Todes brachen nun in heftigen, regelmäßig wiederkehrenden Wogen herein und gelangten allmählich nach Norden, bis an die Grenzen der bevölkerten Welt. In Ermangelung statistischer Unterlagen können die Historiker Ausmaße und Zahl der Opfer nicht genau abschätzen. Überdies traf diese Geißel auf sehr unterschiedliche Weise. Allem Anschein nach blieben ganze Provinzen verschont, wie Böhmen zum Beispiel; hier konnte ein Dorf entrinnen, während dort, ein paar Kilometer weiter, ein anderes vernichtet, aus dem Landschaftsbild ausgelöscht wurde. Es war eine Lungen- und Beulenpest. Die Menschen jener Zeit wußten nichts über den Verlauf der Ansteckung. Sie glaubten indessen an eine Art Luftfäulnis und entzündeten große Feuer aus aromatischen Kräutern an den Toren der Städte. Diese waren am schwersten betroffen. Die Plage verbreitete sich leichter in den übervölkerten, ungesunden Elendsvierteln. Sie war blind. Gewöhnlich sah man sie Kinder, Arme hinwegraffen. Doch jetzt befiel sie eher Jugendliche, in voller Kraft, und, was einfach empörend war, auch die Reichen. Nach Ansicht der Menschen von damals ging ein Drittel der europäischen Bevölkerung an dieser Geißel zugrunde. Die Überprüfungen, die man durchführen konnte, scheinen diese Einschätzung im großen und ganzen zu bestätigen.

Der Tribut, den die sehr großen Städte zu zahlen hatten, war sicherlich schwerer, wie aus dem Bericht einer Chronik über Florenz hervorgeht: „Die Grausamkeit des Himmels, und vielleicht auch die der Menschen, war so hart, daß die Seuche von März bis Juli 1348 mit einer derartigen Heftigkeit wütete; einer Menge

„In tiuschen landen hat jegelich lant sinen phallenzgraven; Sahsen hant einen unde Peigeren hant einen, Swaben hant einen, Vranken hant einen. Disiu vier lant waren hie vor kiunigriche.

Daz geschah do Julius ze Rome kiunig wart, unde er tiuschiu lant betwang. Da wolte Julius niut, daz uber elliu tiuschen riche iut me kiunigriches were wan sins, unde ouch iut me kiuniges wan er.

CXLIII. Die Dudischen sullen durch recht den kuning kiesen.

Swen die coren wirt von den bischopphen, die dazu gesatzt sin, unde uph den stul zu Aken kumt, so hat her konineligen namen. Swen ine der babis wiet, so hat her keiserlichen namen.

Den kuning kuset men zu richtere uber eigen unde lehen, unde uber jewelchin mannis liph.

Der keiser ne mach aber in allen steden nicht sin, unde al ungerichte nicht richten zu aller zit. Da umme liet her den vorsten graveschaph unde den greven schultichdum.

An die vierden hant ne sol nichen len comen, daz gerichte si uber hals unde uber hant, wen schultichdum aleyne in der gravescaph, durch daz nichen richtere echt dine haben ne mach ane schulteiten; wen clagit men uber den richtere, her sol antwerden vor deme schultechten, went die schulteite is richtere uber die schult. Alse is die phalanzgreve uber den keiser, unde die borchgreve uber den markgreven.“

Das Landrechtsbuch (Sachsenspiegel)

Kranker wurde so mangelhafte Hilfe zuteil, oder aber man gab sie aufgrund der Angst, die sie den Gesunden einflößten, einer solchen Not preis, daß man einigen Grund hat, die Zahl der innerhalb der Stadtmauern umgekommenen Menschen auf mehr als hunderttausend zu schätzen. Wie viele große Paläste, wie viele schöne Häuser, wie viele Bleiben, die einst voller Bediensteter, Herren und Damen waren, mußten Zeugnis davon ablegen, wie diese, bis hin zu den bescheidensten Dienern, schließlich verschwanden. Wie viele wohlangesehene Familien und beeindruckende Ländereien mußten ihre rechtmäßigen Erben entbehren. Wie viele tapfere Herren, schöne Damen und anmutige Jünglinge nahmen am Morgen das Essen mit ihren Eltern, ihren Kameraden und ihren Freunden ein und setzten sich, als der Abend kam, in jener anderen Welt mit ihren Vorfahren zu Tische.«

Stellen wir uns vor, versuchen wir uns vorzustellen, uns aus unseren Tagen in jene Zeit hineinzuversetzen: In den Ballungszentren wie Paris oder London starben vier, fünf Millionen Menschen in einigen Sommermonaten. Nach diesen Wochen des Grauens teilen die verstörten Überlebenden die Hinterlassenschaft untereinander, was ihre Armut um die Hälfte verringert; schleunigst heiraten sie und pflanzen sich fort: In dem der Hekatombe folgenden Jahr verzeichnete man einen übermäßigen Anstieg der Geburtenzahl. Doch die Lücken wurden deshalb nicht geschlossen: Die Krankheit hatte sich eingenistet; in regelmäßigen Abständen brach sie alle zehn, zwanzig Jahre mit gleicher Heftigkeit wieder aus. Was tun? Es gab große Ärzte beim Papst in Avignon, in Paris beim König von Frankreich; bang konsultierten sie sich, vergebens. Woher kommt das Übel? Von der Sünde? Es sind die Juden; sie haben die Brunnen vergiftet – auf alle Fälle metzelt man sie nieder. Es ist der Zorn Gottes: Man geißelt sich, um ihn zu dämpfen. Die Städte schrumpften zusammen innerhalb ihrer Wälle; sie schlossen sich ein. Wer sich nachts hier einschleichen wollte, wurde getötet; oder aber man brachte sich in Sicherheit in ziellos umherirrenden verwirrten Scharen. Es herrscht Schrecken, oder jedenfalls Stillstand. Der große Bruch. In die fünfziger und sechziger Jahre, die der Pandemie von 1348 folgten und von der immer wieder neu aufflackernden Pest erschüttert wurden, fällt einer der einschneidensten Wendepunkte der Geschichte unserer Zivilisation. Europa geht erleich-

VON ROHEN HÜNERN.

Nim das fleisch ab dem pain und hak das klain und behalt dy pain und nim ein haisse prue und nim II aier under dasselb fleisch und mach aus dem fleisch knödel auf dy pain und legs in dy prue. Hastu spek, rindreins oder castrauneins und hak das mit petersil ader salvay.

*

VON EINEM HIRSCHEN HORN, DAS ZEITIG IST.

Item das här ab und sewd das gar wol und lass küelen und nim guten wein, zuker oder honig und gib das also chalcz mit allen dingen. Item: du macht auch zwifal darauf tun.

*

EIN GESPIKCHTER PRATEN VON VISCHEN.

So stupp den visch und sneid das prät herab, so du maist mügst, also rochs und nim dann den grat und sewd den, das das ander prät herab ge. Nim dann dy zway geprät und haks durcheinander und nim saffran und gestupp ein wenig geribme semel und zu ainer schüssel II ayer, das es vesster und starker sey, und nim das geprät und mach daraus einen praten und lass den praten ab einem pretlein vallen in ein syedent prue und nim ein pfann, dy dir gerecht sey, und als es genug gesied, so stos in an ein spissel und überzeuch in mit rotem tuter gegen dem fewer an dem spis und nim des weissen von einem herten ay und sneids klain als einen spek und spik den praten damit, so ist er berait.

*

PRATWÜRST VON VISCHEN.

Hakch den hechten chlain und gutz gewurtz darzu und nim chüm darein und tue das an einen spis und pratz und pegewss mit smaltz und richz an mit zukker, ymber und traget.

tert aus dieser Prüfung hervor. Es war überbevölkert. Das demographische Gleichgewicht ist wiederhergestellt. Durch den aufkommenden Wohlstand erklärt es sich, daß die künstlerische Schöpfung nichts von ihrer Vitalität verloren hat. Aber wie alles übrige ändert auch sie ihren Ton.

Bedeutende Künstler, wie Pietro Lorenzetti, waren verstorben. Und der Sterblichkeitsziffer kann man die plötzliche Sterilität der englischen Buchmalerwerkstätten zuschreiben. Man mußte die großen Projekte aufgeben. Siena hatte von einer riesigen Kathedrale geträumt. Die Baustelle wurde geschlossen mangels notwendiger Mittel, Finanzen und Arbeitskräften. Den Raum, der in dem ursprünglichen und später schlecht und recht angepaßten Plan allein dem Querschiff zugedacht war, nimmt heute die ganze Kathedrale ein. Was ursprünglich ein Seitenschiff werden sollte, aber unvollendet blieb, wurde zur überdachten Kanzel, und an der Stelle des Schiffs klafft eine große Lücke.

Überall verloren die architektonischen Unternehmen an Bedeutung. Die Auswirkungen der Katastrophe auf das Kunstwerk waren weniger deutlich, dafür aber äußerst tiefgreifend. Die soziale Organisation wurde von Grund auf gestört. Die italienischen Städte verloren viele jener hochangesehenen Persönlichkeiten, die mit ihrer Verwaltung betraut waren, Künstler auswählten und ihnen ein Programm übertrugen, jener Freunde der Humanisten, deren verfeinerte Manieren und edles Christentum Anregung gegeben hatten zu der vollkommenen Eleganz eines Simone Martini, zu der Zurückhaltung, der Würde eines Giotto. An ihre Stelle traten ungeschliffene Emporkömmlinge. Dies erklärt ein Einsickern des Gemeinen, das nach 1348 in der toskanischen Malerei zutage tritt: Die Künstler wollten Männern von weniger sicherem Geschmack und einer weniger streng von der Intelligenz gelenkten Überzeugung gefallen. Schließlich trug der Schicksalsschlag der schweren Pest dazu bei, die Einheit der hohen Kultur zu zerstören, deren einziges Ziel nunmehr darin liegt, gelassen wie der Bamberger Reiter zur vollkommenen Freude hin vorzurücken, indem man das menschliche Schicksal voll akzeptiert, durch eine einheitliche Disziplin für Körper und Seele. Hier kommt es zu dem gegensätzlichen Einbruch des Makabren und des Belanglosen. Das franziskanische Pathos war seit dem Beginn des XIV. Jahrhunderts unmerklich in die bedeu-

VON WILTPRÄT IM SLAFF.

Item: sewd das wiltprät von ersten und prenn einen guten pfeffer ab und slach den mit wälschwein durch und nim weinper und mandel.

Nota. Wer wol wil chochen von wiltprät, der nem nit vil wein und nim eine gute prue rindrein oder castraunein und slachs mit einem pfeffer durch und nim zymatrintten annstat nägel.

*

VON EINEM RAIGER MUES.

Von ersten prat in, und wenn das fleisch dauon kümpt, so nim dy pain und stos dy mit einer semel; wär aber des ze wenig, so nim ein huen darczu und stos das wol und darzu guten wein und auf ein essen VI aier und slahs durch und tu es in ein pfann oder in ein hefen und machs ab mit gutem gewürtz.

Kochrezepte (etwa 15. Jahrhundert)

192

tende Kunst eingedrungen; die Kreuzigungsszenen von Assisi sind tragisch; sie erwecken Mitgefühl, indem sie gemarterte Körper zeigen. Nach der Pest werden diese Körper bald zu Leichen, die durch ihre Verwesung und ihr hämisches Grinsen dazu aufrufen, schnellstens das Leben zu genießen.

Vielleicht kann man in Avignon am besten die Auswirkungen eines solchen Ausbruchs der Empfindsamkeit erfassen. Die Päpste hatten hier die größte Baustelle des Jahrhunderts eröffnet und die berühmtesten damals lebenden Künstler versammelt. Von den Fresken, mit denen Simone Martini die Wände der Kathedrale schmückte, sind nur noch die Entwürfe zu sehen; diese wundervollen Skizzen bringen das Beste der gotischen Geistigkeit zum Ausdruck. Sie zeigen die Jungfrau und Christus in der Würde und dem Edelmut, wie sie in den Vorbauten der Kirche Ile-de-France zu sehen sind. Nachdem die Epidemie vorüber war, übernahm ein anderer Italiener, Matteo Giovanetti aus Viterbo, die Leitung der mit der Ausschmückung betrauten Arbeitsgruppe. Er führte die Synthese zwischen der Pariser und der mittelitalienischen Ästhetik zur Vollendung. Doch aus den Möglichkeiten, die die Gotik bot, schöpfte er hauptsächlich das, was Freude vermitteln konnte – eine oberflächliche Freude, verachtet von dem rationalen und theologischen Pariser Christentum, von dem stoischen Christentum der Bewunderer Giottos. Und Papst Clemens ließ die Wände seines Gemachs mit Motiven aus der Pflanzenwelt, mit Gärten und Wasserbecken verzieren, den Motiven der Gärten von Palermo. Wie Friedrich II. wollte auch er die weltlichen Freuden genießen; eine Profanation.

Boccaccio verlegt die amüsanten Geschichten des „Decameron" in eine Villa in der ländlichen Umgebung von Florenz. Junge Männer und Frauen haben die Stadt geflohen, wo die schwarze Pest wütet, und sich hier zusammengefunden. Um zu vergessen, schwanken sie zwischen mystischer Träumerei und Vergnügen. Heimlich beichten sie ihre Sünden. Wenn sie mit den anderen zusammen sind, geben sie vor zu lachen und sprechen von nichts als Liebe, derber oder ritterlicher. Man will sich an dem Fest berauschen, sich hier auf Erden sein eigenes Paradies bereiten, ein profanes Paradies, in dem sich von einem Ufer des Baches zum anderen Mann und Frau die Hand reichen würden.

DAS GLÜCK

VON DER ANSCHULDIGUNG VOR DEM KÖNIG SEITENS DES VOLKES VON LANGUEDOC IN DER STADT BÉZIERS GEGENÜBER EINEM NAMENS BETI-SAC, SCHATZMEISTER BEIM HERZOG VON BERRY, WEGEN DER SCHWE-REN ERPRESSUNGEN GEGENÜBER DEM VOLKE, UND VON SEINEM GESTÄNDNIS, UND WIE ER IN DER BESAGTEN STADT GRAUSAM GERICH-TET WURDE (1389).

„Drei Tage hielt sich der König in Béziers auf, herrlich und in Freuden, mit Damen und Demoisellen, bevor Betisac festgenommen oder vor-geladen wurde; doch die Inquisitoren, die von dem königlichen Rate ein-gesetzt waren, führten heimlich Untersuchungen über ihn durch. Bei diesen Untersuchungen stellten sich mehrere schreckliche Dinge über ihn heraus, die unverzeihlich waren. Nun geschah es, daß er, am vierten Tage des Aufenthaltes des Königs, vor den königlichen Rat geladen wurde und in einen Raum eingeschlossen und verhört wurde, und man sprach folgendermaßen zu ihm: ‚Betisac, schaut und antwortet zu diesen Schuldscheinen, die Ihr hier seht.‘ Dann zeigte man ihm eine große Menge von Briefen und Klagen, die nach Béziers gebracht und dem König übergeben worden waren mit inständigen Bitten und die alle von der wahnwitzigen Regierung Betisacs Kunde gaben und von dem Druck und den Erpressungen, die er dem Volke gegenüber ausübte. Alle Briefe wurden ihm vorgelesen, einer nach dem anderen. Zu manchen antwor-tete er recht und vernünftig zu seiner Verteidigung, zu anderen nicht; zu jenen sagte er: ‚Davon weiß ich nichts; sprecht darüber mit den Sene-schallen von Beaucaire und Carcassonne und mit dem Kanzler von Berry.‘ Schließlich sagte man ihm, daß es zu seiner Läuterung ange-bracht sei, wenn er vorläufig im Gefängnis bliebe. Er gehorchte und war es zufrieden. Sobald er sich im Gefängnis befand, gingen die Inquisitoren zu seiner Wohnung und beschlagnahmten alle Schriftstücke und die Ab-rechnungen, mit denen er sich in der Vergangenheit befaßt hatte, und sie nahmen sie mit und gingen sie lange durch. Und sie fanden darin eine Menge der verschiedensten Dinge und große Geldsummen, die er in der Vergangenheit erhalten und den Seneschallerien und Lehnsherrschaften des vorgenannten Königs entnommen hatte, und die Zahlen waren so hoch, daß die Herren, als sie sie hörten, alle sehr verwundert waren. Dann wurde er erneut vor den Rat geladen und gebracht. Als er dort war, zeigte man ihm seine Schriftstücke; und man fragte ihn, ob alle jene Beträge in Gulden, die seinerzeit besagten Seneschallerien entnommen worden waren, stimmten, und was damit geschehen war. Darauf ant-

IN PISA, in der Nähe der Kathedrale, unweit des Baptisteriums, des Lebensbrunnens, hatte man im XIII. Jahrhundert den Toten eine Ruhestätte bereitet, den Campo Santo. Ein Kloster, wo durch den Zusammenfluß der ästhetischen Strömungen, zu dem es damals natürlicherweise an den Mittelmeerufern kam, die Anmut des gotischen Bogenwerks in vollkommenem Einklang steht mit der romanischen Tradition. Dieser Innenhof ist ebenso schmucklos wie die zisterziensischen Kreuzgänge. Er ist nicht für die Mönche bestimmt, sondern für die Körper der Verstorbenen, in Erwartung der Auferstehung. Er ist erfüllt von Stille und Gräbern. An einem der Querarme malte man um 1350 eine Freske. Sie veranschaulicht eine Ansprache, eine belehrende Predigt, die von einem sehr alten Thema ausgeht: die Geschichte der drei Toten und der drei Lebenden. Drei sehr reiche, sehr glückliche Ritter gehen im Walde auf die Jagd. Plötzlich stößt ihr Trupp auf drei offene Särge, mit drei verfaulenden, von Würmern wimmelnden Kadavern. Auf dem Gipfel der Lebensfreude plötzlich dieses bestürzende Zusammentreffen mit dem Tode, mit der Zersetzung des Fleisches: Unser Körper ist sterblich, im nächsten Augenblick schon kann er wieder zu Staub werden, zu abstoßendem Aas. Auf diesem Entsetzen, der von diesem Schauspiel bewirkten Abscheu, baut die Ermahnung zur Buße auf.

Um ihre Schäfchen vor der Sünde zu bewahren, haben die Prediger des XIV. Jahrhunderts unermüdlich diese Angst immer wieder angefacht: „Ihr seid jung. Ihr spielt, ihr liebt die Lieder, den Tanz, ihr liebt die Liebe. Vorsicht: Der Tod ist da, unsichtbar, unvorhersehbar schwebt er über euren Belustigungen. Ihr werdet ihm nicht entrinnen. Er ist in euch: wie der Wurm in der Frucht." Diesen Worten entspringt die Unruhe, die man auf diesen Gesichtern sieht. Diese Jungen und Mädchen bemühen sich, zu scherzen. Vergebliche Mühe: Dem Leben, dem Fleische haftet jene Beklemmung an, das Schuldgefühl, das die Hüter des Gewissens bestärken. Verschwunden sind das Lächeln, die Heiterkeit der Statuen von Reims, während die fügsame Christenheit Bußfertigkeit lernt; und Angst. Diese Angst ist naiv, völlig unverhüllt, bei den Tieren. Man sehe nur, wie die Pferde auf der Freske zurückweichen. Man sehe nur ihre Augen. Die Moral der Geschichte steht auf der zweiten Seite der Bildkomposition: Sterben bedeutet Hinscheiden, Hinübertreten ins Jenseits. Wohin? In

wortete er und sagte: ,Die Beträge stimmen, und alles ist an den gnädigen Herrn von Berry gegangen und durch meine Hände und seine Schatzämter gelaufen, und von allem habe ich ordnungsgemäße Quittungen in meiner Wohnung, an jenem Ort.' Man ging hin; und man brachte sie vor den Rat und las sie alle vor, und sie stimmten ziemlich mit den Beträgen der Einnahmen überein. So hatten sich die Inquisitoren und der Rat alle geirrt, und Betisac wurde wieder in das höfische Gefängnis gebracht, und die Räte sprachen untereinander darüber und sagten: ,Betisac ist untadelig, was alle diese Fragen angeht, die man ihm stellt; es ist nachgewiesen, daß alle diese Erhebungen, über die sich das Volk beschwert, an den Herzog von Berry gegangen sind: Was kann er dazu, wenn sie in die falschen Hände geraten oder schlecht verwendet worden sind?'

Genau betrachtet war Betisac bei seiner Verteidigung und seinen Entschuldigungen nichts nachzusagen, denn jener Herzog von Berry war der begehrlichste Mensch der Welt, und es war ihm gleichgültig, woher man es nahm. Und wenn er Geld hatte, so verwendete er nur wenig davon für öffentliche Zwecke, so wie es andere Herrscher tun oder in der Vergangenheit getan haben. Die königlichen Räte sahen in Betisac nichts, womit er den Tod verdient hätte, das heißt einige von ihnen und nicht alle; denn es gab solche, die sagten: ,Betisac hat so viele schwerwiegende Abgaben erhoben und so viele Leute in Armut gebracht, um dem Herrn von Berry zu Gefallen zu sein, daß das menschliche Blut des armen Volkes darüber klagt und laut schreit und sagt, daß er den Tod verdient hat. Denn er, der er das Geld in Empfang nahm und die Armut des Volkes sah, hätte ihm dies in Ruhe vorhalten müssen; und hätte der Herzog von Berry davon nichts hören wollen, so hätte er vor den König und seinen Rat treten und ihm von der Armut des Volkes berichten müssen und von dem Betragen des Herzogs von Berry; man hätte schon Maßnahmen getroffen, und er wäre für die Verluste entschuldigt gewesen, für die er jetzt haftet und beschuldigt wird.' Alsdann wurde Betisac erneut in einen Raum vor den Rat berufen. Wieder wurde er eingehend verhört, um zu erfahren, was aus all seinen Finanzen geworden war; denn man fand einen Betrag von dreißig mal hunderttausend Francs. Dazu antwortete er und sagte: ,Meine Herren, das kann ich nicht genau wissen: eine große Menge davon hat er für den Bau und die Instandsetzung von Schlössern und Palästen verwendet und zum Kauf von Ländereien vom Grafen von Boulogne und vom Grafen von Estampes; und von Edelsteinen. Wie Ihr wißt, hat er diese Dinge leichtsinnig gekauft. Er

jene Stätten, die Dante besucht hat, das Fegefeuer, die Hölle, das Paradies. Ist man gut vorbereitet, hat man nach dem Willen der Kirche gelebt, so wird man einen Platz unter den Heiligen einnehmen, selbst als Armer oder als Frau, gemeinsam mit den Königen, den Kardinälen, den Patriziern, in der Ordnung, für die Ewigkeit. Dort im Himmel herrscht für die Auserwählten keine Unruhe mehr, nur noch Erlösung.

Die Hölle, der Himmel, das Jüngste Gericht – in der sakralen Kunst, der bedeutenden Kunst, war seit dem Jahre Tausend nur hiervon die Rede gewesen, doch in einer anderen, liturgischen theologischen Tonart. Nach und nach, Schritt für Schritt, hatte sich die Angst im Laufe der Jahrhunderte des Wachstums, im vollen Elan des Optimismus zurückgezogen. Den Gelehrten der hohen Kirche war es durch Überlegungen, durch mystische Meditation gelungen zu bannen, was dem Tod an Grauenerregendem eigen war. Sie hatten den Tod gezähmt und den Leichnam verborgen unter den beruhigenden Umrissen der Auferstehung. Im XIV. Jahrhundert kehrt die Angst eilends zurück. Wieder ist der Tod tragisch, ein schwarzer, klaffender Abgrund. Warum? Durch die Umstände bedingt. Der in allen Dingen zu verzeichnende Fortschritt, der einst den Ansporn zu den ländlichen Eroberungen gebildet hatte, ist zu Ende. Europa sieht sich der Rezession, der Unterbeschäftigung, dem Krieg, der Pest gegenüber. Ein zeitbedingtes Unheil. Aber kann man von Rückgang, von Verfall reden? Durch die vielen Todesfälle herrscht keine Überbevölkerung mehr. Man lebt besser. Der Beweis? Nie zuvor gab es so viele Maler, Bildhauer, Goldschmiede – alle wohlhabend. Das Kunstwerk verbreitet sich. Es ist in den Handel eingegangen, zu einem gängigen Gebrauchsgegenstand geworden. Und gerade hier wird die Veränderung der Tonart ausgelöst, von der ich spreche. Weil die Strukturen des Staates ständig an Festigkeit gewinnen, weil man durch die Steuern immer leichter zu Reichtum gelangt, der in die Hände der weltlichen Machthaber fließt, weil diese mit offenen Händen das Geld unter ihren Beamten, ihren Bankiers, den bedeutenden Händlern, ihren Hoflieferanten, verteilen, ist das künstlerische Unterfangen nicht mehr Angelegenheit der Prälaten, der Theologen, der Intellektuellen. Noch immer wird es von den Königen geleitet, doch von Königen, die sich dem Einfluß der Priester entziehen. Vor allem steht

hat immer sehr verschwenderisch gelebt, und er hat auch Thibault und Morinot und seinen Bediensteten davon gegeben; sie sind alle reich.' – ,Und Ihr, Betisac' – sprach der königliche Rat – ,habt Ihr nicht für Eure Mühe und die Dienste, die Ihr ihm erwiesen habt, hunderttausend Francs zu Euren persönlichen Gunsten erhalten?' – ,Meine Herren' – antwortete Betisac – ,was ich bekommen habe, das billigt der Herr von Berry wohl, denn er will, daß alle seine Leute zu Reichtum gelangen.' Darauf antwortete der Rat einstimmig: ,Ah! Betisac, Betisac, was Ihr sagt, ist närrisch. Der Reichtum ist weder gut noch vernünftig, wenn er auf unrechte Weise erworben wurde. Ihr müßt ins Gefängnis zurück, und wir werden darüber beraten, was Ihr uns hier gesagt und bewiesen habt: Ihr müßt den Bescheid des Königs abwarten, dem wir alles zeigen werden, was zu Eurer Verteidigung vorliegt.' ,Meine Herren' – antwortete Betisac – ,Gott lenke Eure Gedanken!' Man brachte ihn wieder ins Gefängnis und ließ ihn vier Tage dort, ohne ihn vor den königlichen Rat zu berufen.

Als sich die Nachricht im Lande verbreitete, daß Betisac in den Händen des Königs und im Gefängnis war und daß man überall Untersuchungen über ihn anstellte, so erregte sie dermaßen viel Aufsehen, daß die Leute von überallher kamen und ihre Bitten und Klagen vorbrachten. Die einen beschwerten sich, daß Betisac sie ohne jeglichen Grund ihrer Mittel beraubt hatte; die anderen klagten, er habe ihren Frauen und Töchtern Gewalt angetan. Ihr müßt wissen, daß, als so viele verschiedenerlei Dinge über Betisac vorgebracht wurden, die königlichen Räte es müde wurden, dies alles anzuhören; denn der großen Zahl der Klagen nach war er vom Volke stark gehaßt, und es war anzunehmen, daß alles so gekommen war, weil er dem Herzog von Berry zu Gefallen und zu Willen sein und seinen Beutel füllen wollte. Die Räte des Königs wußten nicht, was tun; denn da waren zwei Ritter des Herzogs von Berry gekommen, der Sire von Nantouillet und der Herr Pierre Mespin, die dem König Beglaubigungsschreiben brachten, und diese Ritter bestätigten seitens des Herzogs von Berry alles, was Betisac in der Vergangenheit getan hatte; und der Herzog von Berry bat den König und seinen Rat, ihm seinen Mann und Schatzmeister zurückzugeben. Der König hegte großen Haß auf Betisac ob des schweren Skandals und der verschiedenen üblen Gerüchte, die über ihn in Umlauf waren. Und der König und sein Bruder waren für seinen Tod. Und sie sagten, daß er dies wohl verdient hätte. Doch die königlichen Räte wagten es nicht, ihn zu richten. Zu sehr fürchteten sie, den Herzog von Berry zu erzürnen. Und

es unter der Leitung der Brüder und Vettern der Könige, der Prinzen aus ihrem Geblüt, der Adligen ihres Hauses und der Patrizier der großen Hauptstädte. Diese Männer sind nicht geweiht. Sie sind ganz einfach reich. Die Dekoration, mit der sie die Künstler beauftragen, ist nicht mehr die der Liturgien, sondern die des profanen Lebens. Und die wundervollen Gegenstände, die aus den bedeutenden Ateliers kommen, werden von talentlosen Künstlern für eine weniger vornehme Kundschaft nachgeahmt. Sie bringen Kopien in Umlauf, weniger subtil, die jene Neureichen beeindrucken, die unbeholfen die Manieren der Fürsten nachäffen. Verweltlichung, Verbreitung – so kann man die Züge erklären, von denen die Kunst des XIV. Jahrhunderts geprägt ist.

Keine Kathedralen mehr: Sie sind alle gebaut. Nur noch unbedeutende Zierelemente sind hinzuzufügen. Die schöpferische Tätigkeit ist nicht mehr auf Gemeinschaftswerke ausgerichtet. Die Ausmaße des Kunstwerks verringern sich. Es wird zum Objekt, zum individuellen Eigentum. Man besitzt es, will es ganz für sich haben, zu seiner eigenen, persönlichen Freude: Man hat es mit seinen eigenen Hellern gekauft. Die Formen der Kathedrale behalten ihre Wirkung. Doch werden sie bescheidener. Sie beschränken sich zunächst auf die Dimensionen einer Kapelle, kleiner Gebetsräume zur privaten häuslichen Andacht; Kapellen der Fürsten, noch immer erhaben. Aber auch in jedem aristokratischen Wohnsitz findet man Kapellen, wenn auch sehr viel einfacher; und entlang der Seitenschiffe der großen Kirchen die Vielzahl der Kapellen der Adligen, der Patrizier, jede einzelne mit dem Wappen einer Familie. Bis dahin hatte die Architektur die bedeutendste Kunst dargestellt. Alles war ihr untergeordnet. Sie läßt nun anderen den Vortritt, insbesondere der Goldschmiedekunst, die sich in Miniatur die Schmuckelemente der großen Baudenkmäler der vorhergehenden Epoche zu eigen macht. Viele dieser Ziergegenstände, die Reliquienschreine, die Prozessionskreuze, die Monstranzen dienen noch den öffentlichen Liturgien. Ihre Mehrzahl unterstützt jedoch die individuelle Frömmigkeit, wie jene kleinen Statuen und Elfenbeintafeln, die man in Paris herstellt und in ganz Europa verkauft. Sie dienen als Vorlage für die Bogenwerke und Wimperge, für die ganze dekorative Verkettung, die von der Hochkultur geerbt wurde. Am Ende dieses Abstiegs ins Volkstümliche dient das Trugbild einer schemati-

man sagte dem König folgendes: ‚Sire, falls der Herr von Berry alles bestätigt, was Betisac tatsächlich begangen hat, was immer es auch sein mag, so können wir nichts sehen, womit Betisac den Tod verdient hätte. Denn alles, was er sich zuschulden kommen ließ, als er sich mit der Eintreibung der Abgaben befaßte, geschah im Namen des Herzogs von Berry, der königliche Macht besaß, so wir Ihr heute. Doch könnte man eines tun, je nach Art der Missetaten, nämlich all seine Möbel und seinen Besitz beschlagnahmen und ihn wieder in den Stand zu versetzen, in dem er war, als er in die Dienste des Herzogs von Berry eintrat, und alles den armen Leuten zurückgeben durch die Seneschallen, die er am meisten mit Füßen getreten und in Armut gebracht hat.' Was soll ich euch noch lange erzählen? Fast war es soweit, daß Betisac freigelassen wurde, auch wenn er dabei all seinen Besitz verloren hätte, als neue Nachrichten eintrafen; ich werde euch sagen, welche. Ich weiß nicht und kann es nicht wissen, ob es so war, wie man urteilte und sagte: daß er eine geraume Zeitlang Ketzer gewesen war und viele erstaunliche und unglückselige Dinge getan hatte. Nach dem, was ich erfahren konnte, kam man eines Nachts zu Betisac, um ihm Furcht einzujagen und sagte zu ihm: ‚Betisac, um Eure Angelegenheiten steht es garzu schlecht; der König von Frankreich, sein Bruder und der Herzog von Bourbon, sein Onkel, haben einen tödlichen Haß auf Euch; denn es sind so viele Klagen über Euch gekommen von verschiedenen Seiten über den Zwang, den Ihr zu Eurer Regierungszeit in Languedoc ausgeübt habt, so daß alle Eure Festnahme wollen; und auch durch Euren Besitz könnt Ihr Euch nicht freikaufen. Man hat es dem König angeboten, doch der König, der einen tödlichen Haß auf Euch hat, hat zur Antwort gegeben, daß Eure Besitztümer ihm gehören und Euer Körper auch, und man wird Euch nicht lange halten, das sagen wir Euch wohl; denn am morgigen Tage wird man Euch herausholen, und wir nehmen stark an, daß Ihr, so wie es den Anschein hat, zum Tode verurteilt werdet.' Diese Worte jagten Betisac einen großen Schrecken ein, und er sagte zu jenen, die zu ihm sprachen: ‚Ah! Heilige Maria! Gibt es keinen Rat, der etwas tun könnte?' – ‚Ja' – antworteten sie – ‚sagt morgen früh, daß Ihr mit dem Rate des Königs sprechen wollt. Man wird zu Euch kommen oder Euch hinschicken. Wenn Ihr vor ihm steht, so sagt: ‚Meine Herren, ich fürchte, daß ich Gott zu sehr beleidigt habe, und der Zorn Gottes, den ich auf mich gezogen habe, drängt mich zu diesem Geständnis.' Man wird Euch fragen, warum; Ihr werdet zur Antwort geben, daß Ihr lange Zeit wider den Glauben verstoßen habt und daß Ihr ein Ketzer seid und bei Eurer Mei-

schen Kathedrale, letztes Überbleibsel dessen, was im XIII. Jahrhundert hohe Ästhetik war, als Rahmen für die Bilder der Holzschnitzerkunst, erbärmlicher Schatz der Ärmsten. Vom Baudenkmal zum bedeutungslosen Gegenstand – eine erste umfassende Veränderung.

Die zweite bringt zutage, was die Laien dachten und fühlten und wovon die Kunst, die wesentliche Kunst, deren Spuren uns erhalten sind, bis dahin nichts gezeigt hatte. Sie offenbarte Gedanken und Gefühle der hohen Kleriker. Im XIV. Jahrhundert hebt sich der Vorhang. Man entdeckt die Auswirkungen der franziskanischen und dominikanischen Predigten auf das weltliche Gewissen. Indem sie ständig vom Tode sprachen, entfachten Prediger- und Minoritenbrüder gleichzeitig den Wunsch nach Buße und das Verlangen nach Vergnügungen. Die Frömmigkeit, das Fest: die beiden entgegengesetzten Pole einer weltlichen Kultur, deren Fähigkeiten die neue Kunst erstmalig erkennen läßt, die sich sehr wohl das Gleichgewicht halten, ergänzen. Eine immer intimere, bis zum Egoismus reichende Frömmigkeit. Eine Feier, die ebenfalls dazu neigt, sich vor dem Natürlichen, dem Gemeinschaftlichen zu verschanzen, sich, wie das Gebet, immer mehr in die Abgeschiedenheit der Illusion zurückzuziehen.

Die Fürsten bestimmen den Ton der Frömmigkeit und der Feier. Da ist um 1400 der prunkliebendste unter ihnen, der Herzog Jean de Berry. Er war der Onkel Karls VI. von Frankreich, des wahnsinnigen Königs, dessen Geistesgestörtheit jedoch zeitweilig nachließ und der deshalb König blieb. Seine Onkel ließen ihn – eine Marionette. Sie nutzten seinen Reichtum aus und tauchten ihre Hände tief in den kostbarsten Schatz Europas. Das Gold der Steuern, das Gold des Königreichs verwendeten der Herzog von Anjoux und der Herzog von Burgund in ihrem Größenwahn zur Eroberung neuer Gebiete. Jean de Berry war ein Genußmensch, er benutzte den Reichtum für sein Vergnügen. Wie sein Vater Karl V. hatte er eine leidenschaftliche Vorliebe für schöne Dinge. Besonders für Bücher. Das schönste Stück aus seiner Sammlung sind die „Très Riches Heures" – ein Gebetbuch. Das ist das neue Christentum: Die Laien beten, wie einst nur die Mönche, in den kanonischen Stunden und verfolgen die Messe anhand eines Buches – eine stumme, persönliche Lektüre. Entsprechend ist auch das Gebet.

nung bleibt. Der Bischof von Béziers wird, wenn er Euch reden hört, Eure Übergabe fordern. Ihr werdet ihm sogleich ausgeliefert; denn für die Klärung derartiger Fälle ist die Kirche zuständig. Man wird Euch nach Avignon zum Papst schicken. Seid Ihr erst gut in Avignon, so wird niemand wider Euch Partei ergreifen aus Angst vor dem Herrn von Berry; selbst der Papst würde ihn nicht zu erzürnen wagen. Auf diese Weise, die wir Euch dargelegt haben, erlangt Ihr Eure Freilassung und verliert weder Körper noch Besitz. Bleibt Ihr indessen hier, ohne diesen Ort morgen zu verlassen, so werdet Ihr gehängt, denn der König haßt Euch ob des Grolls des Volkes, von dem Ihr allzusehr gehaßt werdet.'

Betisac, der diesen falschen Worten und Informationen vertraute – denn wer in Lebensgefahr schwebt, weiß nicht, was er tun soll –, antwortete: ,Ihr seid meine guten Freunde und beratet mich treu; daß Gott es euch vergelte, und es wird die Zeit kommen, daß ich euch großzügig danken werde.' Sie gingen wieder und Betisac blieb.

Als der Morgen kam, rief er den Kerkermeister herbei und sagte zu ihm: ,Mein Freund, ich bitte Euch, geht und sucht den und den' – dessen Namen er nannte – und der Informant und Inquisitor in seiner Sache war. Er antwortete: ,Gern.' Man teilte jenen mit, daß Betisac sie im Gefängnis wünsche. Die Informanten kamen; sie hofften und wußten bereits sehr wohl, was Betisac zu sagen hatte. Als sie sich in Betisacs Gegenwart befanden, fragten sie ihn: ,Was habt Ihr zu sagen?' Er antwortete und sagte folgendes: ,Edle Herren, ich habe meine Werke und mein Gewissen geprüft. Ich habe Gott sehr erzürnt; denn schon lange habe ich wider den Glauben geirrt; und ich kann weder an die Dreieinigkeit, noch an den Sohn Gottes glauben, der sich so weit erniedrigt hat, daß er im Körper einer Frau vom Himmel herabkam; und ich glaube und sage, daß es nach dem Tode keine Seele gibt.' ,Ach, Heilige Maria! Betisac' – antworteten die Informanten – ,zu sehr vergeht Ihr Euch wider die Kirche. Eure Worte verdienen das Feuer, das müßt Ihr wissen.' – ,Ich weiß nicht', sagte Betisac, ,ob meine Worte Feuer oder Wasser verdienen; doch hatte ich diese Meinung, seit ich denken kann, und ich werde sie immer beibehalten, bis ans Ende.' Vorläufig wollten die Informanten weiter nichts hören; und sie waren über seine Worte hocherfreut und schärften dem Kerkermeister ein, weder Mann noch Frau mit ihm sprechen zu lassen, um ihn nicht von seiner Meinung abzubringen; und sie kehrten zum Rate des Königs zurück und berichteten diese Neuigkeiten...

Betisacs Geschichte endet damit, daß man ihn am nächsten Tage um

Dieses Buch ist nicht nur Gegenstand der Frömmigkeit, sondern auch ein Kunstwerk. Um 1415 beauftragte Jean de Berry verschiedene Maler, die in seinen Diensten standen und deren Unterhalt er freigebig bestritt, es Seite für Seite auszuschmücken, und errichtete so eine Art Bildergalerie. Geheim jedoch, verschlossen, eifersüchtig gehüteter Besitz des Mäzens, so wie heute die Sammlungen der Kunstliebhaber. Das Buch öffnet sich, wie einst die Kathedralen, zu einem Kalender hin: den zwölf Monaten und den sie symbolisierenden bäuerlichen Arbeiten. Im Hintergrund erscheinen Landschaften, Felder, Wälder, Flüsse, doch nicht zusammengeballt, flach, wie sie ein halbes Jahrhundert zuvor Ambrogio Lorenzetti malte, sondern durchdrungen von einer gewissen Atmosphäre, tiefgründig, leuchtend; lebendig. Am Horizont einer jeden – ein Schloß, eine jener Wohnstätten, die der Hof des Herzogs Jean nacheinander zur Rast aufsuchte: Lusignan, Saumur, Etampes, Riom, Dourdan und Poitiers, der Pariser Palast, der Louvre, Vincennes. Die Reise von einem dieser Aufenthaltsorte zum anderen ist ein Vergnügen. Wie die der Pilger des Jahres Tausend, doch ohne religiösen Vorwand. Mit voranreitenden Herolden und Fanfaren paradieren elegante Herren und Damen, die in einem Wettbewerb von Firlefanz ihren Putz mit allen möglichen Zierden ausgestattet haben. In den Mittelpunkt der höfischen Kunst sollte man die Modeschöpfung stellen, die den Körper verkleidet, ihn mit Unwirklichem umhüllt. Das ist das Fest vor allem: sich kostümieren mit Extravaganz; Ungewöhnliches und Überflüssiges an sich zu sammeln, das, was die Welt an Kostbarstem und Nutzlosestem besitzt. Das Gold und die Edelsteine, die die Christen des XI. Jahrhunderts, die Suger, die Ludwig der Heilige noch um die Reliquien herum auftürmten, übersäen jetzt schillernd die Haut der Ritter, der Demoiselles – zum Vergnügen.

Dem Vergnügen, reich zu sein – zu genießen, spielen. Sobald die Leitung der künstlerischen Schöpfung den Händen der Priester entgleitet und in die Hände der Fürsten übergeht, tritt der spielerische Teil der ritterlichen Kultur schließlich klar zutage. Die obere Gesellschaft des XIV. Jahrhunderts ist von den Romanen des Rittertums angesteckt. Einer tut es dem anderen nach, und die Staatsoberhäupter umgeben sich mit Ritterorden, wie dem Hosenbandorden oder dem Goldenen Vlies. Mit ein paar aus-

zehn Uhr aus dem Gefängnis holte und zum Bischofspalast brachte; und dort waren die Richter und die Offiziale des Bischofs und alle Angehörigen des Hofes versammelt. Der Vogt von Béziers, der ihn gefangengehalten hatte, sprach folgendermaßen zu den Leuten des Bischofs: ‚Seht hier Betisac, den wir euch als Ketzer und als Frevler wider den Glauben übergeben; und wäre er nicht Geistlicher, so hätten wir mit ihm das gemacht, was er für seine Taten verdient.‘ Der Offizial fragte Betisac, ob er so war, wie man ihn beschrieb, und er möge doch, vor den Ohren des Volkes, dies sagen und bekennen. Betisac, in der Meinung, das Rechte zu sagen und durch sein Geständnis freizukommen, antwortete und sprach: ‚Ja.‘ Man fragte ihn dreimal, und dreimal gestand er laut, und das Volk hörte es. So seht nur, wie man ihn betrogen und getäuscht hatte; denn wäre er immer bei seinen Worten geblieben und bei den Dingen, um derentwillen man ihn festgenommen hatte, so wäre ihm kein Leid geschehen, sondern man hätte ihn freigelassen, denn der Herzog von Berry bestätigte all diese Tatsachen und daß er die betreffenden Abgaben auf seinen Befehl hin festgelegt und eingetrieben hatte. Doch man muß annehmen, daß ihm die Glücksgöttin nicht hold war; und als er sich auf ihrem Rad am sichersten fühlte, warf sie ihn in den Schlamm hinab, so wie sie es seit dem Bestehen der Welt in hunderttausend Fällen zu tun gepflegt hat. Betisac wurde von dem Gerichtsoffizial dem Vogt von Béziers übergeben, der im Namen des Königs die weltlichen Dinge lenkte, und dieser Vogt ließ ihn ohne alle Umschweife auf den Platz vor dem Palaste bringen; und alles geschah so überstürzt, daß Betisac keine Gelegenheit hatte, ihm zu antworten oder zu widerrufen; denn er sah den Scheiterhaufen auf dem Platz, und er befand sich in den Händen des Henkers; er war völlig verblüfft und sah wohl, daß man ihn betrogen und verraten hatte. So schrie er laut um Gehör, doch man schenkte ihm keine Beachtung und sagte zu ihm: ‚Betisac, es ist so befohlen. Ihr müßt sterben. Eure üblen Taten bringen Euch zu einem üblen Ende.‘ Man trieb ihn zur Eile an; das Feuer war bereit. Auf dem Platz hatte man ein Schafott errichtet und einen Pfahl mit einer großen Eisenkette, und an seinem Ende waren eine Kette und ein eisernes Halsband angebracht. Man öffnete dieses Halsband und legte es ihm um und schloß es wieder und zog es zum Pfahl hin an, auf daß es besser hielte. Man wickelte die Kette um die Befestigung, auf daß er gerader stünde. Er schrie laut und sagte: ‚Herzog von Berry, man läßt mich sterben ohne Grund, man tut mir Unrecht.‘ Sobald er an den Pfahl gebunden war, legte man eine große Menge Reisigbündel darum und setzte sie in Brand. Die Reisigbün-

erwählten Gefährten wollen sie die ritualisierten Tugenden der Helden der Tafelrunde nachahmen. Diese Liturgien, in denen sich das Profane mit dem Geweihten verbindet, entfernen sie immer weiter von der Wirklichkeit, das heißt vom Volke. Alles Volkstümliche wird verworfen, verleugnet. Entweder exorziert, wie die Bauern des Kalenders der „Très riches Heures", karikiert, in Rotten eingeteilt – Nebengestalten des Festes. Oder aber im Gegenteil verroht dargestellt, so wie sie in jener Miniatur der Illustration eines Volksliederbuches erscheinen – diesmal kein Schäfergedicht mehr, sondern geschmackloseste Karikatur, Burleske, die die Grenzen des Frevels überschreitet. Das Volk wird zunichte gemacht, denn die Menschen von Rang fürchten es; umsichtig halten sie es von den drei Vergnügungen der Ritterschaft fern: der Jagd, dem Krieg und der Liebe.

Falken und Hunde führen, das Wild zu Tode hetzen – wie es die Stickerei von Bayeux zeigte: vielleicht war das Weidwerk die erste der aristokratischen „Künste". Jedenfalls ist es die älteste; an ihm vergnügten sich bereits die jungen merowingischen Könige. Gaston Phebus, der Graf von Foix, schrieb wie einst Friedrich II. selbst eine Abhandlung über die Jagd. Denn die Jagd ist das Spiel der Fürsten; den Fürsten steht es also an, seine Regeln zu lehren; zu erklären, wie man sich auskennt unter all den Zeichen, dem Ruf des Jagdhorns, dem Bruch, dem Wildwechsel; wie man die Hunde und Vögel pflegt, Netze auslegt und Fallen stellt. Damit verbringt der Adel den Großteil seiner Zeit: sich hineinwagen ins tiefste Dickicht der wäldlichen Natur, brutales Vergnügen des erschöpften Körpers: wie viele Edelleute brachen damals Hals und Glieder, schwitzten Blut und Wasser, oder fanden gar den Tod bei jener wilden, tollkühnen Verfolgungsjagd. Begleitet von Jägern, ihren Kameraden und Komplizen und, für das Jägerrecht, von Edelfrauen.

Der Kampf ist eine andere Art des Spielens, die sich nicht merklich von der Jagd unterscheidet. Der allgegenwärtige Krieg hat im XIV. Jahrhundert an Grausamkeit zugenommen: der Hundertjährige Krieg, Bürgerkriege: Armagnac, Burgund, und all jene großen räuberischen Horden der Verwüstung, die wild niederbrennen und töten. Der Tod ist überall. Er lauert. Auf die königlichen Fürsten wie auf alle übrigen: Der von Orléans, der von Burgund werden ermordet, und dann kommt eine Folge von Racheakten.

del fingen sogleich Feuer. So wurde Betisac gehängt und verbrannt, und der König von Frankreich konnte dies von seinem Gemach aus sehen, wenn er wollte. Ein so trübes Ende nahm Betisac. So wurde das Volk an ihm gerächt, denn, wie man sagen hörte, hatte er sich in seiner Regierungszeit in den Marken des Languedoc viele Erpressungen zuschulden kommen lassen und ihm gar großen Schaden zugefügt."

Jean Froissart, „Chroniken".

*

DIE STRAFE DES COLINET DE PUISEUX.

„Am Donnerstag, dem 12. November, wurde Colinet de Puiseux mit sechs anderen Verrätern zu den Markthallen gebracht; er war der siebente und saß auf dem Karren auf einem Balken, höher als die anderen; er hielt ein Holzkreuz in seinen Händen und trug, wie zu dem Augenblick, in dem man ihn faßte, Priesterkleidung; so wurde er zum Schafott geführt, entkleidet und völlig nackt enthauptet. Er wurde zerstückelt, und seine vier Glieder wurden an jedem der Haupttore von Paris aufgehängt, und sein Körper wurde in einem Sack am Galgen aufgehängt … Und man hielt es für sicher, daß jener Colinet durch seinen Verrat Frankreich einen Schaden von mehr als zwei Millionen zugefügt hatte, ohne von den Menschen zu reden, die er töten, erpressen oder verschleppen ließ und von denen man nie mehr hörte."

„Aus dem Tagebuch eines Pariser Bürgers
zur Zeit des Hundertjährigen Krieges."

Der Krieg erregt jetzt Furcht. Sein wahres Gesicht hat Jean Colombe auf einer der Seiten der „Très riches Heures" gezeigt, gegenüber der zwanzigsten Totennocturn: die entsetzt zurückweichenden Krieger, die Armee der in Kampfordnung aufgestellten Gespenster, die unbesiegbar Schritt für Schritt unter der Führung eines leichenfahlen Pferdes vorrücken. In die Illusion, das Trugbild flüchtet sich also das Vergnügen, und man hat den Krieg verkleidet wie die Festungen mit ihrem von Arabesken strotzenden Zierat, berstend voll von Wimpeln und Bannern, von lohenden Federbüschen. Das Turnier ist der ins Fest umgewandelte geregelte Kampf. Ein anderer Fürst, René d'Anjou, hat ein Buch der Turniere verfaßt und es vielleicht auch mit eigener Hand bebildert. Es ist eine weitere Wissenschaft. Jeder Edelmann muß hierin ebenso bewandert sein wie im Weidwerk: Dieses Wissen stellt ein Privileg dar; es unterscheidet eine Elite maskierter Reiter von den übrigen Menschen. Die Abhandlung beginnt mit einem Verzeichnis sämtlicher sehr vornehmer Kämpfer: Wappen, Wahlsprüche, Kriegsrufe – es ist der Gotha des XV. Jahrhunderts. Dann beschreibt sie die klirrende Ritterrüstung, die aus jedem Turnierteilnehmer einen großen, plumpen, rasselnden, dornengespickten Käfer macht. Und doch drückt jedes einzelne Teil dieses schillernden Rahmens das gleiche sorgfältige Bemühen um Eleganz aus, und immer mehr Überflüssiges. All dies trägt man zur Schau bei den Zusammenkünften, die einander die ganze sportliche Saison hindurch ablösen. Die Fürsten sind die Veranstalter dieser ritterlichen Liturgien. Sie haben den entsprechenden Tag festgesetzt. Von überall her strömen die Ritter in Scharen herbei. Triumphal ist ihr Einzug in die geschmückte Stadt. Sie prunken bereits, stellen sich zur Schau. Musikalisches Vorspiel, Aufruf der Waffenherolde, Verteilung der Insignien: Das Spiel beginnt, unter den Blicken der Frauen. Zum Teil ist es noch, wie im XII. Jahrhundert, ein Gruppensport. In einem wirren Getümmel stehen sich zwei bis drei Parteien gegenüber. Wie im Kriege von Dienern und Knappen aufgewartet, suchen die Ritter Gefangene zu nehmen und träumen von Lösegeld, von Beute. Doch seinen Höhepunkt erlebt das Fest in den Zweikämpfen, dem Lanzenstechen. Dann kann jeder die Virtuosität dessen auskosten, was Jean Froissart als „Glanzleistung der Waffen" bezeichnet. Demonstrationen der Geschicklichkeit und der Kraft, die den Besten Ruhm und Preis

„Bald durchsuchte die sehr aufgebrachte Menge sämtliche Pariser Gast-
häuser nach Armagnaken; und alle, derer sie habhaft wurden, wurden
sofort zu Kriegern geführt und auf offener Straße mit Beilen oder anderen Waffen unbarmherzig niedergemetzelt. Und an jenem Tag schlug
jeder, der eine Waffe besaß, auf die Armagnaken ein, bis sie tot waren.
Währenddessen verfluchten sie Frauen, Kinder und schmächtige Leute
aus der Nähe mit den Worten: ‚Verräterschweine, es geht Euch sogar
noch besser, als Ihr's verdient habt. Wolle Gott, daß alle von Eurer Sorte
in einem solchen Zustand wären.' Also gab es keine einzige Straße, in
der nicht irgendwelche Menschen ermordet wurden, und ehe die Armagnaken 100 Schritte taten, standen sie nur in ihren Hosen da. Und man
stapelte ihre Körper wie die Schweine mitten im Schlamm auf (der sehr
weit verbreitet war, weil es in jener Woche täglich sehr stark geregnet
hatte). An jenem Tag wurden 522 Männer auf diese Art in den Straßen
getötet, hinzu kamen die in ihren Häusern verstorbenen. Und in jener
Nacht regnete es so stark, daß die Leichen nicht mehr übel rochen; ihre
Wunden wurden so gut durch den Regen gewaschen, daß am Morgen
nur geronnenes Blut in den Straßen übrigblieb, aber keinerlei Unrat.
Unter den Armagnaken mit bekannten Namen, die in diesen Tagen
gefaßt wurden, befand sich Bernhard d'Armagnac, Konnetabel von
Frankreich, der genauso grausam war wie Nero, Henri de Marle, der
französische Kanzler, und Jean Gaudé, Kommandant der Artillerie, der
schlimmste von allen, der den Arbeitern, als sie ihre Löhne forderten,
antwortete: ‚Hat nicht jeder von Euch einen kleinen Silberling für den
Strick, mit dem er sich aufhängen kann? Beim Heiligen Claudius, Ihr
Kanaillen, es ist zu Eurem Besten!' Und sie bekamen keine andere Antwort als diese.

Und so sammelte dieser Gaudé ein Vermögen an, das umfangreicher
als das des Königs war. Außerdem waren dort Meister Robert de Tuil-
lières und Meister Oudart Baillet; der Abt von Saint-Denis in Frankreich, ein ganz falscher Heiliger; Remonnet de la Guerre, Anführer der
schlimmsten Diebe, die man finden konnte, noch schlimmer als die Sarazenen; Meister Pierre de l'Esclat; Meister Pierre le Gaiant, ein Schismatiker und Ketzer, der auf der Place de Grève gepredigt hatte und den
Scheiterhaufen verdient hätte; der Bischof von Clermont, von allen der
erbittertste Gegner des Friedens, und viele andere. Und es waren so
viele im Palast, im kleinen und im großen Châtelet, in Saint-Martin, in

eintragen. Fast hochzeitliche Paraden, Liebestänze der Männer vor den Damen – ist das Spiel des Kämpfens letzten Endes etwas anderes als einer der Höhepunkte eines anderen Spiels, des Liebesspiels?

Tatsächlich erreicht im XIV. Jahrhundert das ritterliche Fest sein Höchstmaß in der edlen, der höfischen Liebe – einem Monopol der Angehörigen des Hofes. Vor allem durch erotische Verirrungen – wie es die Freske des Campo Santo beweist – sucht die Aristokratie ihre Angst vor dem Tode zu betäuben. Ein weiteres Spiel, dessen Regeln dreihundert, zweihundert Jahre zuvor allmählich festgelegt wurden: Man wählt seine Dame, trägt ihre Farben, dient ihr wie ein Vasall seinem Herrn; man erwartet ihre Gaben, erobert sie. Als nach dem Jahre 1300 die bedeutende Kunst eine Verweltlichung erfährt, schildert sie unermüdlich die Riten des Liebesspiels. Auch dieses Spiel trägt man gern im Freien aus. Doch weder der kahle Gefechtsplatz noch die Hochwälder der Jagdreviere sind hierzu angetan, sondern der Obstgarten, geschlossene Gärten, wie die von Saint-Pol in Paris, im Marais, wo der König von Frankreich, nachdem er den Louvre und die Cité verlassen hatte, 1400 seinen Aufenthaltsort wählte: Phantasielaubwerk, Rosensträucher, die profane Entsprechung der Klöster der Mönche. Auch hier ist die Natur eingeschlossen, gebändigt, die Brise, der Duft von Gras und Quellen gefangen – ein Besitz wie die Schmuckstücke; wie diese berufen, den Jubel zu verstärken. In der Ergriffenheit vor den Wundern der Schöpfung treffen sich höfischer und franziskanischer Geist.

Um in die abgegrenzten Bereiche der Entspannung einzudringen, sich den Jungfrauen mit ihren Blumenhauben zu nähern, mußte der ritterliche Mann seine Pferde, seine Rüstung, seinen Dolch zurücklassen und durch entsprechende Gewänder eine andere, halb weibliche Rolle annehmen. Er zügelt die Heftigkeit seiner Gebärden. In seinem reizvollen Putz bemüht er sich beim Reiten um Anmut, versucht sich in neuen Wendungen, beobachtet, kritisiert, preisgekrönt wie die der Turnierkämpfer. Sorgfältig haben die Elfenbeinschleifer die Phasen des Liebesgefechts auf der Rückseite von Spiegeln oder Parfumdosen dargestellt: Kennenlernen; vorerst nur eine Begegnung der Augen; man liefert sich das Gefecht zunächst durch flüchtige Blicke, und der Funke, der mörderische Pfeil, trifft tief und entflammt das Herz. Danach:

211

Saint-Antoine, in Tiron, im Tempel, daß man bald nicht wußte, wo man sie hintun sollte. Aber die Armagnaken waren immer am Hafen von Saint-Antoine: Jede Nacht tönte Alarm, große Feuer wurden gemacht und Trompeten klangen vor und nach und um Mitternacht; dennoch gefiel all dies dem Volk, das alles bereitwillig mitmachte. Am Donnerstag, den 9. Juni, gründete das Volk die Andreas-Bruderschaft in der Pfarrkirche Saint-Eustache; jedes Mitglied trug rote Rosen an seinem Hut, und so viele Pariser traten der Bruderschaft bei, daß die Meister der Bruderschaft behaupteten, sie hätten mehr als sechzig Dutzend Hüte machen lassen müssen; und dennoch fehlten welche vor der Mittagszeit. Die Kirche von Saint-Eustache war brechend voll und roch so gut, daß man sagte, sie sei mit Rosenwasser geputzt worden. – In derselben Woche baten die Einwohner von Rouen die Pariser um Hilfe: daß sie 300 Lanzen und 300 Bogenschützen schickten, um gegen die Engländer zu kämpfen."

*

DER TOD DES HENKERS CAPELUCHE.

„Am Montag, dem 22. August, wurden einige Frauen verurteilt und, nur mit ihrem Hemde bekleidet, auf offener Straße hingerichtet. Dies besorgte der Henker verbissener als jeder andere; doch richtete er dabei auch eine schwangere Frau hin, die keineswegs schuldig war. So wurde er festgenommen und mit zwei weiteren Komplizen im Châtelet gefangengesetzt, und drei Tage später wurden sie alle drei hingerichtet. Und bevor er starb, zeigte er seinem Nachfolger, wie man die Köpfe abschlug; man löste seine Fesseln, und er legte sich selbst die Schneide an Hals und Gesicht, zog sein Messer hervor, so, als würde er einen anderen und nicht sich selbst hinrichten, was alle in Erstaunen versetzte; dann flehte er Gott um Erbarmen an, und sein Diener enthauptete ihn. Gegen Ende August war es Tag und Nacht so heiß, daß niemand schlafen konnte. Außerdem trat eine Beulenepidemie auf, die vor allem junge Leute und Kinder befiel und eine große Sterblichkeit zur Folge hatte."

„Aus dem Tagebuch eines Pariser Bürgers
zur Zeit des Hundertjährigen Krieges."

212

Mann und Frau Seite an Seite, auf der gleichen Bank, wie Christus und die heilige Jungfrau, am Tympanon der Kathedralen, in den Krönungsdarstellungen. Schließlich das Spiel der Hände, die Gunstbezeigungen, wobei es die Regel will, daß man die Dame nicht unter Druck setzt; es ist an ihr, allmählich nachzugeben, an einem gewissen Punkt zuvorzukommen, Wegbereiterin zu sein. Ich sprach von einer Verweltlichung der Kunst, einem Einbruch der profanen Werte. Doch in dem von der sakralen Kunst hinterlassenen Rahmen. Die Formen, die Themen der kirchlichen Ikonographie finden nacheinander erneut Verwendung, und der Baum des Paradieses, der Sünde Adams, der Versuchung, wird ohne jede Mühe zum Baum des Glücks.

Zweideutigkeit. Durch die Ansammlung der Riten des Vergnügens und der der Frömmigkeit offenbart die neue Kunst nichts anderes als die untrennbare Verknüpfung von Furcht und Wonne. Genial hat der Maler des Campo Santo von Pisa dies in den Gesichtszügen der jungen Frauen im Liebesgarten zum Ausdruck gebracht. Tatsächlich baut auf einer solchen Verflechtung von Gebet und Spiel das Dasein aller Männer und Frauen der oberen Gesellschaftsschicht jener Zeit auf. In Fortsetzung der Meditationen St. Bernhards über die Menschwerdung, des Jubels des Franz von Assisi angesichts der Schönheit der Natur lehren jetzt auch die strengsten Theologen der Universität, daß sich die Erkenntnis in zwei Richtungen entwickelt, auf dem mystischen und dem fleischlichen Weg, und so im Alltäglichen die Spaltung der Haltungen rechtfertigt. Die Herren des französischen Hofes, die von Windsor, von Prag, von Neapel, betäubten sich; doch bangen Herzens, in dem Bewußtsein, daß die Welt, die sie mit aller Kraft zu fassen glaubten, sich zur Nacht hin öffnet, zu Schrecken, Tod und den ungewissen Ufern, deren Schwelle er bildet. Dies verleitete sie dazu, abwechselnd die höchste Verfeinerung des Vergnügens und der asketischen Kasteiung zu suchen – eine Wechselfolge. Kamen sie vom Ball, vom Turnier, so stürzten sich Damen und Fürsten in eine Zelle, eine Kapelle, versanken in Andacht vor dem Bild des Gekreuzigten. Bis dahin hatte die bedeutende Kunst nur eine Seite des Lebens, die monastische, die klerikale gezeigt. Endlich spiegelt sie die Kultur in ihrer Gesamtheit, ihrer Dualität wider.

Von den gleichen Künstlern, denen das Schmücken ihrer Kir-

„Kaum acht Tage später verteuerten sich Getreide und Mehl dermaßen, daß auf dem Zentralmarkt ein Schoppen Getreide nach Pariser Maß 30 Francs der damaligen Währung kostete und das gute Mehl 32 Francs; bei einem Stückpreis von 24 Pariser Heller fand sich kein Brot, und das schwerste mochte kaum 20 Unzen wiegen. Es war eine sehr schlechte Zeit für die armen Leute und die mittellosen Priester, die nur zwei Pariser Heller für eine Messe einnahmen. Statt Brot aßen die armen Leute nur Kohl und Rüben, ohne Brot und ohne Salz. Vor Weihnachten kostete das Brot zu 4 Silberlingen 8 Silberlinge, und man erhielt es nur, wenn man vor Tagesanbruch zum Bäcker ging und den Bäckerjungen Schoppen dafür gab. Ein Schoppen Wein kosteten mindestens 12 Heller, und wer ihn zu diesem Preis kaufen konnte, beklagte sich nicht, denn von acht Uhr an gab es an den Eingängen der Bäckerläden ein solches Gedränge, daß man es nicht glauben würde, hätte man es nicht selbst gesehen. Und wenn – aus Geldmangel oder weil der Andrang zu groß war – diese armen Kreaturen, die ihrer Männer wegen gekommen waren, die auf dem Felde arbeiteten, oder ihrer Kinder wegen, die zu Hause Hunger litten, kein Brot bekamen, so konnte man ihre Wehklagen hören und die Schreie der kleinen Kinder: ‚Ich sterbe vor Hunger! Oh weh!‘

Auf den Misthaufen in Paris hättet ihr überall zwanzig bis dreißig Kinder, Jungen und Mädchen, finden können, die vor Hunger und Kälte starben. Und bei ihren Schreien ‚Oh weh! Ich sterbe Hungers!‘ wäre auch das härteste Herz von Mitleid erfaßt und erweicht worden. Doch die armen Familienväter konnten ihnen nicht helfen ohne Brot, ohne Getreide, ohne Holz oder Kohle. Und das arme Volk machte, indem es Tag und Nacht auf der Lauer lag, solche Qualen durch, daß gegenseitige Hilfe ausgeschlossen war… Am 27. Dezember reiste Katharina von Frankreich nach ihrer Heirat mit dem König von England nach England ab: Gerührt nahm sie Abschied von ihrem Vater, dem König. Der König von England ließ den Herzog von Clarence und zwei weitere Grafen als Hauptleute in Paris, und sie richteten wenig Gutes an. Der Schoppen Getreide kostete damals 32 Francs und mehr, der Schoppen Gerste 27 und 28 Francs, und ein Brot von 16 Unzen 8 Silberlinge. Was die Armen anging, so hatten sie weder Erbsen noch Pferdebohnen zu essen, es sei denn, man schenkte sie ihnen. Ein Schoppen eines mittleren Tischweines kostete mindestens 16 Heller. Es war noch nicht lange her, da könnte

chenschiffe, ihrer Rüstung, des Körpers ihrer Liebsten oblag, forderten die Mäzene Bilder, die es vermochten, ihrem Gebet mehr Inbrunst zu verleihen, sie Gott näherzubringen, jeden für sich, und jenen frommen, den sogenannten „modernen", das heißt den individuellen Eifer anzustacheln. Die Requisiten der Frömmigkeit haben so die höfische Kunst erfüllt; höchst kostbar, kaum von profanem Schmuck zu unterscheiden – Reliquienschreine; denn in der Laienwelt glaubte man mehr als je zuvor an die schützende, rettende Macht der heiligen Körper; denn man wollte sie nicht nur in den Krypten aufsuchen, man wollte Teile davon in seiner Kammer haben, in seiner Nähe, sie bei sich tragen wie Amulette. Gern trug man auch als Schutz vor dem Bösen das erlösende Bild des gekreuzigten Christus, stellte man in seiner Nähe das Bildnis der Schutzengel auf, und für das Gebet in der Stille, in der Stunde der Gefahr, der Unruhe oder einfach zu den von dem Ritual der Andacht vorgeschriebenen Stunden, Triptychone, Diptychone, eine winzige Kapelle für die Reise: Machte man Rast, so öffnete man sie, wie man die Altarflügel öffnete, um sein Herz zu erwärmen angesichts des ergreifenden Schauspiels des Lebens Christi und der Heiligen.

Von diesen Bildern erwartete man nicht, daß sie zum Göttlichen führten über den Verstand, sondern über die Empfindsamkeit, daß sie Rührung erweckten. Die einen durch Zärtlichkeit, und deshalb weiblich: zahllose Heiligenstatuen, liebenswürdig, voller Mitgefühl; überall die Jungfrau mit dem Kind, geschmückt, mütterlich, beim Stillen; Milch, die Brust der Maria – ikonographische Erfindungen, die dazu ausersehen sind, bis an die verborgensten Fasern des Unbewußten zu rühren: Rückkehr zur Kindheit, Entdeckung der Kindheit; der Blick gleitet hin zu dem, was von der Menschlichkeit Gottes am sichersten zu Herzen geht: zu dem Jesuskind. Andere Bilder stellen den Kontrapunkt dar, gehen anders vor, um zu Tränen zu rühren. Sie zeigen gemarterte Körper: körperliche Leiden, schmerzhaften Tod, von einer unabwendbar sündhaften Welt in ihrer Bosheit verbreitet. Als Krönung des Ganzen, die Darstellung des Todes Gottes, zur Verneinung aller trügerischen Reize der Welt. An die Schwelle der Kathedrale hatte das XIII. Jahrhundert das Antlitz eines heiteren Christus gesetzt, der von Frieden sprach, von einer Auferstehung im Lichte, vom Leben. In der Kartause von Champmol bei Dijon

215

man einen besseren, oder zumindest ebenso guten Wein für 2 Heller kaufen."

„Aus dem Tagebuch eines Pariser Bürgers
zur Zeit des Hundertjährigen Krieges."

errichtete Claus Sluter am späten Ende des XIV. Jahrhunderts für seinen Herrn, den Herzog von Burgund, einen Fürsten der Lilien, das Bildnis eines hingeschiedenen Jesus, gestorben in der Angst, der Hoffnungslosigkeit, so wie alle Menschen, seine Brüder, eines Tages sterben werden.

DER TOD

„Am 5. Mai wurde der Bastard von Vauru durch die ganze Stadt Meaux geschleppt und dann enthauptet; seinen Körper hängte man an jenem Baume auf, einer Ulme, die er selbst zu seinen Lebzeiten den Baum von Vauru genannt hatte; sein Kopf wurde ganz oben auf eine Lanzenspitze gesteckt und sein Körper mit seiner Fahne bedeckt. Neben ihn hängte man einen Spitzbuben und Mörder mit Namen Denis von Vauru, der sich als seinen Vetter ausgab und dessen aufgrund seiner Grausamkeit sehr wohl würdig war; denn nie zuvor hatte man von einem solchen Tyrannen gehört. Jeder Landmann, den er entdeckte und zu fassen bekam oder fassen ließ und bei dem es sich herausstellte, daß er für ihn kein Lösegeld erzielen konnte, wurde auf der Stelle an den Schwanz eines Pferdes gebunden und bis zu dieser Ulme geschleift. Und wenn sich kein Henker fand, um ihn zu hängen, so besorgten er oder sein Vetter dies selbst. Doch hört nur die schlimmste der Grausamkeiten dieses Mannes, der Nero auf diesem Gebiet noch übertraf: Eines Tages nahm er einen jungen Mann gefangen, der am Pflügen war, band ihn an den Schwanz seines Pferdes und schleifte ihn so bis nach Meaux, wo er ihn foltern ließ; in der Hoffnung, diesen Qualen zu entrinnen, versprach ihm jener, was er verlangte; doch das Lösegeld war so hoch, daß auch drei Männer wie er es nicht hätten zahlen können. Er bat seine Frau, die er im gleichen Jahre geheiratet hatte und die ein Kind erwartete, um diesen Betrag. Seine Frau, die ihren Mann zärtlich liebte, kam nach Meaux in der Hoffnung, das Herz des Tyrannen zu erweichen; doch sie richtete nichts aus: Der verfluchte Mann sagte ihr, daß er ihren Gatten an der Ulme hängen ließe, wenn am festgesetzten Tage das Lösegeld nicht da war. Da empfahl die junge Frau ihren Ehemann Gott und weinte bitterlich, und auch dieser war seinerseits voll des Mitleids mit ihr. So ging sie und fluchte ihrem Schicksal und gab sich alle Mühe, das Geld zusammenzubringen; doch gelang ihr dies erst acht Tage nach der gesetzten Frist. Nachdem diese abgelaufen war, ließ der Tyrann den jungen Mann ohne Mitleid und ohne Gnade an seiner Ulme sterben, so, wie er es mit allen übrigen getan hatte. Sobald die Frau das Lösegeld zusammengebracht hatte, kehrte sie zurück und forderte weinend ihren Gatten von dem Tyrannen: Sie konnte nicht mehr stehen, denn ihre Niederkunft stand bevor, und sie hatte einen langen Weg hinter sich; sie war so entkräftet, daß sie in Ohnmacht fiel. Als sie wieder zu sich kam, forderte sie erneut ihren Gatten; doch man antwortete ihr, sie könne ihn erst sehen, nachdem das Löse-

Das Schauspiel von Golgatha – die Kreuze, die Körper der Hinge-richteten – beherrscht erdrückend die Kunst des XIV. Jahrhun-derts. Es ist ein Aufruf zur Buße. Gleichzeitig ist es ein Aufruf zur Hoffnung: Hat Christus nicht einem seiner Leidensgenossen, der doch ein Verbrecher, ein Dieb war, versprochen, daß er noch am selben Abend im Paradies sein werde? Und vor allem, ist Jesus nicht am dritten Tage wieder auferstanden, triumphierend dem Grab entstiegen, um sich in die Herrlichkeit des Himmels zu er-heben? So kommt zu der Szene von Golgatha die Allegorie der Dreifaltigkeit hinzu: Der Leichnam Jesu ruht in den Armen des Vaters; zwischen den beiden Gesichtern – wie ein Verbindungs-strich – die Taube des Heiligen Geistes. Eine wirkliche Hilfe für das christliche Volk, um das Schicksal Christi zu teilen, zu sterben, so wie er gestorben ist, doch den Tod zu überwinden, so wie Jesus selbst ihn tausendvierhundert Jahre zuvor überwunden hat. Das wahre Mittel hierzu bildet eine Identifizierung mit Christus, wie sie Franz von Assisi gelungen war; sich Christus in seinem Leiden, seiner Demütigung anzuschließen. Doch wer kann schon auf Erden leben, geplagt von einer derartigen Begehrlichkeit? Aber sterben kann jeder, und alles steht auf dem Spiel in dem entschei-denden Augenblick, dem des Übertritts. Man muß sich bereithal-ten. Überzeugt von ihrem Erfolg, verbreiteten daher die Buchher-steller am Ende des XIV. Jahrhunderts Rezepte für den rechten Tod: die „Artes moriandi", dünne Broschüren, Sammlungen von Bildern, ein wegweisender Leitfaden.

Die Stunde des Todes ist die eines Turniers, dessen Kampfplatz das Sterbezimmer bildet, oder besser das Bett des Todeskampfes. (Nur in seinem Bett stirbt man gut: Am meisten fürchtet man den plötzlichen, unvorhergesehenen, den unvorbereiteten Tod.) Vor dem Richterpodium bietet ein Kämpfer, der Schutzengel, den ihre Krallen ausstreckenden Dämonen die Spitze. Die Seele des Ster-benden ist der Einsatz des Kampfes. Um zu siegen, bedienen sich die Einheiten des Bösen einer Kriegslist: Eine nach der anderen werfen sie ihre Köder aus, schildern in schillernden Farben all das, was der Sterbende im Laufe seines Lebens ersehnt hat; in der Stunde des Hinscheidens ist es angebracht, sich der Sinnenfreu-den zu erinnern, die ihn einst zum Straucheln brachten – nicht um ihnen nachzutrauern, sondern um sie zu verfluchen, sich ihrer für immer zu entledigen. Dort ist also die verlockende

geld gezahlt war. Sie wartete noch etwas und sah, wie man weitere Bauern anschleppte, die, als sie nicht zahlen konnten, erbarmungslos ertränkt oder gehängt wurden. Da überkam sie große Angst um ihren Mann, den ihr armes Herz in einem jämmerlichen Zustand wiederzufinden fürchtete; doch sie liebte ihn so, daß sie ihnen das Lösegeld gab. Sobald sie es hatten, befahlen sie ihr zu gehen und sagten ihr, daß ihr Mann, wie die anderen Bauern, tot sei. Als sie diese grausamen Worte hörte, brach ihr der Schmerz schier das Herz: Sie begann zu ihnen zu sprechen wie eine Besessene, eine Rasende, die der Schmerz um ihren Verstand gebracht hatte. Als der Bastard von Vauru ihre Worte hörte, die gar nicht nach seinem Geschmacke waren, ließ er sie durchprügeln und zu seiner Ulme führen und an den Baum binden; er ließ ihre Kleider so kurz schneiden, daß man ihren Nabel sehen konnte: hatte man je eine derartige Unmenschlichkeit gesehen! … Über ihrem Haupte baumelten die Körper von mindestens achtzig Gehängten, und jene, die am niedrigsten hingen, streiften ihren Kopf, was in ihr einen solchen Schauder erregte, daß sie sich nicht mehr auf den Beinen hielt; die Stricke, mit denen ihre Arme festgebunden waren, schnitten in ihre Haut, und sie stieß unabläßig laute Schreie aus und stöhnte jämmerlich. Die Nacht kam, und ihre Verzweiflung war grenzenlos bei dem Gedanken an die Qualen, die sie an einem so fürchterlichen Orte litt; sie jammerte: ‚Herr, mein Gott, wann wird dieser schreckliche Schmerz aufhören, den ich leide?‘ Sie schrie so laut und so lange, daß man es bis in die Stadt hören konnte; doch niemand hätte es gewagt, sie zu befreien, ohne den Tod zu riskieren. Inmitten dieser Qualen und dieser Schreie setzten die Wehen ein, hervorgerufen durch ihr heftiges Schreien und auch durch die Kälte, den Wind und den Regen, der von allen Seiten auf sie niederpeitschte. Sie schrie so laut, daß die Wölfe auf der Suche nach Aas geradewegs zu ihr liefen. Sie stürzten sich auf ihren armen Bauch, bissen ihn auf und holten das Kind in Stücken heraus und zerrissen den Rest des Körpers. So starb diese arme Kreatur im März, in der Fastenzeit des Jahres 1421.“

„Aus dem Tagebuch eines Pariser Bürgers
zur Zeit des Hundertjährigen Krieges.“

222

Vision dessen, was der Sünder in seinen Händen gehalten hat, was er behalten wollte: die Macht, das Gold, all die bedeutungslosen Reichtümer, die man nicht mitnimmt, und selbstverständlich die Frau. All das weist der gute Christ zurück und proklamiert die Eitelkeit der vergänglichen Dinge. Sterben ist ein wenig wie Predigen. Man muß also in der Öffentlichkeit sterben, um allen noch lebenden Anwesenden eine Lektion der Entsagung zu erteilen. Die „Kunst des Sterbens" erinnert jedoch daran, wie ungewiß der Kampf ist, daß man sich nicht ganz allein retten kann und daß es ratsam ist, im geeigneten Augenblick die Arme dem Erlöser entgegenzustrecken, das heißt dem gekreuzigten Christus; sich anzuvertrauen, in der Hoffnung, daß, sobald die Dämonen fliehen, die Seele gerettet ist.

Aber der Körper? Dieser „köstliche und zärtliche" Körper, den man so gerne erfreute? Das Christentum, das die Kunst durch ihre Verweltlichung offenbart, das Christentum des einzelnen, gliedert sich um die oberste Frage: Was geschieht mit dem Körper der Verstorbenen? Die Religion des Volkes dreht sich natürlich um das Leichenbegängnis. Der Tod ist ein Übergang. Auf der Erde bleibt ein Objekt zurück: der Leichnam. Um ihn soll sich eine prunkvolle Zeremonie entfalten. Die Sitte will ein letztes Fest. Die sterbliche Hülle wird geschmückt, einbalsamiert, wenn man reich genug ist, lange zur Schau gestellt und dann von einem Zug von Freunden, Kollegen und Armen zu ihrer letzten Ruhestätte geleitet. Feierlich soll diese sein. Das wesentliche Kunstwerk des XIV. Jahrhunderts ist nicht die Kathedrale; mehr noch als der Palast ist es das Grab. Sobald eine Familie zu einem gewissen Reichtum gelangt war, trug sie dafür Sorge, die Ihren vor dem Massengrab zu bewahren, vor jenen Beinhäusern, wo die Karren in aller Eile die sterblichen Überreste der Unbemittelten abluden. Sie bestimmte die Errichtung einer Ruhestätte, ähnlich der der Heiligen, wie die der Könige von Saint-Denis, wo sich Mann, Frau, Kinder, Vettern Seite an Seite niederlegen würden. Meist war es eine einfache Platte. Doch man mußte sie noch im Rahmen des Möglichen verzieren: mit einer Statue, Darstellungen der Verstorbenen, so wie man sie zum letzten Male beim Begräbnis auf ihrem Prunkbett gesehen hat. Sie sind bekleidet, geschmückt und – sofern es sich um Ritter handelt – bewaffnet; sie knien zusammen vor der Heiligen Jungfrau, die Männer zur Rechten, die

„Am Sonntag, dem 17. August, trafen in Paris zwölf Büßer ein: ein Herzog, ein Graf und zehn Männer, alle zu Pferde; sie gaben sich als gute
Christen aus und behaupteten, sie kämen aus Niederägypten; sie sagten,
sie seien einst Christen gewesen und es vor kurzem wieder geworden,
unter der Drohung der Todesstrafe, nachdem die Christen ihr Land erneut unterworfen hatten. Jene, die getauft waren, hatten ihre Herrschaft
im Lande wiedererlangt und versprochen, sich als gute und treue Gläubige zu zeigen und das Gesetz Christi bis zu ihrem Tode zu achten...
Und sie sagten, daß sie, als sie bereits eine Zeitlang Christen waren, von
den Sarazenen überfallen wurden: Da war ihr Glaube ins Wanken geraten; sie hatten ihr Land nicht verteidigt und hatten den Krieg ohne den
genügenden Mut geführt; sie hatten sich ihren Feinden ergeben, ihren
Glauben verleugnet und waren wieder zu Sarazenen geworden. Nun,
als die christlichen Fürsten, wie der Kaiser von Deutschland, der Kaiser
von Polen und andere Herrscher hörten, daß sie so unserem Glauben
abgeschworen hatten, um erneut zu Sarazenen und Götzenanbetern zu
werden, nahmen sie ihre Verfolgung auf und besiegten sie kurz darauf;
sie hatten gehofft, daß man sie in ihrem Lande ließe, doch der Kaiser und
die übrigen Herrscher berieten und beschlossen, daß sie nur mit Einwil-
ligung des Papstes auf ihren Besitztümern bleiben konnten und daß sie
sich also nach Rom zum Heiligen Vater begeben mußten. Alle gingen
sie, groß und klein, letztere unter großer Mühe, und beichteten ihre Sünden. Nachdem der Papst ihre Beichte angehört hatte, gab er ihnen zur
Buße auf, in den nächsten sieben Jahren die Welt zu durchwandern, ohne
je in einem Bett zu schlafen oder über irgendwelche Annehmlichkeiten
zu verfügen. Was ihre Auslagen anging, so ordnete er an, daß jeder
Bischof oder Abt, der den Krummstab trug, ihnen ein einziges Mal zehn
Pfunde zu geben hatte, und er ließ ihnen ein Schreiben in diesem Sinne
für die Prälaten der Kirche aushändigen und segnete sie. Sie machten
sich auf den Weg, und bevor sie in Paris ankamen, durchstreiften sie fünf
Jahre lang die Welt. Ein Großteil der Gruppe – hundert bis hundert-
zwanzig Männer, Frauen und Kinder – kam erst am Tage der Enthaup-
tung Johannes' des Täufers an; die Gerichtsbehörden verweigerten
ihnen den Einlaß in Paris und nötigten sie, in der Kapelle von
Saint-Denis Unterkunft zu suchen. Als sie ihr Land verließen, waren es
ihrer etwa tausend oder zwölfhundert; doch der Rest war unterwegs
gestorben. Ihr König und ihre Königin und alle Überlebenden hegten

Frauen zur Linken, wie in der Kirche. Auf jeden Fall graviert man zu ihrer Identifizierung ihre Namen, ihre Wahlsprüche ein. Der Tote will, daß man ihn erkennt. Er fordert, daß man ihn nicht aus der Erinnerung auslöscht, daß man ihn dort weiß, bis zum Ende der Welt, bis zur Wiederauferstehung der Körper. Alle Verstorbenen flehen jeden, der an ihren Särgen vorbeizieht, um die heilige Barmherzigkeit an.

Diese Grabplatten bedeckten völlig die Umgebung und das Innere der Kirchen. Machte man ein Testament, so bedeutete das in erster Linie die Wahl einer Grabstätte, das Aufbringen der nötigen Mittel, um sich die religiösen Dienste zu sichern, die immer wiederkehrenden Jahrestage, zweihundert Seelenmessen, tausend Messen, hunderttausend Messen – und so gelangte eine Anzahl mittelloser Priester zu hierin begründeten Zuwendungen, und in allen Städten kam eine Zunft von Grabsteinschleifern zu reicher Blüte. Das im Laufe eines Lebens mehr oder weniger leidlich verdiente Geld war früher den Bruderschaften zugefallen und hatte dem Bau von Klöstern, von Kathedralen gedient; jetzt verwendete man es vor allem zum Errichten und zum Verschönern von kleinen Familienkapellen.

Diese Denkmäler richten sich nach dem jeweiligen Vermögen. Es gibt keine Gleichheit am Grabe: Wie die Gesellschaft der Lebenden, so ist auch die der Toten unterteilt, hierarchisch gegliedert; so wie sie ist, tritt die Menschheit mit ihren Graden, ihren Würden, ihren Ämtern ins Jenseits hinüber. Im Hochmittelalter hatte die Evangelisierung langsam die Gräber jener Waffen entledigt, jener Werkzeuge, jener mehr oder weniger prächtigen Ziergegenstände, die die Toten in ihr anderes, nächtliches Leben mitnahmen. Als vom XIII. Jahrhundert an die Predigten der Franziskaner oder der Dominikaner das Christentum zu einer wahrhaft volkstümlichen Religion machten, bedeckten sich die Grabstätten erneut mit Ornamenten. Damals schlug sich das Beste der künstlerischen Schöpfungen in einigen Gruften nieder, die den Mächtigen der Erde gehörten.

Auf daß Enrico Scrovegni, der reichste Wucherer in Padua, in Frieden ruhe, jedoch in einem seiner verflossenen Größe gemäßen Rahmen, wurde der bedeutendste Maler der Welt, Giotto, berufen, die Grabkapelle mit Meisterwerken zu verkleiden. Diese Fresken sind, das darf man nicht vergessen, wie die Malereien

noch immer die Hoffnung auf die Besitztümer dieser Welt, denn der Heilige Vater hatte ihnen nach Ablauf ihrer Bußzeit ein gutes und fruchtbares Land versprochen, wo sie seßhaft werden konnten.

Sie ließen sich in Saint-Denis nieder, und nie hatte man bei der feiertäglichen Segnung solche Menschenmassen gesehen, ob sie nun aus Paris, aus Saint-Denis oder der Umgebung kamen, um sie zu sehen; in der Tat waren ihre Kinder, Knaben und Mädchen, von unvergleichlicher Gewandtheit; fast alle hatten Löcher in den Ohren und trugen in jedem Ohr einen oder zwei Silberringe; sie sagten, dies sei so Mode in ihrem Lande.

Die Männer waren sehr dunkel und kraushaarig; die Frauen dunkelhäutig und von nie gesehener Häßlichkeit; alle hatten Wunden im Gesicht [Tätowierungen zweifellos] und das schwarze Haar zum Pferdeschwanz gebunden. Anstelle eines Kleides trugen sie eine Art grober Decke, aus Wolle oder Baumwolle, die an der Schulter mit einer großen Brosche oder einer Schnur befestigt war; darunter trugen sie nur einen alten Kittel oder eine alte Bluse; kurz, es waren die ärmsten Kreaturen, die man je in Frankreich gesehen hatte. Trotz ihrer Armut gab es unter ihnen Hexen, die den Leuten die Vergangenheit oder die Zukunft aus der Hand lasen und in mehr als einen Haushalt Zwietracht brachten, indem sie dem Ehemann sagten: ‚Deine Frau setzt dir Hörner auf‘, oder der Frau: ‚Dein Mann betrügt dich.‘ Und das schlimmste war, daß sie, wenn sie mit ihren Kunden sprachen, durch Zauberei, den Teufel oder Geschicklichkeit den Inhalt der Tasche ihrer Zuhörer in die ihre leerten. Zumindest erzählte man das, denn in Wirklichkeit habe ich drei- oder viermal mit ihnen gesprochen, und nie habe ich bemerkt, daß mir danach auch nur ein einziger Heller fehlte, und ich habe sie auch nicht aus der Hand lesen sehen. Doch das Volk verbreitete überall dieses Gerücht, das schließlich dem Bischof von Paris zu Ohren kam, der sie aufsuchte, begleitet von einem Franziskanerbruder, den man den kleinen Jakobiner nannte, der ihnen auf sein Geheiß hin eine schöne Predigt hielt und alle exkommunizierte, die die Zukunft vorausgesagt hatten oder sich hatten voraussagen lassen, indem sie ihre Hände zeigten. Man zwang sie alsdann, den Ort zu verlassen, und sie zogen am Tage der Heiligen Jungfrau im September nach Pontoise weiter.“

„Aus dem Tagebuch eines Pariser Bürgers
zur Zeit des Hundertjährigen Krieges“.

aus dem Tal der Könige Zubehör des Totenkultes. Sie laufen an der Deckplatte des Sarkophags zusammen, wo man schlafend den skulptierten Körper des Verstorbenen sieht. Lebend oder tot? Jedenfalls er selbst, an seinen Gesichtszügen zu erkennen. Man erwartete tatsächlich von der Grabkunst, daß sie die Gesichtszüge derartiger Männer und Frauen bis zum Letzten Gericht festhalte. Man erwartete getreue Portraits.

Die ersten Portraits unserer Zivilisation tauchen zu jener Zeit auf, angeregt durch die Sorge, die jetzt die obere Gesellschaft für ihre Toten trug, die die reichen Verstorbenen sich selbst angedeihen ließen, ängstlich darauf bedacht, nicht völlig zu erlöschen und von Malern und Bildhauern unter Einsatz all ihrer Fähigkeiten eine immer genauere Wiedergabe der Wirklichkeit zu erlangen.

Zu seinen Lebzeiten, an der Wende zwischen dem XIV. und dem XV. Jahrhundert, entwarf der Kardinal von Lagrange einen kunstvollen Rahmen, der sich wie der einer umfassenden Pantomime oder Predigt über seiner Grabstätte erheben sollte. Er wollte drei übereinander angeordnete Szenen: In der Mitte sollte man seine eigene, auf dem Katafalk ruhende Mumie sehen, auf der oberen Stufe ihn selbst, wach, in jenem anderen Leben jetzt, betend, in der Obhut seines Schutzengels, und schließlich, ganz unten, die nackte Wahrheit, das, was im Innern des Grabes vor sich geht: Zersetzung. Verwesung. Übergang. Dieses Bild drängt der Tod allmählich von sich auf, dieses schreckliche, ekelerregende Schauspiel, vor dem auf der Freske des Campo Santo die berittenen Jäger und ihre Pferde zurückwichen. Nach 1400 verbreitete sich das Makabre. Wenn jener Domherr von Arras, der Arzt war und sehr wohl wußte, was aus dem Fleische wird, wenn es des Lebens beraubt ist, dergestalt den eigenen Körper darstellen ließ, so geschah es nicht aus einer krankhaften Neigung heraus. Er wollte selbst, persönlich, ständig an der gewaltigen Ermahnung zur Buße teilnehmen, predigen, daß jeder von uns einmal so sein wird, daß wir darauf gefaßt sein und uns folglich, wie es in der Inschrift heißt, „der alleinigen Gnade Gottes" anvertrauen müssen.

Doch für die größten Fürsten dieser Erde – und vor allem die italienischen, die mit der Übernahme des antiken Erbes erneut der Hang zum triumphalen Prunken überkam – war das Errichten

227

»[...] Und als ich meines Weges ging und vor Kummer weinte, sah ich einen armen Mann hinter seinem Pfluge. Sein Rock war aus grobem Stoff, den man cary nannte, seine Kappe war völlig durchlöchert, und seine Haare hingen heraus; aus seinen verbeulten, dicken genagelten Schuhen sahen seine Zehen hervor, während er das Feld umackerte. Seine Strümpfe fielen lose auf seine Gamaschen, und während er hinter dem Pfluge herging, hatte er sich ganz mit Schlamm beschmutzt; seine beiden fingerlosen Handschuhe waren aus ärmlichen Lappen; seine Finger waren verarbeitet und voller Schlamm. Bis zu den Knöcheln steckte dieser Mann im Schlamm; vor ihm gingen vier Kühe, die klapperdürr geworden waren; sie waren in einem so jämmerlichen Zustande, daß man ihre Knochen zählen konnte. Seine Frau ging neben ihm, mit einer langen Stange; sie trug einen kurzen Rock, breit gerafft, und suchte sich durch ein Getreidesieb vor der schlechten Witterung zu schützen; aus ihren Beinen, die direkt das Eis berührten, floß das Blut. Und am Ende des Ackers stand ein kleiner Abfallkasten, in dem ein kleines Kind in Lumpen lag, und auf der anderen Seite waren zwei weitere zweijährige Kinder, und sie alle sangen ein Lied, das man voller Mitleid hörte. Aus einem Munde stießen sie alle den Schrei des Elends aus. Traurig seufzte der arme Mann und sagte: ‚Seid still, Kinder.' [...]«

„Pierce the Ploughmans Crede", um 1394.

228

ihrer Grabstätte gleichbedeutend mit einem letzten Bekunden ihrer Macht – einer irdischen Macht. Es war eine politische Maßnahme, denn das Mausoleum festigte die Rechte einer Dynastie. Das Grab wurde also zum Denkmal weltlicher Erhabenheit, ähnlich den lorbeerbekränzten Büsten, die Friedrich II. hatte skulptieren lassen. Ende des XIV. Jahrhunderts dient es der Statue des verstorbenen Fürsten als Sockel. Die mitten in Verona errichteten Gräber der Scaligeri, der Tyrannen der Stadt, gleichen Kapellen; die reduzierten Formen einer Kathedrale umgeben das hochliegende Prunkbett und den Ruhenden; doch dieser taucht an der Spitze des Bauwerks wieder auf; keineswegs kniend, betend, in frommer Hingabe, sondern aufrecht im Sattel, gekrönt von den Adlern des Reiches, verkündet er in alle Winde seinen Sieg über das Vergessen. Der Staat, der weltliche Staat, behauptet seinen Fortbestand, indem er den Untergebenen ihren Herrn in dieser Gestalt des Siegers zeigt: ein wackerer Held, der nicht um Erbarmen fleht, sondern seine Freude darüber kundtut, noch immer zu herrschen, vom Pantheon aus, wo er sich Hektor, Alexander, Julius Cäsar, Roland, Karl dem Großen angeschlossen hat: der zum Helden gewordene Ritter.

In Mailand war das Grab des Herrn der Stadt, Barnabo Visconti, gleicher Art. Die Aufmerksamkeit wird keineswegs vom Sarkophag gefesselt, dem Teil, wo man den Verstorbenen im Geleit seiner heiligen Schutzpatrone als reuigen Sünder sehen kann. Das Reiterstandbild lenkt den Blick auf den Fürsten, der sich mit weit geöffneten Augen in die Brust wirft. Die Gerechtigkeit, die Unparteilichkeit und all die anderen Tugenden bilden sein Gefolge; doch zu seinen Füßen sieht man einfache Begleiterinnen – Frauen. Während er sich noch immer lebend wähnt, stolz auf seine Männlichkeit, auf sein Leben, das er nicht aufgibt. Nichts gibt er auf von seiner Macht, die er fest in der geballten Faust hält.

Eine Macht, die Freude schenkt. Durch die man mit vollen Händen das Geld, das Gold nimmt, es an sich rafft, um es beim Fest zu vergeuden. Die Welt besitzen, ihr seine Gesetze aufzwingen, sie in den Dienst der eigenen Vergnügungen stellen – die ganze hohe Kultur des XIV. Jahrhunderts führt hin zu jenen Staatsoberhäuptern, die vor allem Kriegsführer waren. Deshalb wird die Kunst der Höfe beherrscht von einer derartigen Vielzahl hoch zu Roß thronender Gestalten, von all den aufragenden Türmen. Die

„Er hatte eine gar lebendige Natur in seiner Jugend. Da diese begann sich selber zu empfinden und er merkte, daß er mit sich selbst überladen war, war ihm das bitter und schwer. Er suchte manche List und große Bußen, wie er den Leib dem Geiste untertänig machte. Ein härenes Hemd und eine eiserne Kette trug er ziemlich lange, bis das Blut von ihm zu rinnen begann, so daß er es ablegen mußte. Er ließ sich heimlich ein härenes Unterkleid machen und in das Unterkleid Riemen, darin fünfzig und hundert spitzige Nägel eingeschlagen waren, die aus Messing und scharf gefeilt waren, und es waren der Nägel Spitzen allzeit gegen das Fleisch gekehrt. Er machte das Kleid gar enge und vorne zusammengereiht, darum daß es sich desto näher an den Leib fügte und die spitzigen Nägel in das Fleisch drangen, und er machte es in der Höhe, daß es ihm bis an den Nabel heraufging; hierin schlief er des Nachts. Im Sommer, so es heiß war und er vom Gehen viel müde und schwach geworden war oder so er ein Aderlasser war und er dann in den Mühsalen also gefangenlag und ihn das Ungeziefer also peinigte, da lag er zuweilen und weinte und griesgramte in sich selbst und wandte sich vor Nöten um und um, wie ein Wurm tut, wenn man ihn mit spitzigen Nadeln sticht. Ihm war oft, in Angst vor dem Ungeziefer, als ob er in einem Ameisenhaufen läge: denn so er gerne geschlafen hätte oder so er entschlafen war, so sogen und bissen sie ihn um die Wette. Er sprach zuweilen zu Gott mit vollem Herzen: ,O weh, zarter Gott, welch ein Sterben dies ist! Wen die Mörder oder starke Tiere töten, der kommt geschwind davon: Ich aber liege hier unter diesen ungenehmen Würmern und sterbe und kann doch nicht ersterben.' Und doch wurden die Nächte im Winter nimmer so lang, noch der Sommer so heiß, daß er davon ließ. Und damit er in dieser Marter destoweniger Erholung gewänne, so erdachte er noch eines: Er band um seine Kehle einen Teil eines Gürtels und machte daran mit List zwei lederne Ringe; darein schlüpfte er mit seinen Händen und schloß die Arme darin mit zwei Vorhängeschlössern und die Schlüssel legte er vor das Bett auf ein Brett, bis er zur Mette aufstand und sich selber aufschloß. Seine Arme waren also in den Banden beiderseits an der Kehle aufwärts gespannt und er hatte die Bande also versichert, daß, wäre die Zelle über ihm verbrannt, er sich nicht selber hätte helfen können. Dies trieb er, bis ihm die Hände und die Arme stark zitternd geworden von dem Spannen; da erdachte er ein anderes.

Er ließ sich zwei lederne Handschuhe machen, wie die Arbeiter zu tragen pflegen, wenn sie Dornen sammeln, und ließ sich von einem

Festung bildet den Rückhalt jedes politischen Gebildes und gleichzeitig den Schlupfwinkel, wo man seinen Schatz, seine Bücher, seinen Schmuck, seine Frömmigkeit, seine Vergnügungen verschließt. Jeder zu umfassender Macht gelangte Mensch errichtet symbolisch einen Turm, während er gleichzeitig sein Grab bereiten läßt. Am Horizont aller Kapellen erhebt sich ein Bergfried, und auf den Seiten der „Très riches Heures" dient die wundervolle Landschaft nur als Vorwand, um die Umrisse eines Schlosses zu zeigen – im Mittelpunkt, vorherrschend, wie in der Wirklichkeit militärischer Zufluchtsort des Fürsten. Dorthin bringen die Bauern die Früchte der Erde – jetzt sehr viel weniger notleidende Bauern als im Jahre Tausend. Sie essen und kleiden sich besser, arbeiten jedoch immer härter, um die Steuern aufzubringen. Durch ihre Mühe entfaltet und verschönert sich die Bleibe ihres Fürsten merklich, wie einst das Haus Gottes. Das Schloß, der Palast, liegt enggedrängt, um der Belagerung standzuhalten; doch sein oberstes Gemach steht der Freude des Atmens, des Prunkens offen.

Haben die Armen etwas von der hohen Kultur der Höfe wahrgenommen? Ist ihnen wenigstens ein geringfügiger Teil davon zugefallen? Ihre Erzieher waren nicht die Fürsten, die sich um derartige Dinge nicht kümmerten. Es waren die Prediger, die Dominikaner, die Franziskaner. Sie rotteten die Massen zusammen für andere Feste: Feste des Wortes und der mystischen Begeisterung. Die ganze Stadt versammelte sich, um ihnen zu lauschen, auf den Plätzen oder aber in den großen, neuen, hellen, weiträumigen Kirchen, errichtet von dem „Bettelorden" – jetzt reich und wohlverwurzelt, in ausgedehnten Hallen ohne Zwischenwand, auf daß jeder deutlich sehe, wenn der Priester die Hostie hebt, jeder einer Predigt folge, die zum besseren Leben ermahnt, vor allem aber zum besseren Sterben. Blendwerk und visuelle Entsprechungen untermauerten diese Ansprachen: Um die Kanzel herum veranstaltete man Aufführungen der Leidensgeschichte. Und auf daß die Erinnerung an die gehörten Worte, die flüchtig gesehenen rituellen Gesten nicht allzu schnell ausgelöscht werde, verteilt man fromme Bilder. Man konnte sie mit nach Hause nehmen, sie auf seine Kleider nähen, sie tragen, so wie die Fürsten ihren Körper mit Talismanen schmückten. Diese Blätter waren die privaten Diptychone, Triptychone, die Reli-

Spengler messingne spitzige Stiftlein um und um daran machen und legte sie des Nachts an. Er tat das darum, daß, wenn er im Schlafe das härene Unterkleid von sich werfen oder in einer anderen Weise sich selber behilflich sein wollte in dem Nagen, das ihm das Ungeziefer tat, ihm dann die Stifte in den Leib stachen; und das geschah auch. Wenn er sich selber mit den Händen helfen wollte, so fuhr er schlafend mit den spitzigen Stiften in den Busen und zerkratzte sich; er machte so greuliche Kratzwunden, als ob ihn ein Bär unter seinen spitzigen Klauen zerkratzt hätte. Das schwärte dann im Fleisch an den Armen oder um das Herz, und so er nach vielen Wochen wieder genesen war, so machte er sich abermals schlimmer und machte neue Wunden. Diese marterliche Übung trieb er wohl sechzehn Jahre. Danach, als seine Adern und seine Natur erkaltet und verwüstet waren, da erschien ihm in einem Gesichte an dem Pfingsttag ein himmlisches Gesinde und tat ihm kund, daß es Gott nicht länger von ihm haben wollte. Da ließ er davon und warf es alles in ein abfließendes Wasser."

Heinrich Suso (1295–1366)

232

quienschreine der Armen. Tatsächlich machten am Ende des XIV. Jahrhunderts, während die ausgedehnten Rundreisen zum Zwecke der Predigt gemeinsam mit dem volkstümlichen Theater immer mehr Verbreitung fanden, die technischen Fortschritte, die Verwendung des Papiers und die Holzschneidekunst, diese Bilder der breiten Masse zugänglich – eine wahre Revolution, die um etwa sechzig Jahre der des Druckereiwesens vorausging und deren Wirkung auf das Gewissen im tiefsten Innern der Gesellschaft ebenso umwälzend war.

Kleine bebilderte Bücher wurden in Umlauf gesetzt. Neben den „Künsten des rechten Sterbens" fand man Bibeln, „Armenbibeln", wie man sie ganz richtig nannte; fast ohne Texte – nur einige sehr knappe Untertitel. (Es widerstrebte der Kirche, den Text der Heiligen Schrift all denen zugänglich zu machen, deren Geist sie nicht in ihren Schulen geformt, geprüft hatte; auch vor seiner Übersetzung schreckte sie zurück; sie verfolgte als Ketzer jene, die sich daranwagten, und lieferte nur den mächtigsten Fürsten, die gebildet genug waren, um keinen schlechten Gebrauch davon zu machen, in kleinen Brocken vorsichtige Bearbeitungen des göttlichen Wortes.) Diese Bibeln waren also Bilderbücher. Die wesentlichen fortlaufenden Szenen aus dem Leben Jesu standen im Mittelpunkt jeder Seite; daneben fand man einige Geschichten aus dem Alten Testament, die nur der Bekräftigung der Lehre des Evangeliums dienten und seine Vorwegnahme darstellten: Die Durchquerung des Roten Meeres und die Trauben aus dem Versprochenen Land, die z. B. den Rahmen für die Taufe Christi abgaben. Damit sollte der Betrachter besser verstehen, daß jeder Christ durch die Taufe, die er in Nachahmung des Erlösers erhalte, der Verfolgung durch die Armee des Bösen entrinne und in das gesegnete Land, wo der Wein der wahren Erkenntnis fließe, geführt werde. Gegenüber dem Verrat des Judas die Versuchung Adams, gegenüber der Abendmahlsszene Melchisedek und das himmlische Manna bei der Speisung des auserwählten Volkes in der Wüste. Diese auf Gleichwertigkeiten gegründete Pädagogik bildete also eine Fortsetzung der erzieherischen Absicht Sugers und der Lehre, die im Jahre Tausend in ähnlicher Weise die Bronzetüren von Hildesheim erteilten.

Neben den Büchern geben lose Blätter vereinfacht und schematisch dargestellt die wesentlichen Themen der vorherrschen-

*„Quid, dilecti mi, was, mein Geminnter, was, du Erfüllung all meiner
Begierde, was soll ich, geminnter Herr, zu dir sprechen, während ich vor
Minne verstummt bin? Mein Herz ist voller Minneworte, könnte sie die
Zunge doch vorbringen! Es ist grundlos, was ich empfinde, es ist endlos,
was ich minne, und darum ist wortlos, was ich im Sinne habe. Hierum:
Du bist mein König, du bist mein Herr, du bist mein Lieb, du bist meine
Freude, du bist meine gute Stunde, du bist mein fröhlicher Tag, du bist
alles, was ich meinem Herzen freundlich lieb zu machen vermag, und
darum, was, mein Geminnter, was ist noch mehr zu reden? Du bist mein,
so bin ich dein, und das muß immer stetig sein! Wie lange soll meine
Zunge redelos sein, wenn all mein Inneres also ruft? Oder soll ich darum
schweigen, daß ich den Geminnten nicht leiblich bei mir haben kann?
Nein, mitnichten! Den meine Seele da minnt so heimlich, seht ihn mit
meines Herzens Augen, schaut ihn an, nehmt ihn wahr! Ich sehe meinen
Geminnten unter einem wilden Apfelbaum ruhen, er ist matt geworden
von Minnewunden und vermag sich selbst nicht zu halten; er hat sein
Haupt auf seinen Geminnten geneigt, er ist unterstützt mit den Blumen
der Gottheit und umsetzt von dem Senat der jüngerlichen Würde. Nun
fange ich mit Verlaub an zu reden, obschon ich Asche und Staub bin aus
eigener Verworfenheit, und will reden zu meinem Herrn, zu meinem
Gemahl, der klaren und zarten Ewigkeit und Weisheit, niemand kann
mich davon abwenden. Ich will mit meinem Geminnten kosen; denn das
begehre ich von Herzen, ehe daß er meinem Auge entzogen und ehe daß
er mit Salben in das Grab verborgen wird.*

*Nun sag mir, mein Geminnter, was das bedeutet, daß du meine Seele
dich so lange und so inbrünstiglich suchen ließest und ich dich nie finden
konnte? Ich suchte dich die Nacht hindurch in der Wollust dieser Welt,
und da fand ich nichts als große herzliche Bitterkeit, in menschlichen Bildern beständige Betrübnis und Traurigkeit; in der Schule der Eitelkeit
lernte ich an all den Dingen zweifeln, auch fand ich dich niemals darin,
du lautere Wahrheit, und darum folgte ich meinem eigenen Willen und
fuhr also über Gebirg und Gefilde, unsinniglich wie ein Roß, wenn es
ungezäumt ist, das mit unheilvollem Ungestüm zum Streite eilt, und
meine arme Seele war in der tiefen Finsternis verirrt, sie war oft mit den
Schmerzen des Todes und der Hölle umgeben, in den wütenden Güssen
der Gedankenlosigkeit jämmerlich ertränkt und mit den Stricken des*

den Ikonographie wieder. Ausgerichtet auf die tragenden Elemente der Vorstellungskraft andächtigen Eifers, zeigen diese billigen Bilder durch Übertreiben, Karikieren der Scheinwelt, wie sich die Frömmigkeit zersplitterte unter der Menge der Heiligen, kleine Hilfsgottheiten, die Glück brachten, vor Unheil bewahrten; sie zeigen, was das religiöse Gefühl herabwürdigte auf Kindereien vor der Krippe, und vor allem den beherrschenden Einfluß einer ausgesprochenen Vorliebe für die Darstellungen der Marter.

Wieviel zerrissene, geschundene Körper: das mit tiefen Wunden bedeckte Fleisch der Märtyrer; der heilige Sebastian von Pfeilen durchlöchert; der gegeißelte Christus, der, erdrückt von der Last des Kreuzes, blutend auf den Knien seiner verzweifelten Mutter stirbt; und in einer um 1440 erschienenen Bildergeschichte folgt – unter dem Vorwand der Erzählung der Lebensgeschichte des heiligen Erasmus – eine grauenhafte Reihe aller Mittel, die Schmerzen verursachen. Zwangsvorstellungen: das Jesuskind, die Milch der Jungfrau Maria, das Blut, der Tod der Gerechten: das ist alles, was uns von der volkstümlichen Kunst geblieben ist.

Volkstümlich? Verstehen wir uns richtig: Es ist die Kunst einer mittleren Klasse, eines städtischen Bürgertums, die von den Dominikanerpredigten und den Mysterienspielen gelehrt wurde. Doch das wirkliche, das ländliche Volk? Es erfaßte zweifellos mehr, als man denken könnte. Domrémy war nichts weiter als ein großes Dorf, und Jeanne d'Arc stammte aus einer wohlhabenden, aber bäuerlichen Familie; ihre Träume sind von ganz bestimmten Gestalten erfüllt: Ohne Zögern erkennt sie sehr wohl den heiligen Michael, die heilige Katharina, die heilige Margareta, und zwar an ihren Gesichtern: Sie hatte sie auf Altaraufsätzen, auf Holzschnitten gesehen. Die Macht des Bildes ist stärker als die der Worte. Durch eine Vielzahl von Fresken und Statuen wurde der Geist des Durchschnittsmenschen zwischen 1400 und 1430 von sehr deutlichen Visionen erfaßt: Für ihn war das Unsichtbare nicht weniger gegenwärtig als das Wirkliche. Im Vordergrund dieser Wahnvorstellungen stand die Silhouette der heiligen Jungfrau und die des Kruzifixes. Dahinter Hölle und Paradies: die Zukunft eines jeglichen Menschen, ob Mann oder Frau, jenseits des Todes, unabwendbar; zwei Aufenthaltsstätten,

ewigen Todes umhalftert. In allen Dingen erzeigtest du mir manche üble
Widerwärtigkeit; aber da du wolltest und es dir gefiel, da sandtest du in
mich dein Licht und deine Wahrheit, die mir vorher zumal unbekannt
waren, du kehrtest dich zu mir und erquicktest mich und du brachtest
mich von dem Abgrund der Erde zurück. Danach hobst du mich barm-
herziglich auf, wo ich gefallen war, du wiesest mich, wo ich verirrt war,
du riefst mich süßiglich, so ich dir entronnen war, und zeigtest zuverläs-
sig in allen Dingen, daß du gewahrlich der barmherzige Gott bist und
daß es billig ist, daß ich mich nun all dieser Welt benehmen und vom
Grunde meines Herzens mich dir geben soll.

Und darum ade, ade der falschen Welt, heute und nimmermehr!
Urlaub habe die falsche Welt, die Minne, verderben muß die Gesellschaft, die Freundschaft, die ich der Welt bisher ohne allen Dank gelei-
stet habe; denn ich will mich zumal dem geben, der mich erhalten hat
und so manchen und solche, die ebenso lose waren, hat in die Irre gehen
und in den Blumen der Jugend hat sterben lassen, dagegen mich so barm-
herziglich zu sich gezogen hat. Dafür, Seele mein, sollst du loben und
segnen heißen von deines Herzens Grund den, der deine Jugend ernährt
hat und erneuert wie die eines Adlers; lobe ihn, segne ihn und erhebe ihn
ewiglich immer mehr und vergiß nicht des mannigfaltigen Gutes, das er
dir erzeigt hat!"

„O ihr irregehenden Sterne, ich meine euch, unstete Gedanken, ich
beschwöre euch bei den blühenden Rosen und den Lilien der Täler, ich
meine alle mit Tugenden geblümten Heiligen, daß ihr mich unbehelligt
laßt. Scheidet von mir eine Weile, laßt mir bei ihm doch ein einziges
Stündlein zuteil werden, laßt mich mit dem Geliebten mich besprechen,
laßt mir ein Gutes bei ihm geschehen!

O alle meine inneren Sinne, ihr sollt seiner wahrnehmen, Herz und
Augen sollt ihr ihm geben, denn dies ist mein Geminnter, weiß und rot
ist er und auserwählt von allen Menschen dieser Welt! O allersüßester
Jesu Christe, wie selig sind die Augen, die dich lebend in dem Leibe
sahen und deine allersüßesten Worte hörten! Denn du bist der Minnig-
liche, den allein ohne Gleichen diese Welt hervorgebracht hat; dein
Haupt mit seiner ebenmäßigen Anmut gleicht des Himmels Gestalt in
seiner hohen Schönheit; wohl würdig ist es, daß es sei ein Haupt der
Welt, und des Hauptes Glieder sind alle Auserwählten. Die falben Lok-
ken des schönen Hauptes sind gekräuselt wie die wonnigliche Heide, die
wohl geziert ist mit blühenden Stauden und mit den grünen Zweigen;
aber jetzo ist es allenthalben von den scharfen Dornen jämmerlich zer-

zwei offene Türen, zu beiden Seiten des hohen Richters. Wie auf dem Tympanon von Conques.

Das Paradies haben sich die Reichen wie einen jener Gärten ausgemalt, wo sie sich zu ergehen liebten: Blumen, rauschende Gewässer, wundervolle Körper gelenkiger Jungen und langgliedriger Mädchen. In ihrer Vorstellung war das Haus Abrahams, das himmlische Jerusalem, nichts anderes als ein Liebesgarten, nur duftender, reifgeschützter; die Freude der Auferstandenen wußten sie nur durch die Anmut ihres Körpers auszudrücken. Die Bilder der Hölle sind weniger belanglos: die Angst, der leere Himmel; ins Dunkel fallen wie in den Alpträumen, wie die widerspenstigen Engel; Körper und Fleisch den abscheulichen Tieren überlassen, ein Spielzeug der Dämonen; ein Verschlingen, Verbrennen; ein Feuer, das keineswegs Läuterung bedeutet, sondern eine endlose Folter: das verzehrende Feuer der ungestillten Wünsche, der Gewissensbisse. Die Hölle wimmelt von diesen hin- und hergerissenen Verdammten, die den Geist Dantes heimsuchten. In Pisa, im Marmor der Kanzel der Kathedrale, findet man ein heroisches Gewirr von Muskeln und Schlangen, und auf der Freske des Campo Santo Enthauptete, eine Art heiliger Dionysius des Unglücks, deren abgetrennter, grinsender Kopf an die Stelle der Geschlechtsteile tritt.

In der Arenakapelle von Padua baut Giotto an der Westwand, gegenüber dem Grabe, vor den Augen der Ruhenden das Schauspiel des Bereiches der Verdammnis auf – wieder Zerrüttung, verschlungene Geschlechtsteile, der seiner Männlichkeit beraubte Mann, die geschundene Frau, die wohldurchdachten Züchtigungen des allzu innig geliebten Fleisches, und unter dem Vorwand, die entsprechenden Qualen zu beschreiben, malt Giotto hier die ersten sinnlichen Aktbilder des christlichen Europa.

Vier Jahrhunderte nach der Offenbarung von Katalonien und der Tapisserie von Bayeux, drei Jahrhunderte nach Conques und dem dämonischen Gewirr von Souillac, nachdem das theologische Zwischenspiel des XIII. Jahrhunderts und auch das Licht, der Friede, das Lächeln der Gotik abgeklungen sind, geht das Mittelalter zu Ende mit diesen tragischen Akzenten, diesen Gestikulationen, mit der quälenden Mahnung an das Böse, den Schmerz, die Zersetzung des Körpers. Wann geht es zu Ende? Eine vergebliche Frage. Jedenfalls ist sie nicht zu beantworten, und zwar in

zerrt und ist voll blutigen Taues und der Nachttropfen. Ach, weh mir, seine Augen, die so klar waren, daß sie wie die des Adlers in der Sonne Glast sahen ohne jedes Zucken und wie der klare Karfunkelstein leuchteten, eya, die sehe ich nun erloschen und verdreht wie die eines anderen Toten; seine Brauen, die da waren wie die schwarzen Wölklein, die da schweben ob der Sonne Glast und ihn schön beschatten, seine Nase, die da stattlich war wie der Pfeiler einer schönen Mauer, seine rosichten Wangen, die da brannten wie die Rosen, sind nun von Unflätigkeit entstellt und erbleicht und gar mager gestellt. O mein Geminnter, wie bist du dir selbst so gar ungleich geworden! Denn deine zarten Lefzen, die da gewesen sind wie die roten Röslein, die noch nicht aufgeschlossen sind, dein Mund, der da war eine Schule aller Tugend und Wissenschaft, aus dem er alle Wissenschaft und Klugheit schenkte, da er war eine Schenke der Süßigkeit, der Milch und des Honigs von den süßen, lustvollen Worten, die daraus flossen, die da trunken machten die andächtigen Herzen – der Mund ist nun ganz verdorrt, so daß die keusche Zunge vor Dürre dem Rachen anhaftet; dein wohlgeformtes Kinn, gestaltet wie ein schmuckes Tälchen zwischen den Hügeln, ist schmachvoll verunreinigt, und deine allersüßeste Kehle, von der die allersüßeste Rede erscholl, so daß alle, die sie hörten, von der süßen Minne Strahl getroffen wurden, die war mit Essig und mit bitterer Galle verbittert. Ach, weh mir, wie ist verdorben dein wonnigliches Antlitz, zumal anmutig wie ein Paradies aller Wonne, an dem alle Augen sich süßiglich weideten! Ich sehe doch, daß du nicht Anmut noch Zierde hast. Deine holdseligen Hände, rund und eben und schön, als ob sie gedreht wären, und wohlgeziert mit edlem Gestein, und deine Gebeine, wie die Marmelsäulen, die gefestigt sind auf goldenem Sockel, sind kraftlos geworden von dem unmäßigen Spannen, das sie erlitten haben; dein zarter Leib, wie ein erhabenes schmuckes Hügelein wohlgestaltet, das mit Lilien wohl umwuchert ist – der ist nun mit Blut begossen und von dem engen Spannen so dünn geworden, daß man deutlich alle seine Gebeine zählen könnte.

Was soll ich mehr sagen, mein Geminnter? Alle deine Glieder, im besonderen und überall, die wie ein voller Haufe der Gnade die Sinne aller Menschen trunken machten und vor Begierde zu sich zogen, die sind nun in Todesgestalt dazu geworden, daß sie alle Sinne derer, die dich minnen, mit bitterem Leid herzlich verwunden. O heiße Zähren, nun gießt euch aus ohne Unterlaß von dem Grunde meines Herzens und begießt alle Wunden meines Geminnten! Denn welches Herz könnte so eisern

erster Linie deshalb nicht, weil Europa äußerst mannigfaltig war und in der Vielzahl seiner Provinzen die Zeit nicht im gleichen Rhythmus ablief: In der Toskana war das Mittelalter bereits seit fünf oder sechs Generationen zu Ende gegangen, während Nürnberg oder Uppsala einen ausgesprochen mittelalterlichen Charakter bewahrt hatten. Die Frage ist vergeblich vor allem deshalb, weil das Mittelalter sich, nachdem es selbst eine fortlaufende Folge von Erneuerungen dargestellt hatte, von der letzten, der bedeutenden Renaissance des XV. Jahrhunderts in Italien hat mitreißen lassen. Es stürzt sich hinein mit allem, mit Roland, der Königin von Saba und dem heiligen Bonaventura, mit dem Makabren, der Inbrunst, den esoterischen, den erotischen Spielen, mit der modernen Frömmigkeit. Dieser Strom des Überdauernden, der damals ebenso stark ist wie zu jedem anderen Augenblick der Geschichte und den der immer auf das in der Erneuerung Begriffene bedachte Historiker zuweilen vergessen mag, führt zu der Überzeugung, daß jeder Einschnitt willkürlich ist.

Doch ich bleibe im Jahre 1420, 1440 stehen, als die letzten Nachwirkungen der schwarzen Pest abflauen. Paris ist nicht mehr, wie zu den Zeiten des Jean de Berry, der großartige Kreuzungspunkt von Forschung und Erfindung, von dem aus die neuen Bräuche überallhin Verbreitung fanden. Der Rückschlag kommt unerwartet, bedingt durch politische Zufälle, die Schwächung der von einem unglücklichen Krieg niedergeschmetterten französischen Monarchie, den Aufruhr, der den König zur Flucht zwingt, zur vorübergehenden Verlegung seines Hofes in das Loiretal. Avignon kommt nur schwer über die Erschütterungen der großen Kirchenspaltung hinweg. Somit konzentriert sich der lebendigste Teil der ästhetischen Schöpfung auf die mächtigsten Fürstentümer jener Zeit, im Norden in dem unabhängigen Staat, den die Vettern des Königs von Frankreich um das Herzogtum Burgund und die Grafschaft Flandern gebildet haben, im Süden in der Republik Florenz, die blindlings in die Macht einer unmerklichen Tyrannei gleitet, die der Medici. An diesen beiden Schwerpunkten, dort wo der Handel am blühendsten ist, strömen im Augenblick die größten Künstler zusammen, um die Macht des Geldes zu verherrlichen. So wie hundertfünfzig Jahre zuvor Niccolo Pisano Giotto vorausgegangen war, bilden jetzt die Bild-

oder steinern sein, daß es nicht erweichen möchte bei so vielen angstvollen Wunden, die von dir, Süßer, so frisch erhalten sind? Eya, mein Allersüßester, wer gibt mir, daß ich für dich sterben könnte? Ich begehre, daß alle meine Kraft mit dir ersterbe und all mein Gebein mit dir ertötet werde, daß meine Seele mit dir aufgehängt werde. O weh, wie gar seliglich stirbt der, der mit dir auf den Plan als ein starker Kämpfer in den Streit der Tugenden tritt, der weder vor Leid entweicht noch vor Lieb schwankt, sondern festiglich streitet und ganz mit freiem Willen alle Tage stirbt! Wird der nicht süßiglich verwundet, der emsiglich nach deinen Wunden trachtet und um deren Betrachtung willen von aller Widerwärtigkeit erlöst wird?"

Heinrich Suso (1295–1366)

240

hauer Claus Sluter in Burgund und Donatello in der Toskana die Vorläufer. Doch alle plastische Suche endet in der Malerei, der Malerei eines Van Eyck, eines Masaccio, zu beiden Seiten einer gemeinsamen Kultur.

Van Eyck verfolgt die gotischen Erfahrungen. Sein Werk setzt die Arbeiten der Künstler im Dienste des Herzogs von Berry fort. Mit einer ihnen überlegenen Meisterschaft bietet er dem Blick wirklichkeitsgetreu eine Vielzahl flüchtiger Eindrücke dar, vereint durch das Spiel der Schatten und der irisierenden Farben, durch das Licht; jenes Licht der mystischen Theologie. Masaccio kehrt zu der Majestät eines Giotto zurück, um die stoischen Tugenden eines strengen, ausgewogenen Christentums so zu feiern, wie es in den lateinischen Schriften geschah, für die sich die Humanisten begeisterten. Er sucht nicht die Wirklichkeit in schillernden Farben festzuhalten, sondern durch die Vernunft logische Strukturen und ideale Maße zu erfassen. Doch der Kunst Van Eycks und Masaccios ist der Sinn für den Menschen gemein: In den Mittelpunkt ihrer Schöpfungen haben beide, um Größe und Elend des menschlichen Schicksals auszudrücken, den neuen Menschen gestellt – Adam; und Eva. Und vor allem: Während bis dahin alle Maler, alle Bildhauer, alle Goldschmiede Lohnarbeiter oder Bedienstete gewesen waren, abhängig von einem Herrn oder Kunden, dessen Launen sie respektieren mußten, haben beide – Van Eyck, als er sich eines Tages entschloß, das Gesicht seiner Frau aus bloßem Vergnügen zu malen, und Masaccio, als er einem der Apostel des „Zinsgroschens" sein eigenes Gesicht gab – zum ersten Male auf großartige Weise zum Ausdruck gebracht, daß der Künstler selbst ein Fürst ist und daß es ihm genau wie Gott ansteht, frei nach seinem Willen zu schaffen.

BIBLIOGRAPHIE DER QUELLENTEXTE

L'Europe au Moyen Age, Band II, Ende IX. – Ende XIII. Jahrhundert, von Ch.-M. de La Roncière, Ph. Contamine, R. Delort, M. Rouche, Serie „Histoire médiévale" unter der Leitung von Georges Duby, Reihe U. Armand Colin, Paris, 1969 (Dokumente Nr. 2, 10, 17, 40, 55, 56, 62, 86, 98, 106, 107, 136, 141, 143, 160, 167).

„Ein Eremit zu Beginn des XII. Jahrhunderts"
Vie de saint Bernard de Tiron (Das Leben des heiligen Bernhard von Tiron) von Gaufried dem Starken, Ed. Migne, P. L., B 172, Reihe 1380–1382.

„Der Handel in der Lombardei im X. Jahrhundert"
Honoranciae Civitatis Papiae, M. G. H. *Scriptores*, B. XXX, 2, Hannover, 1934, S. 1451–1453.

„Die Zeremonie der Schwertleite im XII. Jahrhundert"
La Chanson d'Aspremont (Das Lied von Aspremont), Paris, Ed. L. Brandin, 2. überarb. Ausgabe 1924, Vers 7480–7493, S. 45.

„Das Leben Norberts, Erzbischof von Magdeburg; um 1160". .
Das Leben des heiligen Norbert, Erzbischof von Magdeburg, „Die Geschichtsschreiber der deutschen Vorzeit in deutscher Bearbeitung", herausgegeben von G. H. Pertz u. a., Berlin, 1849, 13. Jh., Band 13.

„Schweden im XI. Jahrhundert"
Adam von Bremen, *Gesta Hammaburgensis ecclesiae pontificum*, „Die Geschichtsschreiber der deutschen Vorzeit in deutscher Bearbeitung", herausgegeben von G. H. Pertz u. a., Berlin, 1849, 11. Jh., Band 7.

„Die Ungarn aus der Sicht des sächsischen Mönchs Widukind aus der Abtei Corvey (Westphalen)"
Widukindi Monachi Corbeiensis rerum saxonicarum libri tres, „Die Geschichtsschreiber der deutschen Vorzeit in deutscher Bearbeitung", herausgegeben von G. H. Pertz u. a., Berlin, 1849, 11. Jh., Band 6.

„In Laon im XII. Jahrhundert"
Die Lebensgeschichte des Gilbert von Nogent, 1053–1124, Buch III, Kap. VII, Paris, Ed. G. Bourgin, 1907, S. 155–158.

„Die Hungersnot im Jahre 1033"
Rodulf Glaber, *Geschichten*, Buch IV, Kapitel IV, Paris, Ed. M. Prou, Textreihe zum Geschichtsstudium und -unterricht, B. 1, 1886, S. 103.

„Eine Hungersnot in Flandern im Jahre 1125"
Galbert von Brügge, *Histoire du meurtre de Charles le Bon (Die Geschichte der Ermordung Karls des Guten)*, Paris, Ed. Pirenne, 1891, S. 6–7.

„Wider die Priester und die Bischöfe"
Hugo von Orléans oder Primat (geboren um 1095) zuge-
schrieben, verfaßt um 1144–1145. In: O. Dobiache-Rojdest-
vensky, *Les poésies des goliards*, Paris, 1931, S. 114.
„Über d'Ebles, den Grafen von Roucy (1102)"
Suger (1089–1151), *Vie de Louis le Gros (Das Leben Ludwigs des
Starken)*, Paris, Ed. Waquet, 1964, S. 25.
„Von jenen, die mit zwei Schwestern schlafen"
Petrus Lombardus (XII. Jahrhundert), *Das Buch der Richter-
sprüche*, Buch IV, 34. P. L., Ed. Migne, col. 927–928.
„Der sogenannte Kinderkreuzzug, 1212"
Annales Marbaccenses, „Die Geschichtsschreiber der deut-
schen Vorzeit in deutscher Bearbeitung", herausgegeben von
G. H. Pertz u. a., Berlin, 1849, 13. Jh., Band 6.
„Charta zur Begründung des Friedens in Laon im Jahre 1128",
*Ordonnances des rois de France (Die Erlasse der Könige von
Frankreich)*, Band XI, Paris, 1769, S. 185 bis 187
„Friedrich II."
Die Chronik des Fra Salimbene von Adamo, M. G. H. *Scriptores*,
Band XXXII, Hannover, 1905, S. 348.
„Des Mystikers Heinrich Suso (1295–1366) o. Pr. Deutsche
Schriften", vollständige Ausgabe aufgrund der Handschriften.
Eingeleitet, übertragen und erläutert von Nikolaus Heller. Ver-
lagsanstalt vorm. G. J. Manz, Regensburg, 1926
Caesar von Heisterbach, *Dialogus miraculorum*, Verl. Strange,
Köln, 1851 (II/33, XII/48, V/4, XII/56, XI/18, XII/47)
J.-C. Schmitt, *Le saint lévrier Guinefort, guérisseur d'enfants depuis
le XIIIᵉ siècle*, Flammarion, Paris, 1979, S. 15–17.
„Von der Anbetung des Hundes Guinefort"
Gaufried von Villehardouin, *La conquête de Constantinople (Die
Eroberung Konstantinopels)*, herausgegeben und übertragen
von Edmond Faral, Société d'Edition „Les belles Lettres", Paris
1973 (S. 21, 23, 47, 49, 51, 57, 59, 61, 79, 81, 115, 117)
La saga de Snorri le Godi (Die Saga vom Goden Snorri), um 1230
(literarische Erfindung über Ereignisse aus der isländischen
Geschichte im X. Jahrhundert), Übertragung, Einführung und
Anmerkungen von Régis Boyer, Bibliothèque de philologie ger-
manique XXIV, Aubier Montaigne, Paris, 1973, S. 80 f., 142 f.
„Von der Bestrafung der Hexe Katla und ihres Sohnes Odd"
„Über die Schlacht im Vigrafjord"
La croisade albigeoise, Einführung von Monique Zerner-Charda-
voine, Reihe „Archives", Gallimard/Juillard, 1979 (S. 21, 27, 38,
77, 106–107, 116, 125–126, 127–128, 131, 139, 158, 160–161,
173–174, 178).

Anselm von Alexandrien, *Tractatus de hereticis*, herausgegeben von Dondaine, *Archivum Fratrum Praedicatorum*, 1949–1950

Pierre de Saint Chrysogone, Migne, *Patrologie latine*, 204 (235–240)

Hystoria albigensis von Petrus de la Valle de Cernay, letzte Ausgabe von P. Guébin und E. Lyon (B. I, Paris 1926; B. II, 1930; B. III, 1939). Übertragung von P. Guébin und H. Maisonneuve (Paris, 1951)

La chanson de la croisade albigeoise (Das Lied des Albigenserkreuzzugs), herausgegeben und aus dem Provenzalischen übersetzt von Eugène Martin-Chabot, Reihe „Les classiques de l'Histoire de France au Moyen Age" (B. I, II und III, Paris, 1960–1972)

„Die Statuten von Pamiers"

Chronik von Guillaume de Puylaurens, Ausgabe Beyssier, 3. Miszellen mittelalterlicher Geschichte, Bibliothèque de la Faculté des Lettres, Paris, 1904. Neue Ausgabe und Übertragung von J. Duvernoy (Paris, 1976)

L'Europe au Moyen Age, Band III, Ende XIII. Jahrhundert – Ende XV. Jahrhundert, von Ch.-M. de La Roncière, Ph. Contamine, R. Delort, Serie „Histoire médiévale" unter der Leitung von Georges Duby, Reihe U. Armand Colin, Paris, 1971 (Dokumente Nr. 21, 31, 50, 103, 108, 119).

„Das Ritterfest Eduards, des Prinzen von Gallien, im Jahre 1306"
Flores Historiarum, Ed. H. R. Luard, London, 1890, B. III, S. 131 f.

„Im Februar 1351 von Hans dem Guten verkündeter Erlaß"
Ordonnances des rois de France, B. II, Paris, 1729.

„Die schwarze Pest in Sizilien im Jahre 1347"
Michele di Piazza (gestorben 1377), *Historia Secula ab anno 1337 ad annum 1361*, Chronik, veröffentlicht von A. Corradi, *Annali delle epidemie occorse in Italia*, Bologna, 1863, S. 485–490.

Kochrezepte aus der Sammelhandschrift Codex 793 der Donaueschinger Hofbibliothek (etwa 15. Jh.)

„Die Judenverfolgung in Paris, 1382"
L. Mirot, *Les insurrections urbaines au début du règne de Charles VI, 1380–1383. Leurs causes, leurs conséquences*, Paris, 1905, S. 117–119, gemäß Archives Nationales, JJ 135, Nr. 226, f° 123.

„Ein englischer Bauer und seine Familie um 1394"
Pierce the Ploughmans Crede, um 1394, Ed. W. W. Skeate, London, 1867, S. 16–17, v. 420–442 (Early English Text Society, Original Series, 30).

245

Bernard Gui, *Manual des Inquisitors (Handbuch des Inquisitors)*, herausgegeben und übersetzt von G. Mollat, Société d'Edition „Les belles Lettres", Paris, 1964 (S. LVI, LVII, 21, 23, 25, 103, 105, 107, 135, 137)

Nicolau Eymerich, Francisco Peña, *Le manuel des inquisiteurs (Das Manual der Inquisitoren)*, Einführung, Übersetzung und Anmerkungen von Louis Sala-Molins, Mouton, Paris, 1973 (S. 207, 208, 158, 159, 160, 161)

„Les chroniques de sire Jean Froissart" (Chroniken), *Historiens et chroniqueurs du Moyen Age*, Bibliothèque de la Pléiade, Gallimard, Paris, 1952 (S. 388−390, 597−600, 644−651)

Vorrede zum „Sachsenspiegel", Eyke von Repgow (1209−33) *Das Landrechtsbuch (Sachsenspiegel)*, „Rechtsdenkmäler des deutschen Mittelalters", herausgegeben von DDr. v. Daniels, von Gruben und Kühns. − Dritter Band, Land- und Lehensrechtbuch, Berlin, 1860, Verlag Gustav Hempel

Journal d'un bourgeois à Paris à la fin de la guerre de Cent Ans (Aus dem Tagebuch eines Pariser Bürgers zur Zeit des Hundertjährigen Krieges), Einführung und Bearbeitung des Textes von Jean Thiellay, Reihe 10/18, Union Générale d'Editions, Paris, 1963 (S. 18, 28−29, 45−46, 52−53, 68−69, 76−78, 97−99).

„Die Strafe des Colinet de Puiseux"

„Eine sonderbare Krankheit: der Keuchhusten"

„Der Tod des Henkers Capeluche"

„Die Hungersnot"

„Das Drama des Baumes von Vauru"

„Die Ankunft der Zigeuner"

EDITORISCHE NOTIZ

Vor zwanzig Jahren machte mir Albert Skira auf Anregung von Yves Rivière hin den Vorschlag, an einer Reihe mitzuarbeiten, die er später „Kunst – Ideen – Geschichte" nannte. Sinn dieser Reihe war es, die künstlerischen Formen in dem sie umgebenden Rahmen, der maßgebend war für ihre Entstehung, zu zeigen und die Bedeutung des Kunstwerkes im Wandel der Epochen darzulegen; die Funktion, die es unter seiner scheinbaren Zweckfreiheit erfüllt; seine Beziehungen zu den produktiven Kräften, zu einer Kultur, unter deren vielen Ausdrucksformen es eine darstellt; zu einer Gesellschaft, deren Träumen es den Stoff liefert. Die Idee gefiel mir: Damals beschäftigte mich gerade die Frage, was wohl die gesellschaftliche Entwicklung mit der kulturellen Entwicklung verbindet, das Gegenständliche mit dem Immateriellen, das Wirkliche mit dem Imaginären. So schrieb ich eins, zwei und dann drei jener Bücher über das Mittelalter in der westlichen Welt, über die Zeit zwischen dem Ende des X. und dem Beginn des XV. Jahrhunderts. Sie erschienen 1966 und 1967. Schon in diesem ersten Werk waren Text und Bild notwendigerweise aufeinander abgestimmt.

1974 hält mich Pierre Nora dazu an, diese Abhandlung zu überarbeiten, sie auf den neuesten Stand und in eine knappere Form zu bringen. Daraus wird „Die Zeit der Kathedralen". Roger Stéphane ist der Meinung, daß dieses Buch den Stoff für eine Reihe von Fernsehfilmen enthalte. So gehen wir – Roland Darbois, Michel Albaric, er selbst und ich – gemeinsam an die Übersetzung, denn um eine solche handelt es sich tatsächlich: Die Übertragung aus einer Sprache in eine neue, völlig andere Sprache, die Abfassung eines neuen Textes. Es gilt, ihm seinen eigenen Rhythmus zu verleihen, die einzelnen Zeitabschnitte, Höhepunkte und Übergänge an die passende Stelle zu setzen, das Gerüst zu errichten, um das sich später die Bilder anordnen werden. Denn diesmal sind die Bilder vorherrschend. Roland Darbois geht an ihre Zusammenstellung. Er fügt sie aneinander. Dieser ersten Montage stelle ich einen Kommentar gegenüber. Auf der Grundlage des gesprochenen Textes wird der visuelle Text zum letztenmal umgearbeitet. Damit ist das Werk vollendet.

Ich habe Roland Darbois viel zu verdanken. Vor allem enthüllten die bei den Dreharbeiten verwendeten technischen Mittel vieles, was mir entgangen war, zum Beispiel Details des Tympanon von Conques, der Schiffe der Kathedralen, bar all ihrer modernen Einrichtungsgegenstände, oder Cangrande in seiner letzten Ruhe, ganz oben auf dem Grab, das er in Verona errichten ließ. Doch lag der Gewinn hauptsächlich in der Tatsache, daß wir nunmehr das Kunstwerk mit anderen Augen betrachteten: im Laufe der Arbeiten erwies es sich als unumgänglich, eine gewisse Auswahl zu treffen, und die anschließenden Schnittarbeiten, bei denen sich manche Bilder in unerwarteter Weise nebeneinander fanden, riefen Konfrontationen hervor und lösten neue Gedankengänge aus. So erklärt sich der merkliche Unterschied zwischen dem Text, von dem wir ausgegangen waren, und dem hier vorliegenden.

Ich gebe ihn unverändert wieder, so wie er aus der Lebendigkeit eines ersten visuellen Eindrucks heraus entstanden ist, aus dem gesprochenen, an ein großes und unterschiedliches Publikum gerichteten Wort.

Georges Duby

Der Text Georges Dubys und die zugeordneten Quellentexte wurden erstmals im Bildband „Europa im Mittelalter. Romanische und gotische Kunst" (Genf: Weber 1981) auf deutsch veröffentlicht. Da der Text der vorliegenden deutschen Ausgabe der erweiterten französischen Taschenbuchausgabe folgt, mußte er gegenüber der Erstveröffentlichung ergänzt und modifiziert werden.

Die Parallelmontage der Quellentexte orientiert sich am oben genannten Bildband, ist in dieser Form aber nur der vorliegenden deutschen Ausgabe eigen.

Der Verlag

NORDSEE

Ebstorf
Hildesheim
Essen
Brüssel
Namur
Aachen
Köln
Lüttich
Reims
Rhein
Weser
Elbe
Oder
Wisła
Bamberg
Nürnberg
Nancy
Heidelberg
ntenay
jon
Gevrey-Chambertin
Cîteaux
Basel
Reichenau
München
Donau
Wien
Tournus
-Ville
Mailand
Po
Verona
Padua
Torcello
ve-lès-Avignon
énanque
non
Bologna
Gracanica
arseille
Le Thoronet
taines
Pisa
Florenz
San Gimignano
Siena
Perugia
Gubbio
Assisi
Orvieto
Castel Sant'Elia di Nepi
Tiber
Subiaco
Agnani
Nerezi
Capua
Barletta
Trani
Bitonto
Castel del Monte
Neapel
Météores
EER
Palermo
Monreale
San Cataldo

Verlagsgemeinschaft Ernst Klett Verlag –
J. G. Cotta'sche Buchhandlung
Aus dem Französischen übersetzt von Ursula Herr
Die Originalausgabe erschien unter dem Titel
„L'Europe au Moyen Age"
im Verlag Librairie Ernest Flammarion, Paris
© Flammarion 1984
Über alle Rechte dieser deutschen Ausgabe verfügt die
Ernst Klett Verlage GmbH u. Co. KG, Stuttgart
Fotomechanische Wiedergabe nur mit Genehmigung des Verlages
Printed in Germany
Umschlaggestaltung: Heinz Edelmann
Gesetzt aus der Poppl Laudatio und der Zapf mager
bei Steffen Hahn, Kornwestheim
Gedruckt und gebunden bei Kösel in Kempten auf
holzfreies Werkdruckpapier von Cartiere del Garda

CIP-Kurztitelaufnahme der Deutschen Bibliothek
Duby, Georges:
Europa im Mittelalter / Georges Duby.
[Aus d. Franz. übers. von Ursula Herr]. –
Stuttgart: Klett-Cotta, 1986.
Einheitssacht.: L'Europe au Moyen Age <dt.>
ISBN 3-608-93091-4